3・4・5歳児の指導計画

高橋 保子 著

教育出版

まえがき

　1981年に発刊した前著『0・1・2歳児の指導計画』(1992年に新訂版刊行)は、保育園・幼稚園で子どもの発達を支える実践を積まれている先生方を中心に、多くの方々にご利用いただきました。前著刊行後、続刊としての『3・4・5歳児の指導計画』の出版を望む声が多数寄せられていましたが、このたびようやく実現することができました。本書も前著と同様、村山中藤保育園での実践をもとにまとめたものです。

　著者は五十余年の幼稚園・保育園における保育経歴から、子どもの発達を支える人間教育的な観点からの指導計画の作成に取り組んでいます。そして、子どもたちが自ら育つ力を発揮しつつ遊びに挑んで成長発達していく自然の姿を見守る保育実践を通じて、一人ひとりの子どもに心身ともに健康的な人間らしい心情や言動がそなわっていくことを感じられるとき、命を預かる重責にも勝る保育の仕事の魅力を実感します。

　また、子どもの将来像を見据えた保育環境としての保育者の人的な責任や、子どもたちが魅せられて自発的に遊ぶ環境の整備の重要さを思うとき、「資格があるから」「子どもが好きだから」程度の認識では子どもたちを育てられない時代であることもふまえて、子どもたちの育ちの臨界期をしっかりとらえて発達を支えてあげられることに、プロの保育者の仕事冥利があることを、多くの保育者は共感していただけるものと思います。

〈異年齢の生活と育ち〉

　村山中藤保育園では昭和50年代から、幼児期の生活環境設定に異年齢児による「縦割り保育」を組んでいます。

　異年齢縦割り保育の意義は、子どもが本来持ちあわせている人への関心を、生活のなかで自然に自己発揮できることにあります。

　年長児は、小さい子どもへの手助けを通じて、いたわりや優しさの心が自然に表現できるようになっていきます。また、小さい子どもが手伝いを求めないときなどの表情を見て、相手の心を感じて手伝うことを控えることも覚えます。そして小さい子どもたちには、お兄さん・お姉さんたちに甘え、助けられることで、人を信じる心や人間関係の素地が培われるのです。

　保育者には、子どもたちのかかわり合いに目を向けながら、こうした小さな心の動きを察知できる観察力や機敏な指導力が求められます。

　人間らしい心情は教えるものではなく、人と人との生活のなかで、子どもたちが自らそれを感じることで自然と湧き出てくるものです。そのため、人間性の発達において、環境のもつ意味は大きいと考えています。

同年齢の保育においては、その年齢の発達を支援するための遊びの伝達と、遊びのなかでの個々の子どもの発達を確認するなどの重要な役割がありますが、ここでもまた「教える」姿勢よりも「主体性を育てる」姿勢が肝要であることには変わりなく、あくまでも子どもたちに興味や関心を育てることに意義があります。

〈すべての乳幼児を対象に〉

　村山中藤保育園の指導計画は、乳児期から就学期までの子どもの発達の節目を臨界期ととらえて、その時期の保育環境の重要さをふまえつつ、すべての子どもたちの育ちを支援することを目的として作成しています。このことは、保育園・幼稚園という施設の区分にかかわらず、すべての保育実践に通じる考え方だろうと思います。なお、この指導計画には示せなかったハンディキャップを抱えた子どもの保育についても、この理念のもと、子ども自身の育つ力の支援を重点的に計画しています。

　昨今は、子育てにおいて相互扶助の精神が最も必要とされている時代状況です。地域における子どもの専門機関として、「子どものことは園に相談すればどうにかなる」といった信頼を得るために、地域に根ざす園の運営にも、地域の子育て支援事業にも、この指導計画はご利用いただけるものと考えています。

　子どもたちの育ちを取り巻く状況を考えると、残念ながら必ずしも楽観的にはなれないのが昨今の現状です。そのようななか、しかし子どもたちは今日も力強く、自らの育つ力を発揮しつつ未来に向けた歩みを続けています。最後に、全国の保育園・幼稚園の現場において、子どもたちの発達を見守り支える、保育というこの素晴らしい仕事に携わっているすべての保育者にエールを送りたいと思います。

　2007年5月

高橋保子

目次

Ⅰ章 3・4・5歳児の発達の特徴と年間計画

3歳児の発達の特徴 …………………… 2
4歳児の発達の特徴 …………………… 4
5歳児の発達の特徴 …………………… 6
3・4・5歳児の発達と指導計画 ……… 8
　カリキュラム作成から保育実践、
　児童票記録までの経過表 …………… 11
　年間生活カリキュラムの例 ………… 12
　主な行事と発達を促すねらい ……… 14
　散歩年間計画の例 …………………… 16

Ⅱ章 3・4・5歳児の月別指導計画

【4月】
4月の生活 ……………………………… 20
4月の遊び（異年齢） ………………… 21
4月の発達ぐあいと生活 ……………… 22
4月の年齢別保育 ……………………… 23
3歳児 4月指導計画 …………………… 24
　3歳児(生活) 年齢別週案の例 ……… 26
　3歳児(生活) 年齢別保育日誌の例 … 28
4歳児 4月指導計画 …………………… 30
　4歳児(生活) 年齢別週案の例 ……… 32
　4歳児(生活) 年齢別保育日誌の例 … 34
5歳児 4月指導計画 …………………… 36
　5歳児(生活) 年齢別週案の例 ……… 38
　5歳児(生活) 年齢別保育日誌の例 … 40
外遊び(異年齢) 保育日誌の例 ……… 42
室内遊び(異年齢) 保育日誌の例 …… 44

【5月】
5月の生活 ……………………………… 46
5月の遊び（異年齢） ………………… 47
5月の年齢別保育 ……………………… 48
3歳児 5月指導計画 …………………… 50
4歳児 5月指導計画 …………………… 52
5歳児 5月指導計画 …………………… 54
外遊び(異年齢) 保育日誌の例 ……… 56
室内遊び(異年齢) 保育日誌の例 …… 58

【6月】
6月の生活（歯科検診） ……………… 60
6月の遊び（異年齢） ………………… 61
6月の年齢別保育 ……………………… 62
3歳児 6月指導計画 …………………… 64
4歳児 6月指導計画 …………………… 66
5歳児 6月指導計画 …………………… 68
外遊び(異年齢) 保育日誌の例 ……… 70
室内遊び(異年齢) 保育日誌の例 …… 72

【7月】
7月の生活 ……………………………… 74
7月の遊び（異年齢） ………………… 75
7月の年齢別保育 ……………………… 76
3歳児 7月指導計画 …………………… 80
4歳児 7月指導計画 …………………… 82
5歳児 7月指導計画 …………………… 84
外遊び(異年齢) 保育日誌の例 ……… 86
室内遊び(異年齢) 保育日誌の例 …… 88

夏期カリキュラム指導計画 …………… 90
　生活 夏期縦割り保育日誌の例 …… 92
　遊び 夏期遊び保育日誌の例 ……… 94

【8月】
8月の生活と遊び …… 96
3歳児 8月指導計画 …… 98
4歳児 8月指導計画 …… 99
5歳児 8月指導計画 …… 100
プール日誌の例 …… 101

【9月】
9月の生活 …… 102
9月の遊び（園庭） …… 103
9月の年齢別保育 …… 104
3歳児 9月指導計画 …… 106
4歳児 9月指導計画 …… 108
5歳児 9月指導計画 …… 110
外遊び（異年齢） 保育日誌の例 …… 112
室内遊び（異年齢） 保育日誌の例 …… 114

【10月】
10月の生活 …… 116
遠足と子どもたち …… 117
10月の年齢別保育 …… 118
3歳児 10月指導計画 …… 120
4歳児 10月指導計画 …… 122
5歳児 10月指導計画 …… 124
外遊び（異年齢） 保育日誌の例 …… 126
室内遊び（異年齢） 保育日誌の例 …… 128

【11月】
11月の生活 …… 130
異年齢の自主選択の遊び …… 131
11月の年齢別保育 …… 131
3歳児 11月指導計画 …… 134
4歳児 11月指導計画 …… 136
5歳児 11月指導計画 …… 138
外遊び（異年齢） 保育日誌の例 …… 140
室内遊び（異年齢） 保育日誌の例 …… 142

【12月】
12月の生活 …… 144
年齢別の遊び …… 145
幼児期の音楽 …… 145
12月の年齢別保育 …… 146
3歳児 12月指導計画 …… 148
4歳児 12月指導計画 …… 150
5歳児 12月指導計画 …… 152
外遊び（異年齢） 保育日誌の例 …… 154
室内遊び（異年齢） 保育日誌の例 …… 156

【1月】
1月の生活 …… 158
1月の年齢別保育 …… 160
3歳児 1月指導計画 …… 162
4歳児 1月指導計画 …… 164
5歳児 1月指導計画 …… 166
外遊び（異年齢） 保育日誌の例 …… 168
室内遊び（異年齢） 保育日誌の例 …… 170

【2月】
2月の生活 …… 172
2月の遊び …… 172
卒園準備「体力冬季遠足」 …… 173
卒園記念品製作 …… 173
2月の年齢別保育 …… 174
3歳児 2月指導計画 …… 176
4歳児 2月指導計画 …… 178
5歳児 2月指導計画 …… 180
外遊び（異年齢） 保育日誌の例 …… 182
室内遊び（異年齢） 保育日誌の例 …… 184

【3月】
3月の生活 …… 186
3月の遊び（異年齢） …… 187
3月の年齢別保育 …… 188
3歳児 3月指導計画 …… 190
4歳児 3月指導計画 …… 192
5歳児 3月指導計画 …… 194
外遊び（異年齢） 保育日誌の例 …… 196
室内遊び（異年齢） 保育日誌の例 …… 198

I 章

3・4・5歳児の発達の特徴と年間計画

3歳児の発達の特徴

基本的な育ちを確認

体の発達（全身の調整力）

　3歳に至るまでの育てられ方で子どもの姿は一様ではない。身長・体重にも個人差があるように、全身で動く運動量やはさみを使うなど細かい作業をする指先の動きもそれぞれの育ちぐあいが見られる。案じられる部分は運動機能の発達段階にあると仮定し、気になる部分には見通しをもって、ていねいな観察眼と経験の場を意識的に提供する必要がある。4歳児期のエネルギッシュな動きを見せる特徴的な波に乗れるよう、遊ばせ方には個人差を配慮する。経験不足で遊び方がわからず遊べない場面があったり、体の柔軟性やバランス感覚が育っておらず、堂々と動けないこともよく見かける。3歳児として一律に同じ見方やつきあい方をすることは無謀である。

1　走れるが、まっすぐとか、「線の中」などルールに沿うことは難しい。
2　走ることを楽しむが、スピード感は幼い。
3　みんなでギャロップなど足の動きを喜ぶ。
4　尿意を感じて排泄を意識するが、トイレに行く動きは気分に左右されることがあり、失敗することもある。

心の発達（身体表現）

・慣れた友達や生活の場では得意とする遊びに入れるが、新しい環境や友達や保育者などに慣れるまでは、自分の思いや必要なことを言葉で伝えるなどの自己発揮はできないことが多い。自立している子どもでも排泄を失敗することがある。
・周囲に気がまわらず、まだまだ自己中心的に動くことが多いが、言い聞かせるとていねいな説明には聞く力を発揮して、内容を理解し受け入れる心の素直さも見える。
・不愉快な経験には、はじめは泣くという方法で不快感を示すことが多いが、生活に必要な言葉もほとんど理解しているので、ていねいな語りかけで表現方法を変える努力も見えてくる。幼児期へのうれしい姿を期待感と成長感で快く転換できるよう、個別のかかわりのなかで信頼し合える応答的関係が姿を変えるポイントである。
・友達や保育者と信頼関係が成り立つと甘えも見せるが、何でも知りたい意欲を見せるようになり、知的好奇心の高まりが見られるようになる。マンネリ化した環境や遊び道具には興味を示さず、手のかかる子どもに変身することもある。しかし、その理屈は言葉で言い表すことはできない。保育者の知的洞察眼が求められる。
・4歳の誕生日を越えるころから羞恥心や自尊心など人を意識するようになり、周囲の人の言葉や態度に敏感になる。心の動きも目や態度に現れてくる。

言葉・コミュニケーション（言葉の獲得期：素直な表現力）

　生活用語は知っているが思うように使えない段階にある。信頼関係が育つまでは友達との会話も単語で一往復か二往復程度で、目でコミュニュケーションを図るような姿も見られる。相手の動きをじっと眺めていたり、遊具を楽しんでいる友達の様子を見て一緒に遊びたくなる姿も見えてくる。突然トラブルになることもあるので、人とかかわり合うときの言葉をそのつど添えて、人と仲良く遊ぶ方法に言葉の役割があることを伝え、人のなかで生きるための言葉を身につけるよう支援する必要がある。

知的好奇心・抽象的思考（前頭葉の働き：頭の中にイメージできる）

満3歳を過ぎるころから現在・過去・未来の区別ができるようになる。抽象的思考が働くようになり、具体物がなくても言葉を聞いて受け入れ、理解できるようになる。しかし、語彙はまだまだ少ない年齢である。童話や素話による空想の世界などを、理解しやすい表現方法で豊富に提供し、知的好奇心を刺激する必要がある。なかには文字に関心を示し拾い読みする姿も見られるほどに、知的な発達を喜び楽しむ姿は、周囲への認知を求める姿としても見落とせない。「読めるんだね」と認めてあげることの大切さを周知したい。

人間関係（一人より友達が近くにいるほうが楽しいと感じる）

自己中心的な生活姿勢は消えるものではないが、人を意識するようになり、自分以外の人とかかわることに興味を示す段階である。遊びの内容からみると並行遊びや単純なごっこ遊びが中心である。一緒にいることを楽しめる年齢である。

大人への依存心もあり相手の様子を見ながら甘える（退行現象）。しかし、大人にベッタリされるのはいやがる。一見、大人の手を必要としなくなる段階であるが、心の中では自立した扱われ方を好まない。むしろ手をかけてほしい心境もたくさん残っている。そんな心境を言葉に表せず態度で示す子どもは、自己発揮できない状態でいることを大人が理解して、ときには甘えられる保育者の存在が必要になる。信頼関係を樹立する方法として有効な手段である。

生活力・身辺の作業は可能（食事・排泄・睡眠・着脱・清潔）

- 2歳児までの育てられ方で同じ期間を経た子どもたちであっても、育ちぐあいは異なる。さらに、早生まれ遅生まれなど生まれ月によっても発達の個人差はあるので、3歳児として一定した児童観で保育を進めることは好ましくない。
- 身辺自立の技術は生活経験の有無が大きく左右するので、個人観察と併せて生育歴の調査は欠かせない。それまでの主たる養育者の育児観の把握にも努める。
- 3歳児期はそのような発達段階にあるので、身辺にかかわる作業も生活のなかで一人ひとりの自立のぐあいを把握して、できることへの喜びを伝え、不便のないように励んで作業する子どもに育む。

4歳児の発達の特徴

心身共にダイナミックな発達を見せ、幼児らしい様相になる（社会性の育ち）

体の発達（ダイナミックに自分の体の動きを楽しめる）

・機能的に整った体を存分に使って粗大運動を楽しむ年齢である。心が晴れていると体力の限界まで動きまわる。走る、蹴る、追いかけるなど全身で取り組む遊びを取り入れると「もう走れない」というまで走り続けたり、追いかけまわす姿がみられる。4歳児の特徴である。

・粗大運動とともに微細な動き、例えば指先に全神経を集中させる細かい作業にも取り組み、作業意欲など自ら育つ姿を見せる。

・体の内部臓器にも関心を示し、食べたものが排泄されるまでの過程に関心をもち、聞きたがる。人体模型を使うなど理屈もふまえて関心ごとにていねいにかかわり、好奇心に合わせて食事の大切さや食材と体に必要な栄養素など、健康的な生活の関連を伝えるチャンスでもある。排泄は自意識による自立の可能性を見せる。

・ほめるとていねいな作業もできる時期なので、粗雑な作業になりがちな子どもには、雑なできぐあいとていねいなできぐあいの違いをしっかり心にしみるように伝えて、意識的に集中する作業過程の大切さを伝えると、理解し努力しようとする姿がみられる。

心の発達（羞恥心・自尊心の芽生えと相手を感じる）

・集団の中の自分を感じ始めている。特に大人（保育者）の言葉に敏感で、感情の起伏を見せるようになる。

・生活のなかで感じたことへの表現・態度は幼く、トラブルが発生しやすい発達段階にある。語彙の獲得が旺盛で覚えたばかりの言葉を使って楽しい対話は弾むが、感情を乗せやすい言葉も使うので喧嘩や失敗が多くみられるのも4歳児である。

・幼い表現のなかで起きる感情の起伏は心の襞を育てる絶好のチャンスである。保育者のきわめてていねいな応答的関係が求められる。子ども同士の心の交通整理を心がける必要がある。相手の子どもの気持ちを具体的にわかりやすく伝えて、人と一緒に、人のなかで生活していることを伝える。人のなかで生きる力を育てる。

・困っている人への手伝いを率先して動き、相手への思いやりの姿も見えてくる。その行為が相手に対してお節介にならぬよう見守り、「優しいのね」と言葉をかけながら相手の子どもが喜んでいる様子を感じ取れる認め方が重要になる。いやがる子どももいるので自己満足にならぬよう、相手の思いを感じ取れる育て方が求められる。

言葉・コミュニケーション（語彙数が増えるが、発音の不明瞭さが残ることもある）

・知的好奇心が旺盛になることと併せて、日常のできごとや事象にも関心を示して言葉でのコミュニケーションを楽しむようになる。

・覚えた言葉を「使ってみたい、言ってみたい」時期にある。言葉の意味や内容までしっかり理解して覚えたということでもない。雰囲気で使うという傾向もあり、ときおり不自然な使い方も現れるが、言葉を楽しむ段階としてとらえる必要がある。子ども自身が不自然さに気づいたとき適材適所で使えるようになる。

・間違いの訂正を強いるよりも、場合によっては「○○のことかしら？」と明るく問い返して表

情や反応を見ることにより、言葉と使い方の理解を深めることも、この年齢では大切なかかわりになる。
・人に迷惑になる言葉をあえて使うことも現れてくる。相手の反応を楽しむことがある。人がいやがる言葉を否定するより言われた相手の心の問題に視点を当てて取り上げ、人のなかで生きる力を養う大切な時期である。道徳的な観点からの言い聞かせをする必要がある。
・生活の場に絵本や童話が子どもの手の届く範囲に豊富にあることにより、自然に文字や本に関心を抱くようになる。拾い読みも楽しめる時期であるので、自己開発が自然に営める空間が必要になる。

知的好奇心（疑問から知的分化へ）

・知的好奇心が旺盛になり、生活のなかの事物にも疑問を抱き、何でも知りたがり、知識を要求してくる。例えば、空の雲に関心をもつと、雲の形や名称にも種類がたくさんあることを知って詳しく知りたがる。4歳児は疑問を抱くことから知的分化が始まる年齢といえよう。関心ごとに合わせて図鑑や実験遊びなどで疑問にていねいに対応することにより、知的好奇心は満たされ、知的分化は促進される。保育者の姿勢には子どもの特徴を見据えた発想が期待される。
・色にも関心を示して「どうしてこうなるの？」と、絵の具遊びでは配合することを楽しみ、実験を通して知的分化をかみしめる姿も見られる。
・絵本やお話を通して心の動きに気づき、読み聞かせや素話の内容に興味を抱くようになる。抽象的な思考力がはたらきイメージの世界が描ける楽しさは、具体的な実体験がベースにあるので、実体験の個人差を集団遊びのなかでは配慮する必要がある。

・自ら考え工夫して作った物には自信を得て、何回でも繰り返して作り、遊びたい人にも伝えたい様子も見られる。工夫するおもしろさや集中して作業する指の動きに自信をもち、友達に誇れる自分に気づくこともある。

人間関係（相手を受け入れようとし、人への関心が広がる）

・言葉で激しく争う姿もみられるが、基本的には人のなかで生きる力が育つ時期の子どもたちである。諭されて相手の気持ちを理解しようと努める様相は、思考力の発達とともに、自己中心的な発想から周辺に視野を広めていく社会性が育つ基礎の部分であることが読み取れる。
・争いながらも友達がいないと寂しいことも知っている。相手を受け入れて遊びたいが、自我の範囲で協調できないこともみられる。最後まで強引な姿勢を崩さない子どももいる。指導的な中途半端な保育者の態度は不信感を誘うことになるので、気持ちが収まるのを待って双方から喧嘩の原因について聞いてみる。

生活力の個人差はあるが自立している（身辺の作業は可能）

・食事・排泄・着脱の生活作業は、気づかせるための言葉かけや、見守りは必要であるが、一通りの動作は可能である。
・ていねいに作業を求める場合は、そのつどその結果を本人が意識することがポイントであるので、見やすい、あるいは伝わりやすい方法を工夫する。不快感を与えない誘導方法の検討が求められる。
・指先の技術的な部分では、意欲や気力とは別に末梢神経の未発達ということも考えられる場合があるので、生活訓練などで強いる方法は避けることも視野に入れる。

5歳児の発達の特徴

自制する力（場の判断・話を聞く注意力・仲間と遊ぶ協調性・工夫する思考力）

体の発達

・全身の運動機能が育ち、敏捷性・瞬発力・防御力などが備わり、機敏な動きを楽しめるようになる。体の動きを十分に楽しむなかで、育ってきた自分の体に自信がもてるよう意図的な遊びを用意して、達成感や成長感を一人ひとりが実感できる場を設定する必要がある。

・目的に向かって全速力で走れる。スポーツの好きな子はフォームも美しい。力走することによる精神のコントロールを意識する。やる気・意欲など自分の姿を自分で感じるようになる。

・細かい作業も楽しめる。作業も納得するまでやり遂げる力が見えてくる。小さいときからの体験で、できた喜びを実感していることが大切である。小さな作品にも心を込めて作る喜びを伝える。

知能と心の発達（探求心・研究心も見えてくる）

・興味を抱くと比較したり納得するまで一つのことに固執する。粗末なかかわりは禁物。探求心・研究心・集中力を妨げてしまう心配もある。

・達成感も素直に表せる。真剣な作業のあとなど「できたよ」と全身でその喜びを表現するので、成功感も抱けるようにかかわる必要がある。「何でも挑戦・やればできる」自信を育て、いじけない心を育てる。

・喧嘩の原因も自分たちで理解し、解決しようとする。

正義感もはたらく年齢である。約束違反などで仲間同士でも激しく言い争う姿は、就学期を迎える子どもたちの、人のなかで生きる力を感じさせる姿である。

・仲間意識がはっきりしてくる。興味や関心が同じであることや、遊びに関する好みもお互いに意識するようになり、遊び相手を選ぶ様子も出てくる。エスカレートした仲間外れには要注意である。

・状況を判断する力が備わる。善悪の判断と並行するように約束を守る姿も育ち、自制する力とともに状況についても自分で判断し、自ら律する心が見えてくる。

・相手に合わせて言葉を選ぶ場合もある。相手を察知する能力も備わり、自分にとって都合のよい言葉を使って、ときには結果として嘘になってしまうことも現れる。

・小さい子どもたちをいたわれる。優しくていねいなかかわりを好む子どもも現れてくる。相手がいやがる動作も察知して、無理強いをしない優しさも見えてくる。なかには無造作にかかわる子どもも見られるので要注意。

言葉とコミュニケーション（相手の気持ちも感じ取れるようになる）

・言葉の意味も理解し豊富な会話を楽しめる。生活用語も適材適所に必要に応じて使えるようになるなど一般的な育ちを見せる年齢であるが、相手の思いを感じて言わない場合も現れてくる。

・ごっこ遊びを楽しむなかで、大人の口調を真似て楽しむ姿も見える。口調の強い子どもは人の心に不快感を与えてしまうケースも現れてくるので、関心をもって見守る必要がある。

・心の問題とも絡んでくるが、自分に都合の悪いときは嘘を言う、相手の心を読んで先回りをするなど、心配な姿も現れてくる。ごっこ遊びな

どのときのように、内容によっては聞き置く必要があったり、問題視して検討をする必要も出てくる。扱いを慎重に。
・言葉による攻撃は言葉の意味もわかっていて使う場合もあるので、相手方も傷つくことがある。使ってよい言葉、よくない言葉など心の問題として取り上げ、道徳的に話し合う場が必要になってくる。

知的好奇心（生活を理解しようとする）

・なぜ食事をするのか、睡眠をとるのか、漠然と生きていた生活から、生活を理解して自主参加の様子が見えてくる。心の発達とダブらせて掲げてみたが、日々の生活を考えるようになり、納得して生活をしたい意向が見えてくる。
・学習的な言葉や新しい用語にも関心を示して、マンネリ化した生活には不参加という姿で抵抗をするようになる。保育者の一方的な児童観では信頼関係は崩れる心配が出てくる。一緒になって知的好奇心を楽しむ計画が必要になる。

人間関係（友達がいないと不安になる）

・仲良しの友達とは一緒にいることで安心感を抱くようである。好きな友達が他の友達と親しく遊んでいる姿を見て不快感を感じる女児も見られる。みんな友達であること、一緒に遊べる心の広がりを試みる必要がある。
・口喧嘩しながらも相手の気持ちが気になる。言葉巧みに言い争う姿も見られる。心の傷になることを伝えて、心地よい言葉、不愉快な言葉、実生活の言葉を集めて子どもたちに分類してもらい、言葉遊びとして取り入れると、人を傷つける言葉を意識的に使わないようにできる。
・グループをつくって集団で遊び、仲間意識が強くなる。トランプやドッジボールのように多数の友達を必要とする遊びの魅力も知っている。支配するのではなく、安全性を主にして、子どもたちの自主性による仲間づくりを見守る。
・意思表示もはっきりしてくるので、大人不信は態度でも見えるようになる。子どもの素直な気持ちを聞いて、人間同士の間柄から子どもに詫びる大人の姿勢も大切である。

生活力（身辺作業の自立）

・全部自分でできる能力はあるが、そのときの気分で雑になることもある。
・清潔の心がけでは要領よく洗った素振りを見せることもあるが、感染症などの病気に関して説明を受けると、あらためて姿勢を正す様子も見えてくる。
・箸の持ち方は自分の問題であり、鉛筆の持ち方にも影響することを知ると、自ら正そうとする姿勢が見える。
・健康と食物の関係を知ると、進んで駄菓子や甘いジュース類を飲まない子どもたちも出てくる。食材のもつ栄養価や体力になる食事を摂取する必要性をしっかり伝えたい。

生活力（自制する力の発揮）

・場の状況を判断する力が生まれる。もっと遊びたい、今は動きたくないなど、自分にとって不都合な場合でも、生活のなかでの約束は自分の思いを我慢して守れるようになる。
・話を聞く力、話の内容を理解する力も育ち、前もって大切な話であることを伝えておくと、しっかり聞こうとする姿勢が見えてくる。
・仲間と遊ぶ協調性の大切さ、自己主張ばかり強いと仲良く遊べないこともわかっている。しだいに協調する気持ちに自制し、切り替えることにも慣れてくる。
・工夫する思考力は、探求心や調べてみる遊びに没頭すると、自然に工夫するおもしろさを知る。考える機会は日々の生活のなかに潜んでいる。保育者の言葉かけしだいである。

3・4・5歳児の発達と指導計画

1. 発達を支援する環境整備と考え方

　乳幼児期の子どもたちと生活していると、幼児期は、人とのかかわりのなかで、人のなかで生きる力が備わる、大切な発達期であることがよくわかる。

　乳児期には、一人の人間としての内蔵機能の発達や運動機能など身体的な発達が見られ、機敏性や瞬発力といった活発な動きまでは備わらないが、自分の目的に向かって動きまわる生活力は育つ。そして、生活の場のなかでの人との応答的環境のなかで、その子どもの人となりが見えてくる。心の動きや感情の表現力も個性らしさが動作のなかに現れてきて、一人の人間としての成長・発達が見届けられる。昔から言われる「三つ子の魂百まで」の性格が備わり、長い人生の素地が培われることになるようである。

　幼児期は、乳児期の素地がベースになり、生活の場面や遊びの場面で、人とのコミュニュケーションを重ねていく。育ち盛りの子どもたちの生活の場では、摩擦を経ながらも相互に心の動きを体験し、相手を理解し受け入れるために、我慢することや耐えることを知っていく。また、人とのかかわりには、物品とは違う遊びの展開やおもしろさがあり、感情の躍動をも感じて、人に依頼する心や信頼する心、人を好む愛情なども感じて、人のなかで楽しく生きる力を蓄えていくようである。

　したがって、子どもたちが通い遊んでいる園を、子どもたちのための施設であり、子どもたちの育ちの場としてとらえる必要があると考えている。

　命を大切に保護・育成する観点から、園生活の場は安全であることは言うに及ばない。保育者の安全な見守りのなかで、年齢や発達期に合う遊びや知識の伝達をする。そして、子ども自身の育つ力に委ねる方法で、子どもたちが自己発揮しやすい環境を整備することにより、のびのび遊びながら人としての善悪観や考え工夫する力、話を聞く、話す、状況を判断する力など、就学期を迎えるころまでには自分を意識した行動が見えてくるなど、幼児の発達を見届けることができる。

保育者の存在意義

　どのような環境で子どもたちを迎え、どのような体験の場が用意されるのか、そして保育環境の大切さを納得している保育者の、日々の保育環境の洞察力と一人ひとりを観察する力、そこに存在する保育者の知的活動と実践力によって、子どもたちの主体性ある将来像を育むことができるであろう（保育者集団の専門性がおのずと現れる）。

2. カリキュラム構成と指導計画ができるまで

　担任はそれぞれ年度のはじめに、年間の自己カリキュラムを作成して提出する。

月案の作成方法

　複数担任の場合は各保育者の個人のカリキュラムを持ち寄り、カリキュラム会議までに担当者は年齢の月案としてまとめる。

　カリキュラム会議では、0歳児から5歳児まで代表が保育のねらいや配慮点などの発表をする。その会議では、園の保育方針や先輩保育者のアドバイスがある。園全体の系統的あるいは統一的な子育て支援の方法を得るので、若い保育者も知識や技術を習得する場としてとらえる。

　また、保育内容の公共性を維持する方法としても、参加した職員は他クラスの状況を把握できるなど、園全体の保育内容の流れが理解できる、園

運営の効果的な方法でもある。

担当者は、その会議で協議・指導された内容を、その月の指導計画の具体案を練り上げる素材とする。

3. 環境構成と子どもの育ち

保育形態と子どもたちの選択力

各年齢の担当者は、年齢別のカリキュラムを持ち寄り、実践の場を想定して週の計画を立てるが、指導計画の内容により、異年齢の遊びのなかで取り入れていくのか、年齢別の指導形態を想定するのか、子どもたちの育ちを第一義的に考え、担当者の協議が必要になる。また、時間帯によって同年齢の集会や指導が必要な場合もあるので、保育者間の詳細な打ち合わせが最も重要になる。

保育現場の一日の生活・遊びの展開は、子どもたち自身の選択により成り立っていくので、異年齢の遊びでも子どもたちの選択で遊び場が決まる。室内遊びと外庭遊び、あるいはテーマによる遊びなど、表を用いて具体的に示し、全保育者が理解できるかたちをとる。

異年齢の形態がとりやすい生活場面

着替えや食事などの生活行動では、子どもたちの自発的な動きを育てやすいので大事にする。要するに、日々同じことを繰り返す生活場面なので、年長児はすでに心得ていることが多く、大人が見守っていれば指示や支配を必要としないところまで育っている。子どもたちの実力を尊重する生活時間帯にもなる。

子ども同士の助け合いを見守り、人とのかかわりのほほえましい情景を「ありがとう」と感謝する心や「いいよ」といたわる優しい心が、子どもたちの自発的な働きかけによって生まれ、子ども同士の人を信じる心が自然に育まれていく。それは人間の素晴らしさを感じる空間でもある。異年齢の生活を人として自己発揮しやすい環境として見守り、不自然なかかわりも見落とさない広範囲な観察視点が求められる。

異年齢の遊び時間帯

人との関係は遊びも同じ発想であるが、大人を必要とする場面は、スムーズに会話が流れなかったり、気持ちが通じないなどの小さなトラブルが見えるときである。解説が必要であったり、あるいは、相手が助けを求めていない表情であるときなどは、表情の受け取り方などのわかりやすい具体的な説明が必要になる。

人間の優しさや人のなかで生きる力を育てる意味で、あえて異年齢の遊びを構成するのである。手伝うことの優しさをほめる言葉かけが最も重要になる。また、子どもたちのなかにいる大人の存在意義を分析することにより、全職員の配置や動き、その場に張りついている意味や必要性も見えてくる。

同年齢の遊び

同年齢で遊ぶとき最も保育者の注意が必要な観点は、集団で指導している場の大人の言動である。同年齢の集まりは理解力も感じ方も一様に近い子どもたちである。比較も易しく、心の動揺もみられる。子どもたちの心の状態を把握して、優越感や劣等感、嫉妬心や僻み心を育てないよう心がける必要がある。

また、全体のなかでの子ども同士の会話も敏感に受けとめられる傾聴の姿勢が肝要になる。すべての子どもに保育効果が期待できる要因は、保育者の言動でいじけたり、ふてくされたりしない快い関係にある。

同年齢の集まりは、運動量や言葉の理解力、工夫する力などが等しい育ちを見せることから、発達期に必要な新たな遊びを伝えたり、話題の提供をする。また、同年齢の子ども同士の遊びの展開のおもしろさを体験する場として考える。

好奇心旺盛な子どもたちが自分たちの力で可能

なかぎり実体験になるように配慮する。失敗するであろうと予測できる場合であっても、大人は限界を示さず、安全性に気を配りつつ見守る。展開や工夫に発展性が見られないとき、はじめて仲間入りをする。

子どもたちは真剣に見入って新たな刺激を受ける喜びにひたる。教え込んだり指導的な姿勢をとると、おもしろさを奪われて遊ぶ気力を失う可能性がある。

育ちの個人記録

異年齢で遊ぶ場合に留意すべき点は、保育関係者が誰でも3歳以上児の個人記録に参加できること、遊びが子ども主体の選択性で成り立っていること、担任が必ずしも一緒に遊んでその子の育ちを見届けているとは限らず、遊び場の担当保育者に見守られて遊んでいることである。

かかわっていた保育者の記録が新鮮であり、学年担任はその記録を読んで担任としての発達の確認や児童票・指導要録に1か月まとめて記録する。その記録の段階では、担任は理解できない不明な部分について正しい発育ぐあいを記録する意味で、一緒に遊んで記録した保育者と話し合い、調整が必要になる。

カリキュラム作成から、一人ひとりの子どもの成長記録に至るまでを、健やかな子どもたちの人間的な発育発達をめざして、全職員で総括的に保育実践を繰りひろげていく。そのなかで、子どもたちの自ら育つ力をベースにして、見守れる環境構成を日々追求する必要性を保育者の責務として問い、同時に保育者も人間として成長していく職場でありたい。

カリキュラム作成から保育実践、児童票記録までの経過表

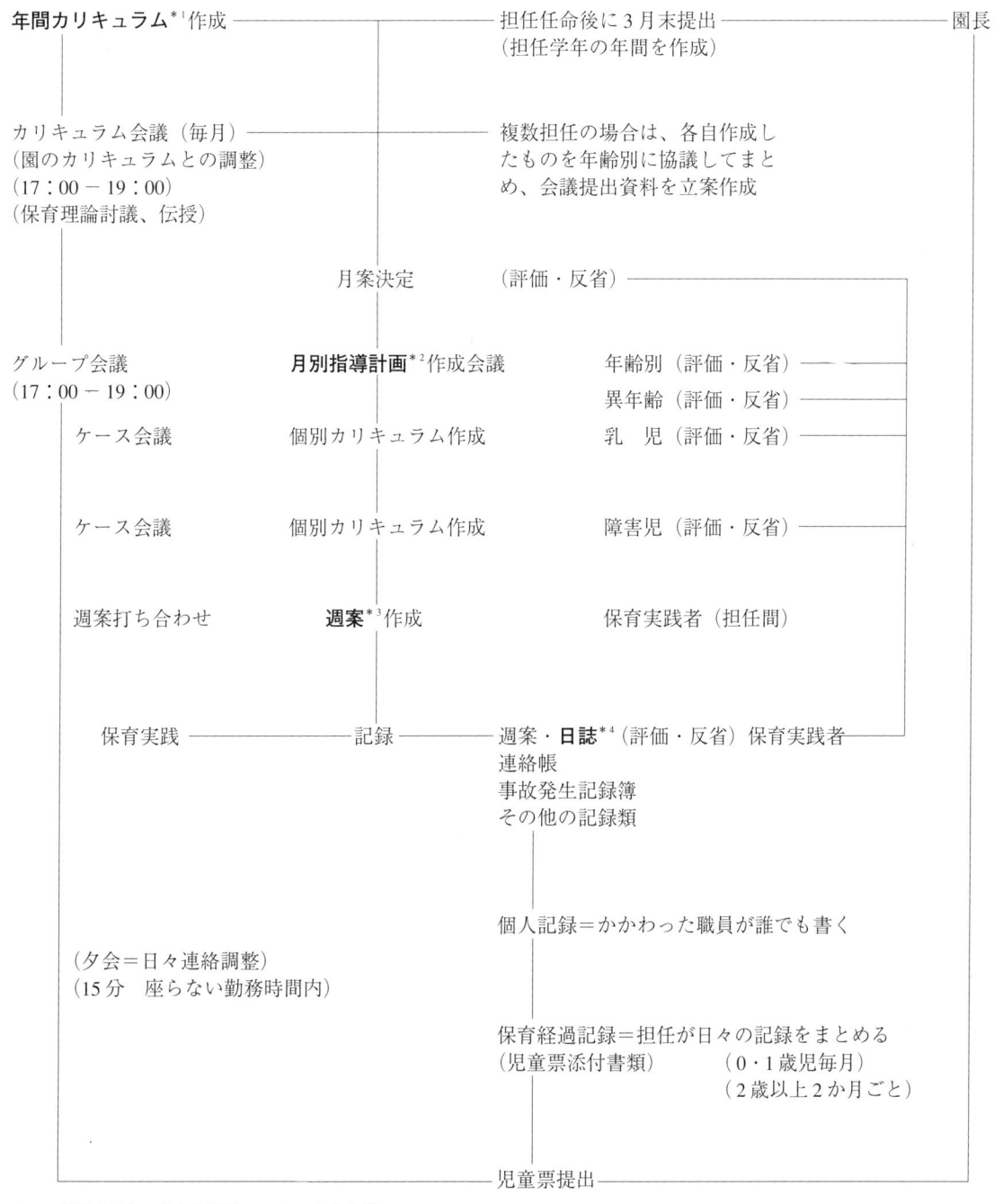

＊1…年間カリキュラムの例は、p.12〜13を参照。
＊2…毎月の指導計画については、Ⅱ章を参照。
＊3…年齢別週案については、Ⅱ章4月の項に例示した（3歳児p.26〜27、4歳児p.32〜33、5歳児p.38〜39）。
＊4…日誌については、年齢別生活日誌の例をⅡ章4月の項（3歳児p.28〜29、4歳児p.34〜35、5歳児p.40〜41）に、毎月の遊び（異年齢）の保育日誌の例をⅡ章に示した。

年間生活カリキュラムの例

月	テーマ			テーマによる年齢区分
4月	身の回りの始末 　所持品の管理 　自分の体の管理 　トイレに慣れる		3歳	トイレ等の設備や備品の用途を覚え、安心して利用できるように精神の安定を図る
			4歳	進んで持ち物の置き場などを探し得て、安心して次の作業が考えられる
			5歳	所定の場所に納めて確認する。周りの子どもたちにも目を向け、慣れない子どもには手伝う
5月	食事の姿勢 　態度と消化 　よくかむことの意味 　箸の持ち方 　手洗いの意味		3歳	必要量を一人で食べ終える。定着している箸の持ち方を確認、座って背を伸ばし、よくかむ
			4歳	手、机の上のばい菌に関心をもち、箸やフォークの必要性を知る
			5歳	体のしくみを知って自分の体をいたわり、自分で嫌いなものにも挑戦する精神をつくる
6月	健康な体 　健康な歯 　雨期と細菌 　遊びと排泄 　耳垢 　爪の衛生		3歳	予防のためであることを知り、怖がらずに健診を受ける。遊び中の尿意について考えてみる
			4歳	予防を理解し進んで健診や治療を受ける。自分の体に関心をもち、生活と季節の関係を知る
			5歳	体の成長を具体的に知り（乳歯、爪、耳垢、空腹）、細菌からも自分で守ろうとする
7月	日照と健康 　皮膚の衛生 　汗と衣服 　日照と木陰 　休息と午睡		3歳	気温と体調について聞き、進んで昼寝をする。木陰の涼しさを知る
			4歳	日照の光を感じ、暑さや木陰との温度差を知る。進んで休養をする
			5歳	体温調節のために発汗作用が起こることを知る。積極的に遊び場や休養の工夫をする
8月	私有物の管理 　プール用具の始末 　休養の場の確保 　健康な体温の維持		3歳	自分の持ち物への関心を高める。足りないものに気づく
			4歳	降園前の準備ができ、自分の持ち物の管理に自信をもつ
			5歳	持ち物の管理が悪いと自分で困ることがわかる。水着を干すなど、明日を予測することもできる
9月	運動と靴 　上履の意味 　靴下の意味 　靴の履き方と姿勢		3歳	足の形に関心をもち、靴にも左右があることに気づく。上履、外履、靴下の意味を知る
			4歳	足の形に関心をもち、間違わずに履く。靴をしっかり履かないとひざや背筋が曲がることを知る
			5歳	背を伸ばして走る。靴との関係を知る。足や体の保護のための靴下の役割を知る

月	テーマ			テーマによる年齢区分
10月	健康な体と食欲 　栄養価と食品 　収穫物と献立		3歳	空腹感を感じる。食事と体づくりの関係に関心をもつ
			4歳	運動と空腹の関係を知り、進んで食事をする。収穫できる食物と体づくりの関係を知る
			5歳	空腹と食欲、献立内容にも関心をもち、自分の体の成長を考えてみる
11月	身辺自立 　衣服の着こなし 　排泄と健康 　ていねいな動作		3歳	生活行動をあらためて眺めてみる。排泄を感じたら遊びの途中でも済ませる
			4歳	排便の始末を話題とし、自立の大切な意味を知る。身辺の始末をていねいにする
			5歳	状況を考えて排泄をする等、身辺をあらためて見て、ていねいな身支度や食事の後片付けの方法を知る
12月	年末と清掃 　部屋の清掃 　用品の清掃 　お手伝い		3歳	所定の場所の整理に興味をもち、片付ける。きれいになるとうれしい気持ちになることを知る
			4歳	自分の場所に愛着をもち、進んで整理をする。お手伝いにも関心を寄せる
			5歳	整理整頓をした後は気持ちがよいので、心の整理でもあることを知り、大人の手伝いも進んでする
1月	防寒 　手、喉の衛生管理 　運動と保温 　体調の変化を知らせる		3歳	うがいや手洗いの大切さを知り、大人と一緒に実行する
			4歳	動くと体があたたかくなることを知る。口の中や手が不潔になると体調が悪くなることを知る
			5歳	体の不調の様子を言葉で伝えられる。進んで運動をし、保温に努めることができる
2月	遊びと後片付け 　生活と用具 　玩具の置き場所		3歳	十分遊んだ後の場所を見て、散らかしたままにしておくと生活に不都合が生じることを知る。一緒に楽しく片付けられる
			4歳	遊んだ後は片付けると、玩具も人間も気持ちよくなることを知る
			5歳	生活に区切りは必要であることを知り、進んで片付けに参加する
3月	身辺整理 　所持品の整理 　部屋、道具の整理		3歳	進級を喜び、進んで自分の持ち物の整理をする
			4歳	年度変わりには、所定の場所の整理の必要性を知り、進んで参加する
			5歳	就学に備えて、部屋、道具の整理を進んで行い、後輩に誠意を示す

主な行事と発達を促すねらい

	月	年間目標	月別主目標	保護者参加行事	保護者不参加行事
年間の保育のめやすと行事	4	情緒	新しい友達	入園式(新入園児の保護者) 保護者会総会 年長組懇談会	
	5		元気な子ども	家庭訪問 (乳)懇談会	健康診断 遠足(3・4・5歳児) ギョウ虫検査
	6		集団生活の喜び	(幼)保育参観懇談会	春の運動会 歯の検診 プール開き
	7	体力	リズミカルな遊びを楽しむ	宿泊保育懇談会 夕涼み会	七夕まつり 宿泊保育(年長児のみ)
	8		水遊び		
	9		運動の喜び		プール納め
	10	知能	グループの活動を楽しむ	親子遠足 (ハイキングまたはバス遠足) 秋の運動会	山遊び
	11		自然に親しむ	保育参観	健康診断 七五三 ギョウ虫検査
	12		表現活動を楽しむ	クリスマス会	
	1	言語・まとめ	新しい年と言葉遊び	(幼)保育参観・懇談会	正月遊び
	2		工夫して作る・描く	作品展 (乳)懇談会	豆まき
	3		成長を喜ぶ	卒園式(卒園児の保護者)	ひなまつり 開園記念日 お別れ会

○次の行事は毎月行う。①誕生会 ②身体測定 ③０歳児健診 ④避難訓練(年１回、保護者の引き取り訓練がある)
○その他、育児講座・講演会・調理実習がある。

行事内容

- ○入園式…家庭から集団生活に入る"けじめ"として参加。
  今日からは、保育園で生活すること、保護者はその間、仕事に励んでいることを伝え、集団で遊ぶことの楽しさを、早く吸収する。
- ○健康診断…人体模型や体のしくみの絵本などを、実際に目で見て、健康について話し合い、筋肉の動きや、血液の大切さ、偏食の害や、運動することにより体力が増し、そのためには体の中も健康でなければいけないことを知らせ、医師の診察により、健康維持のための診断であることを理解する。
- ○家庭訪問…子どもの家庭や家の周りのことを担任が知っている喜びは、言葉に表せないほど子どもの心を満たすものである。子どもの周辺を知ることにより、心のふれあった会話も生まれ、子どもと保育者との親近感を増す。
- ○遠　　足…保護者から離れたところで、精神的な安定・自立を図る。（保護者の付き添いなし）
  （幼児部）
  誰にも甘えず一人で歩き、身支度も持ち物の整理もできる。
  一つひとつの行動を保護者や担任が認めてあげることにより、自信を育てる。
  年長児に関してはほとんどの子どもが保育歴が長いので、自立だけではねらいが弱い。別のねらいも加えて計画を立てる。
- ○春の運動会…園生活も落ち着いた時期である。精一杯、力一杯、園庭を動きまわり、体力を養うとともに精神衛生も図り、動きの範囲を広げることを目的とする。
  行進や種々のステップを踏むことにより、リズム感を養い、ルールを覚え、他の人と合わせることの大切さ、協調性などを育てる。

- ○水遊び…人間は健康であれば、誰でも泳ぐことが可能である。
  水の中で楽しく遊びながら、大量の水に慣れ、水の恐さから自然に脱皮する。
  全員"水に浮く"ことをねらいにして、水遊びを通して、水の特性や危険性を知る。
  精神面では、不安を抱かせないことが基本である。
- ○夕涼み会…子どもたちの生活範囲は家庭と保育園だけに限られている。地域の人たちとのかかわりを深め、楽しい催しを計画し、親子でくつろいだひとときを過ごす。
- ○宿泊保育…昼夜、生活を共にし、就学期に備えて、精神面の自立、生活面の自立が大きなねらいである。
  （年長児のみ1泊2日）
  山登り、長距離を歩く、夏の自然に目を向け、自然物を利用した遊び、木登りなどを体験し、体力づくり、仲間づくり、グループ意識などを高める。また、友達と一泊できたことの成長の喜びを味わう。（宿舎での公共物の使い方、身の回りのこといっさい、持ち物の整理など自分で行う）

- ○秋の運動会…運動会という行事のリズムにのり、運動能力の発達や、精神力、集団行動の規律などを養う。
  スピード感や競争心もなく、勝敗もあまりこだわらない年齢である。各年齢の発達の特徴をつかみ、遊びを重ねることにより、その機能を伸ばすところにねらいをおく。また、日ごろ見られない両親や祖父母らの力走する姿を見て、楽しみ、親しみ、あるいは、手をつなぎ競技することにより、いたわりと感謝の気持ちを覚えていく。
- ○親子遠足…親子のやすらぎとともに、友達の保護者との信頼感、横のつながりを深めることを大きな目的とする。
- ○山遊び…長距離を歩く、急斜面をかけ登る、降りる、ロープにぶらさがったりすることにより、筋力・平衡感覚、体を支えるための足の加減、勇気や気力、頑張りなどを体得する。泥まみれになりながら、全身で体あたりして、開放感を味わうこと、自然界を十分に楽しむことも目的である。
- ○クリスマス会…ごっこ遊びに自主的に参加し、子どもたち自身で話し合い、計画が立てられていくなかで、発表力・言語・音感・記憶力・表現力などを養う。なかでも一番のねらいは"自分から仲間に入る"気持ちを育てることである。また、協力する姿勢、気持ちを合わせることの難しさなど、過程を通して理解する。

- ○作品展…共同製作をすることにより、創造力、思考力、集中力、工夫する力、指先の技能、表現、色彩感覚などを養う。
  作業に没頭する意欲が成長の喜び、充実感につながる。
  具体的に、自分で努力したことを自分の目で確かめることができるのが、作品展の特徴である。
- ○お別れ会…仲よく遊んできたお友達との楽しい会。助けたり、助けられたり、楽しかった生活を想い、感謝しながら、子どもたちの自主的な行動であることが大切である。
  お世話になった方々へ「ありがとう」の言葉が自然に出る。
- ○卒園式…就学・進級への喜びと期待をもち、一年ずつ大きくなることを知る。

散歩年間計画の例　年間目標「自然界に触れながら、体力を養う。」

目的地（コース）の選択方法
1. 自然界の変化を楽しむことを目的とする場合
2. 学習や地域を知ることを目的とする場合
3. 精神的発散を目的とする場合
4. 運動を目的とする場合

	目　標	ねらい	目的場所及びコース	活動内容
4〜6月	いろいろな道や地域を探索し、安全性を知る。	○園外へ出て気分転換をし、開放感を味わう。 ○散歩に出るときの約束を知る。 ○横断歩道の渡り方を知る。 ○思いっきり走りまわって遊ぶ。 ○春の自然に親しみながら楽しく歩く。 ○地域の人とふれあう。	・お伊勢の森 ・原山グラウンド ・水道局方面 ・トンネル方面 ・山王森公園方面（水道道路） ・園周辺	・手をつないで歩く、並んで歩く、車が来たら端に寄るなど交通ルールを知らせる。 ・探索活動をし、いろいろな物に興味をもつ。 ・信号を担任と一緒に確認し、正しい横断方法を知らせる。 ・ボール遊びやおにごっこなど、身体を十分に動かして足腰を鍛える。 ・虫や草花の生態、木々の冬から春、夏にかけての変化について知り、興味をもつ。 ・地域の人への挨拶を通じて、つながりを深め、人間関係を培う。
7〜9月	自然界の変化を感じながら楽しく遊べるように工夫する。	○園外へ出て気分転換をし、開放感を味わう。 ○全身を使ってダイナミックに遊ぶ。 ○さまざまなものを見たり触れたりして、おもしろさ、不思議さ、美しさなどに気づき、感性を豊かにする。 ○自然物を利用し、工夫して遊ぶ。 ○地域の人とふれあう。	・水道局方面 ・野山北公園方面 ・がけすべり ・トンネル方面 ・真福寺方面 ・かぶと橋方面 ・園周辺	・草花の名前を覚えたり、日ごろ気づかないところに目を向ける。 ・手足の協応や筋力、バランスなど身体の調整力を養う。 ・自然界の音、色、形、手触り、動きに気づき、驚いたり感動したりする。 ・見立て遊びや、自然界での素材を使って製作などをしてみる。 ・虫や草花の生態に興味をもつ（虫を飼育して愛護の気持ちをもつ）。 ・地域の人への挨拶を通じて、つながりを深め、人間関係を培う。
10〜12月	もっとも楽しめる自然界に積極的に触れる。	○全身を使ってダイナミックに遊ぶ。 ○秋の自然を感じながら楽しく歩く。 ○さまざまなものを見たり触れたりして、おもしろさ、不思議さ、美しさなどに気づき、感性を豊かにする。 ○見たもの、感動を言葉で表す。 ○自然物を利用し、工夫して遊ぶ。 ○地域の人とふれあう。	・がけすべり ・野山北公園方面 ・水道局方面 ・トンネル方面 ・真福寺方面 ・かぶと橋方面 ・園周辺	・手足の協応や筋力、バランスなど身体の調整力を養う。 ・夏から秋にかけての自然の変化に気づき、興味をもつ。 ・葉の形やどんぐりの形の違いなど、木にも多くの種類があることを知る。 ・自然界の音、色、形、手触り、動きに気づき、驚いたり感動したりする。 ・見立て遊びや、自然界での素材を使って製作などをしてみる。 ・虫や草花の生態に興味をもつ（虫や動物の冬眠を知る）。 ・地域の人への挨拶やお店見学などを通じて、地域の人とつながりを深め、人間関係を培う。
1〜3月	寒さを感じ、工夫する必要性を知る（新陳代謝）。	○冬の自然を感じながら楽しく歩く。 ○思いっきり走りまわって遊ぶ。 ○さまざまなものを見たり触れたりして、おもしろさ、不思議さ、美しさなどに気づき、感性を豊かにする。 ○見たもの、感動を言葉で表す。 ○自然物を利用し、工夫して遊ぶ。 ○地域の人とふれあう。	・野山北公園方面 ・水道局方面 ・トンネル方面 ・真福寺方面 ・原山グラウンド ・園周辺 ・かぶと橋方面	・霜柱や池の氷に興味をもち、自然の変化に気づく。 ・動植物の変化に気づき、関心をもつ。 ・ボール遊びや、鬼ごっこ、マラソンなど身体を十分に動かして遊ぶ（身体を動かすことで新陳代謝を活性化し、体温を上げることを知る）。 ・自然界での音、色、形、手触り、動きに気づき、驚いたり感動したりする。 ・見立て遊びや、自然界での素材を使って製作などをしてみる。 ・虫や草花の生態に興味をもつ（カエルの卵を採取し飼育する）。 ・地域の人への挨拶を通じて、つながりを深め、人間関係を培う。

各コースの特徴

コース名及び目的地	往復距離	コース及び目的地の特徴
○お伊勢の森	0.9 km	・平坦な舗装道路で車通りは比較的少ない。 ・途中の畑には、お茶や果樹、季節ごとの野菜や花が植えられている。 ・お伊勢の森には大木が多くあり、秋には落ち葉がたくさんになる。 　また、地域の遊園地になっており、ブランコなどの遊具、広場があり、利用できる。 ・季節によって、数種類の虫がいる。
○原山グラウンド周辺	0.6 km～1.0 km	・平坦な舗装道路で車通りは比較的少ない。 ・途中の畑には、お茶や果樹、季節ごとの野菜や花が植えられている。 ・グラウンドは広々としていて、走りまわって遊べる。
○水道局方面	1.5 km～1.7 km	・水道局までの舗装道路では、なだらかな上り坂が続き、最後には急な上り坂がある。 ・安全面では、途中、青梅街道を渡るが、その他は比較的、車通りは少ない。 ・水道局近くの林では、季節によってたんぽぽ、つゆくさ、どんぐり、松ぼっくりなどがあり、季節ごとに変化が見られる。 ・水道局の裏から山に入れるが、神明社、指田医院、小峰電気、真福寺各方面へと至る道があり、いずれの道の場合でも、獣道のような箇所が多くあり、起伏の多い山道である。
○横田トンネル ○赤堀トンネル	2.0 km～2.2 km	・トンネル方面に至る道は数種あるが、いずれも平坦な舗装道路である。 ・安全面では、途中、青梅街道を渡るが、その他は比較的、車通りは少ない。 ・トンネル内は薄暗いが、100 m程度の直線が続いていて、音が響く。 ・雑草や道端の草花、多種の木々など自然環境も豊かである。
○御岳トンネル ○赤坂トンネル	3.0 km～3.5 km	・トンネル方面に至る道は数種あるが、いずれも平坦な舗装道路である。 ・安全面では、途中、青梅街道を渡るが、その他は比較的、車通りは少ない。 ・トンネル内は薄暗いが、100 m程度の直線が続いていて、音が響く。 ・番太池の脇には、テーブルとベンチがあり、季節ごとの草花を摘むことができる。 ・赤坂池の近くでは、散策できる場所が数箇所あり、急な斜面もある。道によっては真福寺、三小方面に通じている。 ・雑草や道端の草花、多種の木々など自然環境も豊かである。
○山王森公園	4.8 km～5.0 km	・公園までの水道路は、サイクリング道路でよく整備されているが、途中、青梅街道、新青梅街道を横断しなければならない。 ・公園では、のびのびと走りまわるスペースがあると同時に、シーソーなどの遊具が設置されている。また、小さな雑木林のようなものもある。 ・サイクリング道路の両脇は、さくら並木になっていて、春にはさくらがきれいである。
○かぶと橋方面	3.5 km～4.0 km	・途中、特に危険な箇所はない。 ・山道に入ってからは、多少の起伏はあるものの、よく整備されている。 ・番太池に沿って山に入って行く方法、みかん山の脇から入る方法、がけすべりコースからといろいろな行き方がある。昔ながらの山道ではあるが歩きやすい。 ・かぶと橋手前の階段を上がりきったところに、地層が見えるところがあり、粘土をとることができる。 ・季節によって、途中、草花遊びやどんぐり拾い、虫探しなどができる。 　また、倒れた木々や折れた枝など豊富で、自然物を利用しての遊びもできる。
○野山北公園方面 （アスレチック）	3.0 km～3.2 km	・途中、車の通行が多い所を1か所横断するが、その他は1番（公園入口）からのコースと途中の12番から入るコースがある。 ・筋力やバランス感覚のほか、運動的な機能を必要とする運動遊具が段階を追って設置されている。 ・アスレチック12番に行く途中に、東京都の水田があり、2月中旬から3月上旬にかけてカエルの卵を採取することができる。また、多種の草花も豊富にある。
○がけすべり方面	2.0 km～2.2 km	・途中、特に危険な箇所はないが、山王様の横を上がる道がかなりの急な坂であるので、特に下るときには注意が必要となる。 ・牛小屋の横を通るので見学ができる。 ・途中、自然物が豊富で、それらを利用しての遊びができる。 ・全身を使ってのダイナミックな遊びができる。
○雷塚公園	2.8 km～3.0 km	・道は平坦な舗装道路であるが長距離で、途中には、新青梅街道や車通りの多い道路を通らなければならない。 ・さまざまな遊具が設置されている。 ・鳩がいるので、パンくずをもって行くと餌づけができる。
○中久保地域運動場	1.2 km～1.5 km	・車通りの少ない裏道を通りながら行くことができる。 ・広いグラウンドと多少の遊具もある。

恩物で遊ぶ

童具で遊ぶ

異年齢で遊ぶ

Ⅱ章

3・4・5歳児の月別指導計画

4月の生活

　生活週案では、いずれの年齢も「環境に慣れる」ことを掲げている。園児も具体的な方法をていねいに伝える指導があればルールなどもすぐに覚えられる年齢である。覚えた段階で「しっかり覚えたね」と安心できる言葉をかけることは、自信につなげる意味で忘れないことが肝要である。優しい姿勢は原則であるが、必要以上に甘い言葉をかけると、依頼心や甘えを引き出す心配もある。子どもの力の個人差をみて判断することが望ましい。一様なかかわりは禁物である。幼児期は身の回りの作業においては特に自立する心を育てることを念頭におく。

生活習慣

　新しく入園した幼児期の子どもたちも、家庭の育て方により育ちがまちまちである。慣れない生活動作に不安定になりやすい子どももいる。衣服の着脱の方法やロッカーに片付ける動作、トイレでする排尿の方法など、一人で覚えたりできるようになるまではていねいに動作を伝える。自ら動き実践することは、心身の育ちに結びつく行為なので、甘えず実行することの大切さを保育者は心得て見守る姿勢が肝要である。

　食事も、食べず嫌いの傾向が見られる。園の食事の味に親しみをもつまでは残菜も目立つ。はじめは必要量の摂取が難しい子どももいる。慣らし保育期間に個人差を考えることも健康を維持する意味で重要になる。

　睡眠も、3歳児には健康に育つために必要な日課である。慣れないところで寝ることに不安をかかえる子どもも多い。体力の限界まで遊んでいない子どもに理屈で午睡の必要性の理解を求めてもまだ難しい。無理をせず保護者に状態を伝えて夕暮の疲れぐあいをみていただくよう依頼するとよい。自分から布団に入るようになる時期を待つのも、穏やかな慣らし保育の実践である。

　衣服の着脱についても、同室で発達の異なる子どもたちの着替える様子を日々見ていると、自然に子どもの気になる部分が見えてくる。自ら真似て動きだす3歳児も現れる。5歳児のなかには、気になる子どもを手伝う姿が現れる。気づいても素直に行動に移せない子どももいる。「〇〇ちゃんが手伝ってと言ってるよ、お顔を見てごらん」と動きだせるきっかけが必要になる場合もあるが、誘いかけには焦らずに、子どもたちの興味・関心による自発的な動きが出てくるよう、保育者は意識的に子ども同士の関係を見届ける役割を心がける。お昼寝の着替えは年長児が手伝いに入りやすい条件になる。

　衣服をたたむ作業は、日本の古来から伝わる生活の知恵である。子どもたちに習慣づけたいねらいは、集中して取り組む作業工程の工夫や手の動きもあるが、目的意識をもって生きることを習慣づけることにある。生活の場の整理整頓も目で見てわかる美の感覚である。小さいときから教えられてきた5歳児は日課として当然のように片付ける。3歳児もはじめにていねいに方法を伝えると進んでたたもうとする様子も見えてくる。

　生活のための作業もはじめは子どもたちにとっては単に遊びである。遊びながら体が覚えるもので、作業中に気の抜けた様子も見られるが、叱ったり不愉快な注意は避ける。きれいにたたむことができてはじめて身についた習慣といえる。

　5歳児の風呂敷を扱う意味は発達期を考えて取り入れたことである。靴の紐が結べないという小学生の未発達の現状がある。小学5年生になっても指や体が覚えていない。できる喜びを知らない状況から「臨界期」に生活の日課として取り入れ、経験を重ねて自然に身につく方法として取り入れている。

　末梢神経の発達は2歳の後半からピークに育つ。指先を使う遊具で細かい作業を楽しみながら発達した指は、4歳児ころから蝶結びや風呂敷で物を包む動作も生活技術として定着するものである。

4月の遊び（異年齢）

4月の遊びの計画を各年齢ごとに取り上げた。

遊びを、異年齢で遊べる内容と同年齢でないと遊べない内容、あるいは発達課題をねらう担任の計画などを幼児の担当者全員と打ち合わせて、週案イコール日誌の提示のようになる。

室内、園庭とそれぞれ遊びを設定して、子どもたちの選択を待つ。

室内の遊びには、その日の室内担当者によってブロック・塗り絵・折り紙・パズル等の遊び道具が各室内で自由に遊べるように準備する。4月当初は玩具での遊び方もわからない子どももいる。玩具の取り合いでトラブルも起きる。遊び道具の扱い方を伝達するには保育者のかかわりが必要など、常に見守れる態勢で子ども集団から離れない、目を離さない周到な心意気が求められる。はじめが肝心である。

ルールを覚えたり、約束事にも気がまわるようになれば、目的に沿って遊びが充実する。子ども一人ひとりの遊びの目的も見えてくる。ぬり絵も雑な子どももいるが、できあがりを厳しく求めない。自己発揮している自由な遊びであること。いずれ年長児のていねいに仕上げる姿を見て真似たり、ていねいに仕上げる喜びも体験することになるので、焦らずに、楽しい保育園生活になるよう心の安全性に主点をおき、楽しい遊びの時間帯であるように心がける。

園庭遊びの注意点はまず、潜在的な危険性を遊び道具から発見することにある。

子どもが安全な遊び方を知らないうえに、遊び道具のおもしろさはルールを守ってはじめて楽しい道具になる。危険性も知らない子どもたちに危険性の理解を求めることになるが、知識より体で覚える年齢である。子どもが遊ぶ動きを想定して危険性を考えてみると、おのずと大人が配慮しなければならない「いざ」というときに、すぐに手を出して助けられる位置にも気づくであろう。若い保育者を中心に保育者間で話し合い、メモすることによる安全に対する意識的効果、プラス書面に提示することによる効果は、保護者等にも広範囲に安全性をアピールできる。

けが・病気について

元気に遊び飛びまわる姿には、転ぶ・滑る・衝突など多少のけがは避けられない。かすり傷やすり傷の消毒や湿布には、常駐の看護師が手当てをするが、頭部の打ち身にはまず目つき、顔色をみる。嘔吐があればただちに医師のもとへ。吐き気もない状況であれば様子を見る場合もある。しかし、24時間保護者とともに嘔吐の有無を観察する必要がある。また、子どもの進行方向と角度の違う方向からの衝突は比較的にけがが大きく、ただちに医師の診察や指導を必要とする場合が多い。

人間は目的に向かう意志によって体は無意識に防御する働きがある。目的外の方向から力が加わると衝撃がひどくダメージが大きい。ブランコの搭乗者とすぐ前を横切る友達の衝突は、ブランコの搭乗者は前に揺れる予感がある。横切る友達は前に向かって走っているので目的外の方向からの衝撃になる。車の運転手より気楽に乗っている助手席の方が衝撃を強く受けているケースも同じように、直前には気がまわらず防御力が働かないしくみが人間の体にはあるようである。

自分の体の不調についての報告

5歳児は体の不調を感じて経過まで伝えられる。3歳児は相手に知らせる表現力が幼いために、不機嫌なまま大人には通じないこともある。食欲や遊びにいそしむ元気さなどから「いつもと違う」様相が見られたら、気落ちしないように本児には知らせずに、朝からの様子を保育者間で連絡し合い、実態の把握に努める。保護者にも昨夜から今朝の様子を聞いて現状を知らせることもあるが、保育者間で見守り、遊びを静かな内容に誘うなど休息を考える場合もある。

4月の発達ぐあいと生活

製作遊びは5月の「こいのぼり」がある。各年齢で年齢にふさわしい試案が提示されるが、3・4・5歳児が同室で製作に取り組む効果的な意味は、5歳児の真剣に集中して物を作る姿を3・4歳児が見て、同じように作りたい要求を自然に誘うことにある。その過程で「ぼくのも作って」とせがむ3歳児もいる。5歳児もときにはうっとうしい顔をする場合もあるが、「待ってなよ」と自分の都合も言える子どもの人間性、ともに譲り合い認め合える姿勢はこの年齢にも見えている。何日も製作遊びが続く保育園のゆとりの時間、よい悪いの判断ではなく、人間らしさの育ちの場として、異年齢の生活を見守る包容力が必要になる。

最終的に年齢別の集まりを組んで年齢にふさわしい仕上げをすることもある。全員が家に持ちかえる「こいのぼり」。保育園の時間帯は子どもたちが育ち合う生活空間である。楽しく物を作る意欲や助け合う人間同士の仲間づくりも並行して育つ保育環境になる。物を作る目標に何を求めて計画を立てているのか、「上手に作る、きれいに作る、ていねいに作る」では何を作っても同じ目標になる。保育者の目標が人間関係であったら、同じ作業でも育ちの違いをみることになる。

遊びに興味を示さない子

生活の場面でも遊びの場面でも、自分の思いを出せないまま1週間も経つのに、友達も近くに寄ってこない。他人の遊びを傍観している様子では充実した保育園生活とはいえない。自分から没頭して遊び始めて心身の育ちが見えてくるものである。遊べない原因を探るつもりで近寄り、手足を動かすと楽しいことを実感できるよう誘ってみる。経験不足で遊べないのか、心理的な負担がおおいかぶさっているのか、一人の保育者が根気よくつきあって、子どもを変えてみせるくらいの願望を抱いてほしいと願う。

家庭の殻に閉じこもり、外の空気に慣れない子どもは、遊びの手立てや生活のしくみを伝えると自信がついて動きだすこともあるが、心理的な負担から体を硬直させている様相には、遊びの楽しさ以前の心のケアが必要になる。朝食のみそ汁の中身だとか、パンか、ご飯かなどの具体的な近い過去を話題にして、一対一の関係に親近感を感じるようにかかわる。心をオープンにすることへの期待も時間がかかるケースもある。根気よくあきらめないで育てたいものである。

自由奔放に動きまわる子ども

安全であれば良いと判断し、危ないから、皆が困るからなどと注意するよりも、自由さを認めて、その自由な姿を観察する必要がある。育ちぐあいの原因を探ることがまずは先決。指先や体全体の動きぐあい、語彙数にも関係する聞く力や言葉への反応など現状を把握し、原因を探る。単にこれまでの育ち方なのか、育ちづらい要素を抱えているのか、できるかぎり項目別にメモして、カンファレンスの資料とする。本児は自由に思う存分動きまわれるので笑顔が絶えない。ときおり友達に接触するが、体が触れても相手を感じない様子。人の動きには関心がないらしい。専門機関に相談する前に保育者間の観察結果を総合する。結論は、(1)育てられ方、(2)要因を抱えている、の両面が考えられる。いずれにしても、治療的な保育を試みる必要があると判断したときは、個別カリキュラムの作成をする。基本的には、保育園は安心して遊べる場であると本児が感じられるような対応に視点を当てるなどの、当面のかかわりに目標を立てて保育することになる。真剣に一般的な育ちを補う生活をするが、1か月の経過観察の後に保護者とともに医療的な診察が必要になる場合は、早期発見、早期治療を考える場合もある。

4月の年齢別保育

3歳児の課題

生活習慣の自立ぐあいがまちまちで、とても同じ年齢とは思えないほどの違いを見せる。異年齢児との生活で育つ部分は大きいが、4月当初は同年齢児の集まりで食事の様子、排尿の様子、着脱の様子、手洗いの様子などと、細かく手足の使いぐあいの確認をすることは、3歳児に必要な課題である。そして、あらためて自分でできるようになると、自分の都合がよくなることを知らせて、自ら実行しようとする心を育てる目的で、小集団での対話をする機会をもつ。

心にふれて改善を求める内容の話には、その他大勢の集団では一人ひとりの子どもの心に響かない心配がある。目を見て、手に触れて、話の内容が理解できている聞き方であるのか、3歳児の担当保育者は個々の子どもを感じながら対応する必要がある。しっかり心に染み入る会話が自分の体を管理し、自立しようとする心を引き出す要因になるからである。

遊ぶ合間をみて小集団をつくる保育者の機転が求められるであろう。

4歳児の課題

4月は新入園児の子どもが環境の変化に適応できないで、混乱して排泄が乱れて失敗をしてしまうことがある。羞恥心もある年齢である。「恥ずかしい」とか、人前で失敗を公開するような扱いは避けて、内緒内緒とかばう姿勢で、安心できる保育者の態度が求められる。

4歳児は知的好奇心が旺盛であるから人体模型を出して内臓の分布を提示し、膀胱のある場所と尿意を感じる場所との事実関係を具体的に、子どもたちが自分の問題として感じ取れるように話しかけると、新鮮な生活感を新たな思考で受け入れやすい指導方法になる。子どもたちの知的な好奇心を刺激することを考える。

4月は特に生活面での支援が主になるので異年齢児と一緒にいる時間は多い。同年齢児の集まりを必要とするときは、ミニ集会のかたちで日々同年齢の友達と顔を合わせる時間もある。5月の遠足の予備知識なども4月の時点で取り上げ、目的意識をもって調べたり、遊ぶ楽しさを想定したりして、遠足への期待と楽しさと意欲を盛り上げ、育てる意味で事前の集会をもつ必要がある。

5歳児の課題

進級した喜びや最上級の友達であることの意識を育てたい保育者の考えを、直接話題にしてみる。表面的な部分で小さい子どもを手伝う、「やってあげる」などの言葉で優しくいたわる気持ちがあることをみせるであろう。大切なことは、小さい子どもも手伝ってほしい心と自分でやりたい心があるから、「お顔を見て手伝ってあげてね」と人間として相手を感じ受ける方法を知らせる。

最後の保育園生活の年になる。存分に遊びたい。野菜もいっぱい育てよう。大きくなるようたくさん食べよう。遠足や山遊びの事業計画も公開して、保育者が考えた年間指導計画の遊びたい内容を伝えて、園生活の期待を育む。

人の迷惑になる言動についても、就学期を迎える年齢として、よくない行為も例にあげて、考えて行動することの大切さも話題にしてみる。

人間の体のしくみについて、耳が二つあっても二つの話を同時に聞くことはできない。目も二つあっても二方向を一緒に見ることもできない。見たり聞いたりしたことを考えるところは脳であり、脳は一つであることなど、不思議な体のしくみを伝えてみる。理屈の好きな年齢の子どもたちである。人体模型も頭の部分は見たこともないので興味津々、身を乗り出して見ている。こうして学んだことや人間の体のしくみへの関心が、実生活のなかでどのようなときに現れてくるのか、楽しみでもある。

3歳児　4月指導計画

		行　事	遊びの流れ	生活・遊びのねらい及び環境構成
1	火			《情緒・人間関係》 ・新しい環境や保育者に慣れ、落ち着いて過ごす。 ・笑顔であたたかく受け入れる。 ・子どもたちが関心ある遊びを設定し、安心して遊べる空間づくりをする。 《一日の流れを知る》 ・はじめからこまごまと伝えすぎるのではなく、おおまかな流れを伝えておき、後は動いていくなかでそのつど声にして、わかりやすく伝えていくようにする。 ・写真や絵などを用いて、視覚的にわかりやすく伝えられるようにする。 《危険な場所や約束事を知る》 ・テーブルが窓際に置いてあったり、倒れやすい物がそのままになっていたりなど、遊びを設定していく段階で危険のないような環境設定を心がける。 ・どのようにすることが危険なのかなど、子どもにとってわかりやすいように実際に見せながら伝えていく。 《好きな遊びを見つけて楽しむ》 ・子にどのような遊びがあるのか、劇などを通して知る機会をつくり、遊びへの興味を促していく。 ・ペープサートやパネルシアターなど見る機会を多くつくっていき、それらを楽しんでいくことで保育園に楽しんで来られるようなきっかけづくりをしていく。 《動植物や自然に触れて楽しむ》 ・園庭では、桜の花びらやタンポポなどを使って砂のケーキ作りをしたり、子が摘んだタンポポを部屋に飾るようにしていく。 ・うさぎを柵の中に放して、じかに触れたり、餌をあげられる機会をつくり、より身近な存在にしていく。 ・園外では、タンポポなどの草花が多く咲いている場所を実踏しておき、事前に冠などを作っておき、出かける日に朝から担任がかぶっていることで、タンポポへの興味や関心を高めておき、十分に楽しめるようにする。
2	水			
3	木			
4	金			
5	土	入園式		
⑥	㊐			
7	月	始業式・慣らし保育		
8	火	慣らし保育		
9	水	〃		
10	木			
11	金			
12	土			
⑬	㊐		好きな遊びを見つけて楽しむ／運動遊び（走る）、固定遊具／折り紙（うろこ）／動植物に触れて楽しむ／絵画（自由画）／恩物	
14	月			
15	火	身体測定		
16	水			
17	木	誕生会		
18	金			
19	土			
⑳	㊐			
21	月			
22	火			
23	水			
24	木			
25	金			
26	土			
㉗	㊐			
28	月			
㉙	㊋	昭和の日		
30	水			
31	木			

◎基礎的事項
・一人ひとりの気持ちを受けとめ、保育者との信頼関係を築き、安心して過ごせるようにする。
・潜在危険を意識し、危険のないように配慮する。

◎基礎的事項への配慮
・子が安心できるような声かけや表情、また、子が楽しんで過ごせる経験を少しずつでも多くしていけるように一緒に遊んだり、周りとのかかわりが自然ともてるようにしていく。
・あらかじめ担任間でしっかり把握しておき、子に目を向けたり、声をかけていけるようにする。

運　動	走る（追いかけっこ）、固定遊具
歌・音楽	「チューリップ」「先生とお友達」「こいのぼり」
遊　戯	「パチパチマン」
お話し他	「はなさかじいさん」「赤ずきん」
折り紙	うろこ（三角折）
絵　画	自由画（クレヨン）
恩　物	第1

5領域の視点	配 慮 事 項
対人・情緒 ・新しい環境に戸惑っていないか。 ・新しい保育者とのかかわりを楽しめているか。 ・困ったことを声にできるか。 ・自ら遊びを見つけ楽しめているか。 ・スムーズに登園できているか。 **生活・健康** ・クラス・チーム・部屋がわかっているか。 ・マークシールを覚えているか。 ・活動の流れをわかっているか。 ・着替えへの意欲があるか。 ・意欲的に食事をしているか。 ・自らトイレに行き、自立しているか。 **言葉・理解** ・話を聞き、理解することができているか。 ・保育者や友達との簡単な会話ができているか。 ・発音はどうか。 ・うろこの作り方を理解できているか。 **運動** ・折り紙の角と角を合わせられているか。 ・意欲的に身体を動かしているか。 ・固定遊具で遊べているか。 ・三輪車がこげているか。 **表現・感覚** ・動植物への興味はどうか。 ・歌に親しみ、楽しめているか。 ・遊戯を楽しめているか。 ・自由に描くことを楽しめているか。 ・表現遊びに楽しんで参加できているか。	《情緒・人間関係》 ・一人ひとりに目を向けていき様子を把握したり、大人の表情にも気をつけていく。また、あわただしく動いてしまうのではなく、ゆったりとした動きやかかわりを心がける。自ら楽しめている子は見守りながら、特に不安定であったり不安そうな表情をしている子に対してかかわっていくようにする。そのような子に対しては、大人を介して遊んでいきながら自然と少しずつ他児とのかかわりももてるようにしていき、楽しいと思える時間や楽しんで過ごせる経験を多くしていく。 ・なぜ不安なのか理由を考えながら一人ひとりの気持ちを受けとめつつ、意識的に簡単な会話をするなどコミュニケーションをとっていくようにしたり、「〜したらママが来るからね」などと必ず迎えがきてくれるといった安心感や、子が保育園での生活に対して見通しをもてるような声かけやかかわりを心がけていく。 《一日の流れを知る》 ・一日の流れを視覚的にわかりやすく伝えていく。生活の節目節目で子が戸惑うと予想されるところには大人がそばにいたり、子が戸惑う前に声をかけるなどしていく。 ・そのつどていねいにかかわっていくことで経験を通して覚えていけるようにし、「すごいね、覚えたね」などと子の姿を認めていくことで自信につなげていく。 《危険な場所や約束事を知る》 ・あらかじめ担任間で把握しておくようにし、走らないことや高い所に上らないことなどポイントとなることをしっかり伝えていく。伝えたからといってすぐに理解できているわけではないので、その後の大人の意識を高くもち、子の様子を見守り、そのつど思い出せるようなかかわりをする。 ・実際に大人が見せることで、なぜ危険なのかということが感じられるようにする。守らなければいけないということばかりではなく、楽しい遊びがあるなかでそのことを守らないと楽しくなくなってしまうということも伝えていく。 《好きな遊びを見つけて楽しむ》 ・一人ひとりの様子を見守りながら、遊べていない子や遊び込めていない子に対して、どのような遊びがあるか見て回りながら、自分の好きな遊びを見つけていくようにしたり、さまざまな遊びを一緒に楽しんでいくなかで楽しく遊べる経験を多くしていく。 ・楽しい遊びにぐいぐい引っ張っていくことで、楽しいと思えるような雰囲気づくりをすることにより遊びに対しても興味をもてるようにしていく。遊びに自分から入れる子、入れない子と、担任間で役割を分担してかかわっていく。 《動植物や自然に触れて楽しむ》 ・うさぎを柵内に出した後は手を洗うことやその後の園庭の掃除など清潔面にも気をつけていく。 ・部屋に飾った草花などが枯れたままになっていることのないように、子の興味とともに大人の意識も継続させていく。 ・園外では並んで歩くということを事前に室内や園庭などで経験しておく。また、危険についてもしっかり伝えておくようにするが、大人側の意識を高くもつことや子が楽しい目的意欲をもつことで危険や約束事に対する意識も高められるようにしていく。

◎特に気になる子に対しての担任側の配慮点
・新入園児……一人ひとりの様子を把握していき、不安感の強い子に対しては慣らし保育期間であり、「ご飯食べたらママ来るからね」といった安心感のもてるような声かけを多くしていったり、簡単な会話を意識的にしていくことでコミュニケーションを多くとっていけるようにしていく。また、少しでも楽しく過ごせる時間をつくり、心が落ち着ける時間をつくれるように心がけていく。
・進 級 児……新しい環境や担任に対して少しずつ慣れていけるようにしていく。気持ちを受けとめつつもそのことばかりにならずに楽しい遊びなどを通して気持ちを切り替えていけるようなかかわりをしていく。場合によっては無理はせず、慣れた担任とのかかわりを通して気持ちを切り替えられるようにする。

3歳児（生活）　年齢別週案の例（4月～5月）

4月7日～4月11日

ねらい
朝の流れを知る。

配慮
・初めての環境、流れに戸惑うことが予想される。全体に目を向け、先に声をかけていくようにする。不安な気持ちをもつことのないよう、早めに伝えていく。

評価及び反省
・まだ、とまどっていたり、出席ノートにシールを貼っていない子の姿も見られる。進級児を中心に、流れを覚え、周りの5歳児、4歳児を見ながら動いている子もいる。また、5歳児、4歳児の子と一緒に行ってみたり、手伝ってもらうなど、異年齢児とのかかわりも多く見られる。あいまいとなってしまわないよう、早めに流れを覚えられるようにする。

4月14日～4月18日

ねらい
朝の流れを知る。

配慮
・運動着への着替えが始まっている。袋から出して着替え、洋服をその中にしまうことなど、一緒に行いながら、方法を伝えていく。繰り返し、経験を通して覚えていけるようにする。

評価及び反省
・一つひとつの行動は、少しずつわかってきているようだが、まだ、一連の流れとしては動けていない子が多い。そのつど、先に声をかけていくことで、行っている。また、一人で行えている子も少しずつ見られ始めている。が、まだ、着替えなど、気持ちが向かない子も見られ、時間がかかってしまうことがある。うまく気持ちを乗せてあげられるよう、かかわっていきたい。

4月21日～4月25日

ねらい
靴をしまう。

配慮
・全体で話題にする。出しっぱなしだとどうなってしまうのか、など考えられるようにする。話した後も、そのつど、思い出せるような声かけをしていく。行えているときには、たくさんほめ、次につなげていく。

評価及び反省
・全体で話題にする機会をもつことができなかったので、外遊び後の入室時に、声に出していくようにした。脱ぎっぱなしになってしまう前に、タイミングよく声をかけていくようにした。後半では、靴をしまうことは、だいぶ定着してきたようで、靴の出しっぱなしは減ってきている。また、忘れている子は、決まってきているので、目を向けていきたい。

4月28日～5月2日

ねらい
自らトイレに行く。

配慮
・生活の流れの中で、おなかにおしっこがあるか、ないか、考えられるような時間をつくっていくようにする。
・全体でも話題にしていく。

評価及び反省
・全体で話題にする機会はできなかった。が、気になる子は、大人間で声をかけ合い、意識して見ていくことができた。
・少しずつ、おもらしする子も減ってきている。
・声をかけることで、自分で考え、トイレに向かう姿も見られる。
・気になる子は、引き続き見ていきたい。

5月6日～5月9日	
ねらい 自らトイレにいく。	**評価及び反省** ・全体でペープサートを使い、おなかにおしっこがたまっていくのだということを、絵を通して伝えていった。おなかにあるまま我慢してしまうと、おもらしになってしまうのだ、ということを伝える。内容は、頭の中ではよくわかっている子がほとんどであった。問いかけなどにもよく答えられる。今回の話を、今後の、子の気持ちや行動へとつなげていけるような声かけ、かかわりをしていきたい。
配　慮 ・全体で話題にしていく。ペープサートや絵などを使い、視覚的に伝えていく。 ・尿意を感じてトイレに向かえるようにする。	

5月12日～5月16日	
ねらい 手洗いの方法を知る。	**評価及び反省** ・チームごとに分かれて話を聞くことで、落ち着いて看護師の話を聞くことができた。実際に、汚れたタオルを見せたり、手洗いの方法を目の前でやって見せるなど子にわかりやすい内容だったので、よく理解できていた。 ・その後、手洗いのさいには声をかけていくことで、意識して洗っている子が増えている。が、大人ももう少し、手洗いのさい、ゆっくり見ていられるとよかったなと思う。
配　慮 ・看護師に話していただく機会をつくっていくようにする。お部屋ごとに話を聞けるようにする。子の意識が高まっているときに、たくさんほめ、継続できるようにする。	

5月19日～5月23日	
ねらい 自ら意欲的に着替える。	**評価及び反省** ・大人が、子の入室に気づき、着替える前に（遊ぶ前に）声をかけ、「一人で着替えられる？」「お兄さんかな？」など、子の気持ちを着替えへと向けていくよう、かかわっていった。多くの子に声をかけ、その後も目を向けていき、できたときにはたくさんほめていくようにしていった。一人ひとりに目を向け、声をかけていくことで、子が自ら着替えようとする姿が見られた。着替える前に遊んでしまう子もいるため、細かく目を向け、かかわっていきたい。
配　慮 ・一連の流れを理解し、行えている子がだいぶ増えてきている。が、まだ、遊びになってしまう子の姿も見られる。子の意識が着替えに向くような声かけなど工夫していく。 ・できている姿、一人でやっている姿をたくさんほめていく。	

5月26日～5月30日	
ねらい 片付けを行おうとする。	**評価及び反省** ・午睡前の落ち着いた時間に、皆の前で、片付けをしていた子をほめたりすることで、少しずつ片付けを意識して行う子の姿が見られた。また、カンガルーになって、洋服の下をめくりポケットを作って片付ける方法を伝えることで、楽しみながら行う子もいた。が、まだ、遊んでいて片付けない子もいるので、繰り返し工夫しながら、子に伝えていきたい。
配　慮 ・クラス全体で場を盛り上げ、片付けを行えるようにする。片付けている子を皆でほめたり、大人が皆の前でやってみせるなど工夫し、皆が「片付けよう！」と思えるような雰囲気や流れをつくっていく。	

3歳児（生活）　年齢別保育日誌の例（4月～5月）

子どもの姿	保育日	保育内容	援助及び配慮
・新しい環境となったことで不安定になったり戸惑う子が多いと予想される。逆に進級を喜んでいる子もいると思われる。	4/7（月）	始業式	・どこに集まればよいのか目印となるようなもの（バッジ等）を用意しておき、子どもたちに声をかけていく。 ・園長先生の話に少しでも興味をもてるよう促したり、子どもの様子により側についていくことで落ち着くよう促したり、安心できるようにしていく。特に不安定な子には目を向けていくが、様子により、無理はしないようにする。
・園生活にも少しずつ慣れはじめた分、いろいろなところを走りまわったりしている子も多く見られる。	4/11（金）	約束事についての話	・ポイントとなる話題を担任間で相談しておき、たくさんのことを伝えるのではなく危険なことを子がしっかり感じられるようにしていく。伝えるさいに、視覚的にもわかりやすく、劇や身動きを混ぜて伝えていくようにする。 ・子どもたちの様子を見ながら、長くだらだらと伝えるのではなく、短くわかりやすくを心がける。
・排泄での失敗もまだ多く見られている。オムツで生活している子も2人見られる。全体的にも我慢している子が多い。	4/22（火）	園長先生の話 (排泄面)	・園長先生が話をする前に、全体で落ち着いて過ごすことで、集中して聞ける雰囲気をつくっておく。 ・落ち着かない子の側には大人が付き、園長先生が話す内容を一人ひとりにわかりやすく伝えながら、話への興味を促していく。 ・話の後も継続してかかわっていくよう心がける。
・手洗いやうがいは流れのなかでは行えている子が多いが、まだまだ方法まで意識して行えている子は少ない。	5/12（月）	看護師の話 (手洗い・うがい)	・部屋ごとに看護師に実際に方法を見せてもらいながら話を聞く。テラスで話を聞くので、話に集中できるように、特に落ち着かない子に対してはわかりやすいように側で声をかけてあげるなどして意識を向けていく。 ・話のさいには、話を思い出していけるよう、大人の意識も高くもち、かかわれるようにする。
・遠足に対してはとても期待感をもって楽しみにしている。	5/20（火）	遠足の話	・話すときは、遠足に対する期待感を促せるように、バスに乗ることや動物がいることなど、視覚的にもわかりやすいように伝えていく。落ち着かない子は一番前にしたり、目線を合わせながら話に対して意識できるように話していく。 ・危険については、こまごまと伝えすぎるのではなく、ポイントを決めてわかりやすく伝えていく。

保育経過（子どもの姿）及び反省	今後の生かし方	記録者
・ぞうの部屋で始業式を行う。まだパートナーは決まっていないため、来た子から手をつなぎ、座っていく。列にはなってないが、特にふらふらしてしまう子も少なく、全体的にはとても落ち着いていた。何より不安定で泣いている子がいなく、うれしく思った。 ・カバンを取りに行ったり、手紙を配ったりするときに、自分のカバンがわからずやや落ち着きはなかったが、話はよく聞けていた。やはり、自分の場所（マークシール）を覚えるまでは、かかわりが必要なようだ。食事前にパネルシアターを見せたが、楽しんで見ていた。	・ロッカー等の場所やマークシール等は一人ひとりにかかわりながら伝えていく。 ・パネルシアターなども今後も少しずつ見せていきたい。	
・しかの部屋で一斉で話をする。「～している子がいたんだよ」というところから、部屋での危険について話題にする。実際に走ったり、いすの上に乗ったりすることで、危ないということは子にも伝わったようで、「○？ ×？ どっち？」などと聞いてみても「×」ということははっきりわかっていた。また、廊下に行き、水道での水の飲み方、トイレのスリッパのことなど伝えてみる。全体としては、どこまで伝わったのかはわからないが、話をした後、意識をしてスリッパを脱いだり、水を飲んだりする姿も見られた。	・今日の話をそのままにせず、継続して子に話題としていくことで、意識を促していきたい。大人がしっかり目を向けていくことを心がける。	
・ぞうの部屋で行う。園長先生の都合で少し待ち時間ができたことで、その間ペープサートを見て、落ち着いて過ごす。ただ、園長先生の話と合わせて座っている時間が長くなってしまったということもあって、全体的には、落ち着きなく動きまわる子が多くなってしまった。落ち着かない子は個々に促し、また、わかりやすく伝えていくが、A子、B男、C男などは特にふらふらしてしまっていた。ただ、興味をもって聞いている子もいたり、また、個々に「おしっこしたくなったらどうするの？」等、声をかけると「トイレに行く」という子も多く、内容は伝わっていると感じた。	・そのつど、繰り返し伝えていくことで、意識を促していく。園長先生から話してもらったことを伝えながら考えていける子は大いにほめていきたい。	
・きりんの部屋に集まった後、チームごとに分かれて、テラスへ出て、看護師の話を聞く。いつもと違った雰囲気に子どもたちも落ち着いてよく聞いていた。一連の流れが絵に描いてあり、それを見ながら実際に看護師がやってくださることで、子どもたちもより理解しやすかったようである。D男、B男、C男、A子もよく聞いていた。 ・全体でも手を動かし、実際に洗う真似をしていくことで、楽しみながら覚えていくことができた。	・手洗いのさい（外遊び後、食事前）には、意識できるような声かけをしていく。 ・繰り返し伝えていくようにし習慣となるようにしていく。	
・きりんの部屋で話す。はじめ「バスごっこ」等の歌を歌って楽しみ、話を始める。数人落ち着かない子どもが見られたので、座る位置を変えるなどして、うまく意識が向くように促す。話すさいは、紙にバスや動物など視覚的にわかりやすいように描くことで、子の興味も高まり、よく聞いていた。また、約束事についても、実際に動きながら話すことで、よく聞けている子が多かった。A子、B男、E男といったところが全体的に落ち着かないが、一番前に座らせることで目線も合わせやすく、話も聞いていたので、そうすることも大切なことのひとつだと思った。	・後はそのつど、その場で、わかりやすいように伝えていく。担任間でも声をかけ合って動くことを意識していく。	

4歳児　4月指導計画

		行事	遊びの流れ	生活・遊びのねらい及び環境構成
1	火			《情緒・人間関係》
2	水			◎進級したことに自信をもち、安心して過ごす。
3	木			・お手伝いをしてほめられる機会を増やすなど、安定して園生活が送れるように楽しい雰囲気づくりを心がける。
4	金			・クラス担任が子どもと一緒に遊ぶ機会を増やすことで関係づくりから始めていく。
5	土	入園式		・いままで自己を出しきれていなかった子や新入園児にも個別にかかわりながら徐々に生活になじめるようにかかわっていく。
⑥	日			《生活》
7	月	始業式・慣らし保育		◎新しい靴箱、ロッカーを覚える。
8	火	慣らし保育		・靴箱やロッカーの位置が変わることや、マークシールがなくなるので位置や名前の見方を視覚的に理解しやすいように、個別にかかわりながら伝えていく。
9	水	〃		・わからないことは大人や年長児に聞けばよいことを話し、安心して生活ができるように配慮する。（年長児には事前に伝えておく）
10	木			◎苦手な食べ物を少しずつでも口にする。
11	金			・縦割りで食べるさいに、年少児に「お兄ちゃん（お姉ちゃん）食べてるよ。すごいね」と伝え、間接的に自覚を促すことで意欲を高めていく。
12	土			・少しでも口にできたときは、そのことを認め、自信へとつなげていく。
⑬	日		植物に親しみをもつ	◎「こいのぼり」を通し、こどもの日を知る。
14	月			・「こいのぼり」を作ったり、描いたりしながら、こどもの日の由来を知ったり、成長を喜べるよう、具体的に話題にしていく。
15	火	身体測定		◎植物に親しみをもつ。
16	水			・身辺で植物を栽培することで不思議さに気づいたり、成長を楽しんだりできるようにする。
17	木	誕生会	「こいのぼり」から、こどもの日を知る	・ジャガイモ、にんじん、大根など切ったものをトレーにのせ、発芽するか実験をする。
18	金			◎園外保育を通じて春の自然を楽しむ。
19	土		全身を使っての遊び	・園外保育の機会を多くし、それぞれねらいをもって出かけていく。
⑳	日		春の自然を感じ触れて楽しむ	・草花の名前や、草花を使っての遊びなど、事前に子どもの目に触れるような場所に用意しておき、関心を向ける。
21	月			
22	火			
23	水			
24	木			
25	金			
26	土			
㉗	日			
28	月			
㉙	火	昭和の日		
30	水			
31	木			

◎基礎的事項
・新しい担任、環境に慣れ、安定して過ごせるようにする。
・進級したことが自信となるよう一人ひとりにかかわる。

◎基礎的事項への配慮
・楽しく遊びながら自然と関係が築けるよう、きっかけを多くつくっていく。
・できるようになったことを大げさにほめることで、あらためて成長を実感できるよう、意図的に声かけをする。
・新入園児など、不安感を抱く前に楽しい雰囲気づくりを心がける。

運　動	しっぽとり、大縄とび、縄とび
歌・音楽	「こいのぼり」「先生とおともだち」「さんぽ」
遊　戯	「先生とおともだち」「ハッピーチルドレン」
お話し他	「金太郎」「ぐりとぐら」
折り紙	三角折り、チューリップ（こいのぼりのうろこ）
絵　画	こいのぼり（クレヨン画）
恩　物	第6

5領域の視点	配慮事項
対人・情緒 ・安定して遊びを楽しめているか。 ・友達間で自己発揮できているか。 **生活・健康** ・意欲的に食べているか、また環境の変化が体調に現れていないか。 ・環境の変化から不安定を起こしていないか。 ・困ったことや心配なことは自ら大人に聞きに来ているか。 **言葉・理解** ・自分の靴箱、ロッカーの位置を覚えて、持ち物の管理ができるか。 ・困ったときに心配事に対して自分から行動できたか。 ・苦手なものに挑戦して少しでも食べられたか。 ・野菜の実験などに関心を示し、取り組みに活動に参加しているか。 **運動** ・鬼ごっこ等、全身を動かし、存分に遊べたか。 ・縄とび遊びに関心をもち、楽しめているか。 ・指先に集中し、角を合わせて折ることができているか。 **表現・感覚** ・リズムに合わせて遊戯を楽しむなど、自己を表現できたか。 ・春の自然を感じること、見つけることができたか。	**《情緒・人間関係》** ・環境の変化による不安や疲れなど、早期に対応できるように一人ひとりに目を配りながら様子を見ていく。 ・児童票や保育経過記録などから情緒面で気になる部分がある場合には保育の経過を確認し、必要に応じて前担任とかかわり方を統一するなど配慮する。 **《生活》** ・靴箱やロッカーの位置が変わることで、多少戸惑いを見せる子も予測できるが、新たなスタート、進級したことを意識するきっかけとして、またお兄さん、お姉さんになった自覚をもつきっかけとなるようにかかわりながら位置を教えていく。 ・苦手な食品についてあえて話題にし、一人ひとりがこれからの自己目標を立てるなど、これからの食生活について考える時間をもつ。そして、自分の目標に合わせて自分から挑戦する気持ちがもてるようにかかわっていく。 ・手洗い、うがいについては、子どもが手洗い、うがいをしている場面を観察し、一人ひとりの習慣がどの程度定着しているのかを把握したうえで、クラス全体で話題にしたり、個別の目標に合わせて習慣を定着させていくようにかかわっていく。 **《遊び》** ・縦割りのなかでの「こいのぼり」の製作では、個々の発達段階による作業能力を予測しながら援助、励ましをしたり、個別にかかわっていく。 ・年齢ごとの折り紙製作（ウロコ）では一斉的な説明で自ら折りすすめられるような内容のものにし、進級の喜びもあわせて感じとれるとよい。 ・植物への親しみについては、子どもたちから興味・関心、発見や疑問をかきたてるような仕かけをし、栽培や実験へと発展させていく。 ・植物への関心、世話など意識が持続するように大人が手本を見せると同時に、楽しさや不思議さを感じられるようにそのつど声をかけるなど工夫していく。 ・植物を観察するなかで、子どもと一緒に命の不思議さに感動したり、生命力の素晴らしさを共感するなどしていく。 ・新緑のなか、全身を動かして遊べるよう、天気の良いときには積極的に園外に出かけるように心がけ、遊戯や表現ごっこなど、戸外で楽しむ機会をつくる。 ・春の草花図鑑や雑誌など視覚的教材を用意し、関心を高めたうえで出かけるようにし、さらに関心を広げられるように適宜話題にしていく。 ・昭和の日、憲法記念日について話題にする。

◎特に気になる子に対しての担任側の配慮点
・新入園児……生活の流れや担任、友達に早くなれることができるように個々に様子を見守りながら適宜援助し、行動に自信をもたせることで安定して過ごせるようにする。
・A男……担任との信頼関係を少しでも早く築くことができるように、本児が好きな遊びや担任の手伝いに誘うなど、かかわりの機会を多くもつ。
・B男……持ち物管理が雑になりやすく、紛失物も多いため、着替えのときに個別にかかわったり、そのつど声をかけて確認するなど配慮していく。また、あわてずにそのつど自分の衣類かどうか名前を確認してから片付けることなども話していく。

4歳児（生活）　年齢別週案の例（4月〜5月）

4月7日〜4月11日

ねらい
新しいロッカーと靴箱を覚える。

配慮
・マークシールがなくなったことを伝える。部屋ごとに分かれていることを伝え、自分で探してみる。わからないときは、大人や年長児に尋ね、探すことを伝えておく。名前が読めない子には個々にかかわり、わかりやすく読み方を伝えていく。

評価及び反省
・3日間慣らし保育ということで、4日目に皆には話題にした。「もうわかってるよ」という子がほとんどであったが、「まだわからない」と不安そうにしている子もいた。実際は、ロッカー、靴箱はよく覚えていたが、お道具箱、上履き入れは戸惑う様子が見られていた。「わからない」とそのつど伝えてきてはいるので、来週も見ていきたいと思う。

4月14日〜4月18日

ねらい
苦手な食べ物も少しずつ口にする。

配慮
・「いただきます」の前に、子が苦手とする食品について「○○が強くなる」「背がのびる」等、伝える。
・食べられたときは大いにほめる。

評価及び反省
・週のはじめに目標について伝えた。また、食事のたびに、苦手そうなものについて、「春の食べ物だよ」「元気になるよ」等、話題にした。そのため、意識して食べられる子も増えたが、自ら口にできない子もいた。そのような子は量を減らしてみると、少し口にできていた。週末は疲れと暑さでやや食欲が落ちていたように思った。

4月21日〜4月25日

ねらい
苦手な食べ物も少しずつ口にする。

配慮
・先週に引き続き行っていく。
・食べられたときは大いにほめていく。
・量を減らすことで食べる意欲がもてるようにする。

評価及び反省
・よく食べる子と、苦手な食べ物を口にしようとしない子が決まってしまっていると思った。苦手な食べ物が多い子は、「どれが食べられる？自分で決めていいよ」というと、そのなかから一つ決め、食べはじめることができていた。やはり、大人が「すごいね」とほめたり、全部食べたことに驚いたりすると、より意欲的になっていくことを感じた。来週もこのまま見ていきたいと思う。

4月28日〜5月2日

ねらい
苦手な食べ物も少しずつ口にする。

配慮
・子に促すとき、その食材のおいしさ（甘いよ、カリカリしてるよ等）を伝え、意欲的に口にできるようにする。
・全体で気持ちを盛り上げていく。育てている野菜についても話題にする。

評価及び反省
・野菜が苦手な子は、一品だけ残すのでなく、たくさん残ってしまいがちなので、そのなかでも一口でも口にできたとき、「すごいね。○○になるよ」とほめると、はじめはいやな顔をしながら口にした子も、「見てて」と自ら口にしていくことができた。残したいと言ってきた子に対し、その子の気持ちになって考えると、大人も無理な言い方にならないと実感した。このまま少しずつ口にできる物が増えればよいと思った。

5月6日～5月9日	
ねらい 挨拶を元気にする。	評価及び反省 ・今週は全体にねらいを伝えず反省している。しかし、毎日、子どもと目が合うたびに「おはよう」といっていたので、こちらからいわなくても、「先生、おはよう」と子どもからいってくれるようになり、うれしく思った。「元気に挨拶するとうれしい」と伝えると、次の日も元気にしていた。
配慮 ・挨拶にはどういうものがあるか、また、挨拶するとどういう気持ちになるかを考え、週目標を伝える。大人も意識して元気に挨拶し、できている子には笑顔で返すようにする。	

5月12日～5月16日	
ねらい 挨拶を元気にする。	評価及び反省 ・週のはじめに挨拶について話題にすると、元気に挨拶する子が増えた。大人がはじめに笑顔で挨拶すると、うれしそうに返していた。食事を配ったときも「ありがとう」という子が増えた。これからも引き続き意識して行っていきたいと思った。
配慮 ・全体に話題にする。 ・毎日、子ども一人ひとりに必ず挨拶をする。 ・朝の挨拶だけでなく、「ありがとう」等もいえているとき、気持ちがいいと伝える。	

5月19日～5月23日	
ねらい 自らシャツをズボンの中に入れる。	評価及び反省 ・今週は週のはじめにシャツをしまうことを話題にした。「あっかんべーのべろみたいにシャツが出ていない？」というと、「あっ、出てた」と気づいてしまう姿があった。皆、前はよくしまえていたが、後ろは気づきにくいようだった。「大丈夫？」と話題にすると、「後ろ出てるよ」と友達同士で教え合う姿もあった。来週も引き続き話題にして、様子を見ていきたい。
配慮 ・全体に話題にする。 ・大人が悪い見本、良い見本を行ってみせ、子どもに方法を伝える。気づいていない子には、気づけるような声かけを行っていく。	

5月26日～5月30日	
ねらい 自らシャツをズボンの中に入れる。	評価及び反省 ・週のはじめに「シャツは大丈夫？」と話題にすると、「○○ちゃん、出てる」と教え合いながら、その場ではよくしまえていたが、トイレに行ったあとに出してしまう子がいた。うながすと、後ろもしまえる様子が見られたが、自ら気づけている子は少なかった。前だけはしまえていたりと、少し意識できている子もいた。これからも定着するまでかかわっていきたい。
配慮 ・もう一度、皆に話題にし、意識がより向くようにかかわる。 ・シャツが出ているときは、全体に向け「大丈夫？」と尋ね、自ら気づき、入れられるようにする。	

4歳児（生活）　年齢別保育日誌の例（4月～5月）

子どもの姿	保育日	保育内容	援助及び配慮
・進級したことで意欲的に生活する姿が予想される。	4/7（月）	始業式	・まだ並び方もきちんと決まっていないので、乱雑にならないように、男児と女児で手をつなぎ、並ぶように促していく。 ・話が始まる前に進級が意識できるような声かけをして、話に集中できるようにする。 ・気になる子は、個別に声をかけておく。
・トイレ内での排尿の失敗、また、食事中トイレに行く等、排泄で気になる姿が見られている。	4/17（木）	園長先生の話 （排尿について）	・園長先生にお願いし、排尿について子どもたちに話をしていただく。子どもたちが話に集中しやすいよう、人体模型も利用していく。集中が続かない子には大人が側に付き、園長先生が話したことを近くで伝えていく。
・遠足に行くことを楽しみにしている。	5/13（火）	遠足の話	・朝の流れ、持ち物・約束について子どもたちに伝える。実際の物を使ったり、ホワイトボードに描くなどして、視覚的にわかりやすく伝える。 ・一度伝えた後は、本当にわかっているか確認を行う。 ・遠足当日のプログラムに沿って一日の流れを伝え、子どもたちがイメージしやすいようにする。また、自らしたくをすることも伝えていく。
・「〇〇が楽しかった」と思い出を口にする姿がある。	5/15（木）	遠足思い出画	・赤白に分かれて行う。 ・行う前に昨日のことが思い出せるような話をする。子どもから楽しかったことを聞き、大人が無理に思い出を押しつけないようにする。 ・画板を使用して描く。 ・描いているときは「楽しかったね」と緊張せず描けるようにする。
・固定遊具に興味をもつ子が増えている。	5/22（木）	園庭 自由遊び	・全体の子どもの様子を気をつけて見ていく。 ・トラブルのさいは、お互いが納得するようにかかわる。 ・遊べていない子は、大人が誘い、一緒に楽しんでいく。

保育経過（子どもの姿）及び反省	今後の生かし方	記録者
・並ぶときは「こっちは女の子、こっちは男の子」と一列ずつ並ばせてから手をつなぎ、とても落ち着いてきれいに座ることができた。 ・やはり進級したことに意識があったようで、話の途中も集中できている子が多かった。園長先生が「黄色のバッチになった人」と聞くと、とてもうれしそうに手をあげる姿があった。大人が行った劇もよく見ていた。 ・その後は、くまの部屋に移動し、手紙を配った。一つひとつ説明すると、とてもよく聞いていて、反応もよかった。静かにはしているが、やや視点が合わず、理解しているかわからない子もいた。	・話のさい、静かに聞ける雰囲気を、進級したことも話題にしながらつくっていく。	
・最近、トイレ内での排尿の失敗が多く、気になったので、園長先生にお願いし、お話をしていただくことになった。 ・きりんの部屋で、落ち着かないと思ったが、人体模型を使っての話に興味を示し、皆、よく話を聞いていた。「おしっこを我慢すると、この膀胱が風せんみたいになっちゃうよ」と模型を見せ、話をすると、とてもよくわかったようで、最後は、パンツの中でなくトイレで排尿すること、そのためには食事前等にきちんと行っておくことが頭の中に入ったようだった。 ・園長先生に話していただいたことをそのままにせず、話題にしていきたいと思った。	・活動前、食事前には、自分で考えられるよう声をかけるようにする。	
・今日は、旧園舎2階で遠足の話をした。明日、行くことを、皆とても楽しみにしているので、はじめからよく聞いていた。朝の流れ、服装、持ち物等、実際の物を使ったり、黒板に描いて伝えると、よく見ていて、確認をしても答えられる子が多かった。 ・約束についても、以前にあった例を出しながら話すことで、よく聞いていた。 ・降園時等に尋ねても、きちんと答えられる子が多く、楽しみにしていた。	・当日も、約束が思い出せるようにかかわる。楽しんで遊ぶ。	
・「遠足で何が楽しかった？」と聞くと、「自転車」「大きいすべり台」「ローラーすべり台」と次々に出てきた。紙は、白、水色、黄緑を用意し、好きな色をとって描きはじめた。あらかじめ、「自分も描いてね」と伝えておいたので、人物も描いていたが、顔のみの子も多かった。色も意識したり、皆、一生懸命描いていた。一枚描き「もう一枚」という子も多かった。描き出せない子もいないで、楽しめて行えていたのでよかった。	・行えたことを話題にし、自信となるよう、かかわっていく。	
・今日は、赤チーム（きりんの部屋）が恩物を行っていたため、他の子は、自由遊びとなった。鉄棒ができるようになった子は、興味をもち、よく行っていた。男児は、虫探しをする子も多かった。他は、砂場遊び等、落ち着いた遊びが多かった。遊戯の曲（「パチパチマン」「ジャングル体操」「ヤダヤダツイスト」等）をかけてみると、興味をもった子が集まり、汗をかきながら、とても楽しんでいた。やっていない子も、立ちどまって見ていたりと、気にする様子があった。	・遊戯は全体で行いたい。固定遊具も行っていく。	

5歳児　4月指導計画

		行　事	遊びの流れ	生活・遊びのねらい及び環境構成
1	火			《情緒》
2	水			◎進級したことを喜び、安心して生活する。
3	木			・担任が笑顔で明るく受け入れていく。
4	金			・楽しい遊びの展開を工夫していく。
5	土	入園式		・ささいな不安にできるかぎり早く気づき、取り除く方法を見つけていく。
⑥	㊐		↓春の自然を感じ、全身を動かして遊ぶ	《生活》
7	月	始業式・慣らし保育		◎困っている子に気づき手助けしようとする。
8	火			・どんなことでもしっかり行っていることをほめていく。
9	水			・小さい子・新入園児が困っていることに気づき、助けてあげている姿を大いにほめていく。
10	木			・親切について相談しあう時間を設けてみる。
11	金			◎脱いだ衣服をていねいにたたむ。
12	土			・ふろしきを使用していく。（はじめに方法をしっかり伝える）
⑬	㊐			・固結びなど難しい子は一緒に行い、方法を伝えていく。
14	月			・一生懸命やろうとする姿、上手にたためたときは大いにほめる。
15	火	身体測定		《遊び》
16	水	よもぎつみ	↓絵の具遊びを楽しむ	◎春の自然を感じながら全身を使って遊ぶ。
17	木	誕生会		・園外保育にたくさん出かける。（公園など）
18	金			・虫や草花など子からの気づきを展開させていく。
19	土	保護者会総会		・図鑑も見やすいところにおき、大人も一緒に調べていく。
⑳	㊐		↓ことば遊びを楽しむ	◎絵の具のおもしろさを知る。
21	月			・午後の自由遊びの中でたくさん取り入れる。
22	火			・筆の扱い、太い線、細い線、点など、扱いによるさまざまな表現を取り入れていく。
23	水	保護者会		・桜の木と花びら描き、模様づくり、貼り絵構成など展開してみる。
24	木			・継続的に取り入れることで関心を広げる工夫をしていく。
25	金		↓「こいのぼり」作りを楽しむ	
26	土			
㉗	㊐			◎ことば遊びを楽しむ。
28	月			・名称カードを室内に貼る。
㉙	㊋	昭和の日		・ゲームとして取り入れていく。（俳句・なぞなぞ・反対ことば・伝言ゲーム等）
30	水			
31	木			

◎基礎的事項
・情緒が安定し、意欲的に遊び、生活ができるよう信頼関係を深めていく。（安心する声かけ、環境の変化による表情の変化に敏感になる）
◎基礎的事項への配慮
・クラス替え、担任の変化、クラス内の状況変化など環境の変化による不安をしっかり受けとめ、少しでも安心して生活できるよう、ちょっとした様子のちがいに気づいてあげられるように心がける。気になることは声に出し合う。明るく楽しい毎日を工夫する。

運　動	固結び、巧技台、大縄とび、縄とび
歌・音楽	「おはようクレヨン」「めだかの学校」「動物園へいこう」
遊　戯	リズム遊び（手拍子・全身リズム・4拍子・2拍子・符点など）
お話し他	「にじ色のさかな」「ふたりはともだち」
折り紙	紙ひこうき
絵　画	絵の具（筆先遊び）、貼り絵
恩　物	童具

5領域の視点	配　慮　事　項
対人・情緒 ・環境の変化による不安があるか。 ・担任に親しみがもてるか。 ・困っている子に気づいているか。 ・困っている子に働きかけているか。 ・相手の表情を気にできるか。 生活・健康 ・環境の変化が身体に影響していないか。 ・よく遊べているか。 ・よく食べているか。 ・衣服をていねいにたためるか。 言葉・理解 ・自分のロッカー等を覚えられたか。 ・ことば遊びへの関心はどうか。 ・春の自然を追求する意欲はどうか。 ・五十音がわかっているか。 運動 ・固結びができるか。 ・たくさん歩けるか。 ・剣道・柔軟体操の様子はどうか。 表現・感覚 ・春の自然への関心はどうか。 ・絵の具遊びのおもしろさを感じているか。 ・絵の具遊びの発展性はあるか。 ・リズミカルに4拍子・2拍子・符点など拍子がとれるか。	《情緒》 ・クラス替え等、環境の変化による不安に早めに気づき、一人ひとりに合わせて対応していく。ていねいに声かけしてあげたほうが安心する子、あまり神経質にならず明るく遊びに誘いこむことで安心する子など、一人ひとりに合わせた対応を大切にする。また、はりきりすぎる子にも周囲の状況に気づかせるようにしていく。 《生活》 ・年長組になり喜ぶ姿が見られる。意識のもち方を上手に導きながら、ささいなことをほめたり、"ありがとう"という大人が助かる気持ちを素直に伝えることで、生活のなかで自然と人に親切にしていく喜びを感じとれるようにしていく。相手の表情を見て「喜んでくれているかな？」「悲しい表情（自分でやりたかったのかな？）」など相手の気持ちを感じていくことを伝えていく。 ・"できない"という気持ちから"めんどうくさい"という気持ちにつながらないように、難しそうな子にははじめしっかり介助し、満足感を大切にしていく。上手な子を発表してみたり、うまくできなかった子が上手になってきたこと、いつも上手な子など、ときおり話題にして、クラス全体の意識を高めていく。 ・雑な子に対しては、原因と一人ひとりに必要な援助方法を考え、接していく。 《遊び》 ・春の自然のなかから何を感じとってほしいか、目当てを決めていく。 ・園外保育では実踏に出かけ、春の自然に子が関心を示しそうな場所などを調べておく。子の感動を大切にし、大人も一緒に不思議そうにしたり、喜びあうなどして、共感しあうことを大切にしていく。あまり関心を示さない子には無理はしないが、周囲の状況を自然と知らせてみる。一人ひとりの関心の示し方を見つけていく。 ・子の関心に十分共感し、遊びの発見を楽しんでいく。 ・絵の具遊びでは、大人が子と一緒に表現していくおもしろさに感動していく。子からの表現方法も大切に取り上げ、みんなで楽しんでいく。扱いが雑になり表現が楽しめない子には原因を考え、楽しんでいる子の喜びを伝えていく。 ・文字への関心が高まるようゲームとして取り上げながらも、言葉の不思議に気づくよう、考えてみる。関心の薄い子とは毎日会話をしてみる。 ・文字への関心は個人差があることを忘れずに、一人ひとりに合わせた対応をしていく。

◎特に気になる子に対しての担任側の配慮点
・新入園児（A男・B子）
　生活の方法、約束事など知らないということを常に頭におき、見守ったり、伝えたりしていく。他児たちにも一緒に仲間になったことを伝え、クラス全体で受け入れていく雰囲気をつくっていく。好きな遊び、関心など声に出し合い、担任間で連携をとっていく。
・環境の変化で不安になりやすい子（C子・D男・E男）
　情緒を気にとめていく。不安原因にできるだけ早く気づき、取り除いてあげられるようにする。ときには、友達関係のなかで自然と安心していけるよう意図的に誘ってみたりする。
・困っている子、自分本意になりがちな子（F子・G男・H男）
　まず、相手の表情を見る。感じが伝わっていくよう一緒に声にしていく。叱るのでなく、相手の様子を一緒に考えていく。

5歳児（生活）　年齢別週案の例（4月〜5月）

4月7日〜4月11日

ねらい	評価及び反省
新しい環境に慣れる。	・初日〜2日間ぐらいで自分の場所を覚えて、スムーズに片付けることができていた。 ・場所が変わったことで新鮮な気持ちになり、逆に、すぐ覚えることができていた。 ・3歳児に対しては、まったく意識のない子が男児に多く、女児はよく気づき、手助けをしていた。
配慮	
・自分のロッカーなどの場所・部屋を早め早めに覚えていけるようにする。 ・困っている異年齢児に気づき、かかわりをもてるような声かけをしていく。	

4月14日〜4月18日

ねらい	評価及び反省
脱いだ衣服をていねいにたたむ。	・ふろしきになってから、ていねいにたたんでしまう子が増え、とても意識が高まっている。また、いままで雑だった子も、大人から声をかけられなくても意識してたたんでしまう姿が見られ、よかった。 ・結びも、1回はできる……という子が多く、そういう姿を大いに認めたことで、自然と2回結ぶようになり、自信をもって結んでいるようだ。
配慮	
・ふろしきを利用して、ていねいにたたんでしまわないと大きくふくらみ、リュックにしまえない……という実例を見せて、意識を高めていく。	

4月21日〜4月25日

ねらい	評価及び反省
困っている子に気づき、手助けする。	・当番が始まり、縦割りの時間でも、3歳児に自分からかかわりをもとうとする姿が女児に多く見られるようになった。しかし、まだまだ大人から言われて……という姿が多く、「気づき」という部分までいっていないので、「助けてもらってうれしい！」という気持ちを伝え、その喜びを味わえるようにしていきたい。
配慮	
・避難訓練や、朝夕での縦割りの時間などで、3歳児が困ったり、わからないときが多いということを伝え、自ら意識して気づけるようにかかわっていく。 ・かかわっているとき、大いにほめていくようにする。	

4月28日〜5月2日

ねらい	評価及び反省
困っている子に気づき、手助けする。	・大人のちょっとした声かけに気づき、手助けしようとする姿があった。しかし、一人の子にベッタリ……という姿もあり、少し気になった。 ・優しくすることを喜びと感じ、何か手伝いたい……という子が多くなり、様子を気にするようになった。 ・今後もちょっとした気づきを大いにほめていきたい。
配慮	
・朝の身支度のときや、3歳児のめんどうを見ることを通して、「気づく」ことができるような声かけを行っていく。 ・できるところ、できないところを大人が伝え、3歳児にも自分で行うように伝えていく。	

5月6日〜5月9日	
ねらい 体のしくみに興味をもつ。	評価及び反省 ・話を聞くとき、気づけている子をほめていくことで周囲の意識も高まりつつあるが、気になる子は、きまって落ち着きがない。今後、意識が高まるような声かけをし、きっかけをつくっていきたい。
配慮 ・園長先生からしていただいた脳の話を思い返しながら、話を聞くことの大切さ、話を聞く姿勢について話題にしていきたい。	
5月12日〜5月16日	
ねらい 人が話をしているとき、最後まで話を聞く。	評価及び反省 ・今週は以下のことにしっかりと的を絞って行った。話し方には十分気をつかい、話に集中できるようにしたうえで、話を聞かない子に対するかかわりを意識していった。ふだんから怒られ慣れてしまっている（いままでのかかわりを反省する）A男、B男は、何かきっかけがなければ気持ちが動かないと思い、副園長先生に協力していただいた。2人だけでなく、他の子にもその話題をすることで意識が高まったように感じる。その後、良い面、学習した面をきちんとほめ、皆の前でも発表していっ
配慮 ・人に迷惑をかけられたときのいやな気持ちについて考えたり、園長先生からしていただいた脳についての話を思い返すような話をしていく。子どもの心にひびくような内容の話をしたい。	
5月19日〜5月23日	
ねらい 持ち物の管理に対する意識を高める。	評価及び反省 ・この話題について、あらためて話をする機会がもてなかったことを反省する。うっかり自分のものをカバンに入れ忘れる子などが見られる。今後しっかりと大人が意識し、子に伝えていきたい。
配慮 ・物を大切にしようと思えるような話を、まず取り入れていく。そこで、自分たちの管理の仕方はどうであるか、また、どうしたらよいのか一緒に考えたり、確認して片付ける方法など伝えていく。	
5月26日〜5月30日	
ねらい 持ち物管理に対する意識を高める。	評価及び反省 ・遠足をきっかけに、持ち物管理についての話題を取り入れていった。どうして忘れてしまうのか、どうすればしっかりと管理できるのか、大人はこんなふうにしているよ、と伝えていった。そうすることで、遠足ではかなり意識して持ち物管理が行えていた（C男とD男、E子が意識が薄かった…）。今後、お泊まりなどに対する意欲にもつながるよう、子どもの姿をしっかりと認めていきたい。
配慮 ・遠足があるので、このことをよいきっかけにして、持ち物管理の方法をしっかりと伝えていきたい。子どもがその気になれるようなかかわりをしていく。	

5歳児（生活）　　年齢別保育日誌の例（4月～5月）

子どもの姿	保育日	保育内容	援助及び配慮
・年長組になった喜びを味わい、年下の子の世話をしようとしている。	4/7（月）	始業式	・年長組という声かけを多くして、プラス、自信となるよう、一つひとつの行為を認めていく。 ・落ち着いてかかわっていけるようにする。 ・寸劇では、この一学期が楽しいものになるように行っていく。
・3歳児に対してよく気がついて手助けをしている姿が見られる。	4/8（火）	約束事について	・ただ話をするだけでなく、視覚的な工夫やゲーム、芝居など、より意識が向くようなかかわりをしていく。 ・わかりやすく伝えることで、3歳児にも、5歳児からきまりを教えられるように、声かけしていく。 ・落ち着いて話ができるように、チームごとで話をしていく。
・人の話を最後まで聞けず、自分の思いを伝えたり、相手の目を見て話を聞けない子の姿がある。	4/23（水）	脳の話 （園長先生）	・落ち着いて話が聞けるように、ふじの部屋で行う。 ・特に聞いてほしい子には、事前に具体的に話をしたり、集中して話が聞ける場所に座るようにかかわっていく。 ・話を聞いた後の活動では、園長先生の言葉を思い出せるようなかかわりをしていき、意識している子を十分に大いに認めていく。
・前日に、動物園での約束事や一日の流れについて話したことで、意識が高まり、とても楽しんでいた。	5/9（金）	動物園に遊びに行く	・バスやモノレール内でのマナーについて事前に確認し、上手に乗っている子を大いにほめていく。 ・すべて大人が伝えていかず、子ども自身が考え、判断できるよう、声かけを心がけていく。 ・危険・迷子に十分に注意し、安全に誘導していく。 ・動物・昆虫のおもしろさを十分に伝え、子どもの小さな気づきを大切にしていく。
・さつまいもの苗を植えることを知り、とても楽しみにしている。	5/22（木）	さつまいもの苗植え	・畑までの道のりにおける安全に十分配慮する。 ・苗の植え方や、どうして、茎から根がはり、伸びて実がつくのか……など、こまかく伝えていこうと思う。 ・子どもが植えるときには、方角や植え方など、子ども自身が気づくよう、声かけをしていく。 ・自分たちで植えた……という実感がもてるようにする。 ・秋の収穫を楽しみにできるような会話をふくらませていく。

保育経過（子どもの姿）及び反省	今後の生かし方	記録者
・ぞうの部屋で始業式を行った。整列も、すぐに背の順に並ぶことができていて、「年長組」としての気持ちがよく表れていた。 ・園長先生のお話は、問いかけにもすぐに答えていて、聞く時間帯はしっかりと聞いていた。とてもよい雰囲気だった。新しい先生の紹介では、うれしそうに、担任の名前も言っていた。 ・寸劇も、「3歳児の手助けを〜」ということへの意識が高まっている答えが多く出ていた。その後、保護者への手紙の配付など行った。	・「年長」としての意識がもっと高まっていけるようにする。	
・はじめに、きりんの部屋で道具類についての話を聞いてから、しかの部屋で一人ひとり道具箱をもらい、約束事などの話をした。 ・道具箱を、他とぶつからないよう、座っている後ろに置いておくことで、受け渡しもスムーズに行えた。色鉛筆や「あいうえおノート」など、5歳児ならではの物があり、とてもうれしそうだった。 ・その後、「探険」ということで、園内をまわって、一つひとつ、気がついたり、話したりして、約束事の再確認を行った。3歳児ができない部分を伝えることで、「そっかー」と気づく子も多かった。また、廊下やテラスの走りについても再確認した。	・3歳児にだけ意識がいきすぎず、自分のこともしっかりできるような声かけをしていく。	
・ふじの部屋にて、人体模型を使い、脳（目と耳を使って話を聞くことの大切さ）について、園長先生に話をしていただく。 ・はじめての人体模型（がいこつも含め）を使用しての話だったこともあり、とても集中して話を聞いていた。話している相手の目を見ないと、目・耳がはたらかない（考えられない）という話を中心に、二方向から話をされても聞けない……違うことを考えてたり、話をしていると他の人が話しかけても理解できないなど、脳のしくみについての話を聞いた。脳と目・耳の関連性について理解できたようだ。今後、この話のことを思い出せるようなかかわりを行っていきたい。	・全体で集まり、意識して話を聞く子を大いに認めていく。 ・6月に、身体のしくみについても園長先生にお話をしていただく。	
・朝は、よく考えて、スムーズな身支度が行えていた。 ・移動は、バスやモノレールの車内では、約束事を意識していて、落ち着いて過ごすことができていた。しかし、大人が少し離れると、騒がしくなる場面も見られた。 ・園内は、他の利用者の団体が多く、少し混雑していたが、ちょうどよく空いたりして、動物を見ることができた。反省として、一斉でなく、赤白に分ければ、もっとゆっくり見ることができたのでは……と感じた。知っている動物は、とても関心が高く、よく見ていた。 ・食事は、お弁当を楽しみにしていたことで、ペースに差があったが、楽しんで食べていた。 ・昆虫館では、蝶よりも標本のほうをよく見ていた。帰りは少し集中力に欠けたが、落ち着いて乗っていた。	・楽しかったこと、どんな動物がいたかなど、思い出しながら絵を描いたり、作ったりして、興味・関心を深めていきたい。	
・さつまいもの苗植えをチームごとに行った。はじめに全体で集まり、「枯れそうな苗ほど元気に育つこと」「植え方」「実のつき方」など、ホワイトボードなどを使って説明した。とても静かで、妙に落ち着いていた。 ・チームごとに畑へ行った。園長先生から植え方を聞いて、南（茶色のレンガの家）の方に葉が向くように植えることを知り、よく考えて行っていた。一人当たり3〜5本植えることもあり、一本一本ていねいにしっかり植えている子が多かった。最後に「おいしくなりますように……」と祈った。	・意識が薄れないよう、紙芝居やダンス、表現遊びなどに取り入れていく。	

外遊び（異年齢）　保育日誌の例　（4月7日〜4月11日）

前週の子どもの姿	今週の遊びの内容
・追いかけっこ、固定遊具で遊ぶ姿が多く見られた。 ・女児を中心に、見立て遊びやごっこ遊びを楽しんでいた。	・砂場遊び ・ケンケンパ ・集団遊び（花いちもんめ、かごめかごめ） ・三輪車 ・ジグザグ走り

日	遊び			準備	配慮すること
7（月）					始業式
8（火）	ジグザグ走り	砂場遊び	固定遊具	・カラーコーン ・ラインカー ・砂場遊具 ・手洗い用バケツ	・新入園児は約束事がわかっていない子がいると思われるので、意識的に目を向けていくようにする。（固定遊具、出入り口、階段下、芝生など） ・ジグザグ走りは、乳児のいないところで行っていく。 ・危険を感じたときには、すぐにその場に行き、声にしていく。
9（水）	集団遊び	砂場遊び	固定遊具	・砂場遊具 ・手洗い用バケツ	・乳児の出ていない時間は、しっぽ取りなど行い、たくさん体を動かせるようにする。 ・集団遊びは、遊べていない子も意識的に誘い、楽しんでいく。 ・固定遊具、出入り口、階段下、非常すべり台、芝生など、意識的に目を向けていく。
10（木）	ケンケンパ	砂場遊び	固定遊具	・ラインカー ・砂場遊具 ・手洗い用バケツ ・フープ	・ケンケンパのラインを描いておく。大人がやって見せたり、できる子にやってもらうなどして見本を見せ、方法を伝えていく。その状況に合わせて、難しくしたり、簡単にするなどして対応していく。 ・新入園児、乳児の動きにも気をつけて見ていく。
11（金）	砂場遊び	固定遊具	フープ遊び	・砂場遊具 ・手洗い用バケツ ・フープ ・タオル	・砂場は、砂の量が増えたので、スコップ、シャベルでたくさん集め、ダイナミックに遊べるようにする。大人も一緒に楽しんでいくようにするが、固定遊具などの危険にも目を向けていくようにする。

うた(「花いちもんめ」「かごめかごめ」)

環境づくり	援助のポイント
・事前に準備できるものは、子が外に出る前に用意しておくようにする。出ているものの中から、子が好きな遊びを選べるようにしていく。 ・砂場は、砂が増えたので、ダイナミックに遊べるよう、スコップ、バケツなど、多めに広げておく。	・遊具の危険や約束事を知らない新入園児にしっかりと目を向け、そのつど知らせていく。 ・大人も遊びに入り、楽しんでいくようにする。大人、子どもの人数を考えながら遊びを展開していく。保育者間で、声をかけ合っていく。 ・固定遊具は、危険のないよう、大人が近くに付いたり、目を向けていくようにする。 ・園庭に乳児が出ているときには、遊びを考え、危険のないようにする。

保育経過(子どもの姿)及び反省	明日への展開
・昨日、外に出れなかったこともあり、体を動かして遊ぶ子の姿が多く見られた。カラーコーンを並べると、5歳児が興味を示し、競走することを楽しんでいた。固定遊具で遊ぶ子も多くいたが、乳児もプレイボードで遊んでいたため、危ないと感じることがあった。そのつど、幼児に声をかけていくようにした。新入園児も、泣くことはほとんどなく、砂場や三輪車などで遊んでいた。不安な表情をしている子には目を向け、声をかけていくようにしていきたい。A子、B子が、非常すべり台の上までのぼってしまっていた。意識的に目を向け、早めに気づけるようにしていきたい。	・新入園児の表情、行動など意識的に目を向けていく。 ・集団遊びを楽しむ。
・外に出ると、桜の花びらが風に吹かれて、たくさん舞っていた。その光景を見て、舞い散る花びらをつかまえたり、帽子でとったり、集めたりして楽しんでいた。春(今日)ならではの光景に、子もうれしそうであった。 ・しっぽ取りや、花いちもんめなど、声をかけると、5歳児を中心に楽しんでいた。しっぽ取りでは、3歳児も一緒に楽しめていた。 ・3歳児が数人、一人で2階にあがったりする子の姿が見られた。意識的に声をかけ、遊びに誘っていくようにする。	・桜の花びらの遊びを楽しむ。 (ままごと、つかまえるなど) ・体を動かして楽しんでいく。
・ケンケンパのラインを描き、フープを並べ、2通り用意をしておいた。フープが置いてあるだけで、子も見にきて、自ら挑戦する姿が見られた。フープを少し間隔をあけて並べると、少し難しくなり、繰り返し挑戦し、楽しむ姿が見られた。3歳児・4歳児も、5歳児の姿を見て、やってみようとする姿が見られた。大人も一緒に体を動かし、楽しんでいった。 ・子ども同士で、ごっこ遊び、集団遊びなど、楽しむ姿が多く見られた。	・砂場遊びを楽しんでいく。
・子が外に出る前に、砂場の砂で、大きな山を作っておいた。子が外に出てくると、大喜びで、砂山の方へと走ってきた。山の頂上にのぼったり、くつやくつ下を砂だらけにしながらも、ダイナミックに遊んでいた。裸になってもよかったかなと思った。トンネルを作り、友達とトンネルがつながると、「つながったよ!」「できたよ!」と、うれしそうに言っていた。いつもと違った砂場遊びになり、楽しそうだった。また、取り入れていきたい。 ・コンビネット、ちびっこ砦の斜面に挑戦する3歳児の姿が見られた。まだ、危ないこともあるので、目を向けていきたい。	・発散できるような遊びを取り入れていく。 ・危険には十分注意していく。

室内遊び（異年齢）　　**保育日誌の例**　（4月14日～4月18日）

前週の子どもの姿	今週の遊びの内容
・男児が主にブロックを楽しみ、長い時間集中して遊ぶ。3～4人のグループになって遊んでいる子が多い。 ・折り紙、ぬり絵から発展し、折り紙を好きな形に切り、色えんぴつで絵を描く姿も見られる。 ・女児を中心に、テラスで、ままごとを楽しむ。	・ブロック、積み木 ・折り紙 ・ぬり絵 ・ままごと ・シール貼り（ブレスレット、かんむり作りなど）等

	遊び		準備	配慮すること
14（月）	ブロック	シール貼り　折り紙	・折り紙 ・シール ・雑誌、切れはしの画用紙 ・セロハンテープ ・色えんぴつ　等	・ブロックのコーナーと製作のコーナーは部屋を分けて、お互いに落ち着いて遊べるようにしていく。
15（火）	製作	ブロック　ぬり絵　等	・折り紙 ・シール ・ぬり絵 ・雑誌 ・セロハンテープ ・色えんぴつ	・製作コーナーを、机を3台ほど使い、広めに設ける。子どもの遊びぐあいによって机を片付けたり、材料も用意していく。
16（水）	パズル、折り紙	ままごと　ぬり絵　等	・ぬり絵 ・ブロック ・パズル ・折り紙 ・色えんぴつ	・パズルは、落ち着いて楽しめるように机の上でコーナーを設けて行う。 ・ぬり絵は、ていねいにぬっていく楽しさを、大人が近くにいて伝えていき、むだにしないようにかかわる。
17（木）	ままごと	ブロック、お絵描き　パズル　等	・仕切り板（ままごと） ・パズル ・ブロック ・色えんぴつ ・紙	・きりんの部屋でブロックをするが、一人で大きいものばかり選ぶこと等がないように、さりげなく声をかけていく。 ・ままごとは、散らかりすぎて遊べなくなることもあるので、様子を見ながら、整理し、片付けていく。
18（金）	ままごと	ブロック　折り紙、シール貼り　等	・シール ・折り紙 ・ブロック ・ままごと ・色えんぴつ　等	・ままごとコーナーは、落ち着いて楽しめるようにじゅうたんの位置、仕切り板の位置を工夫していく。 ・折り紙やシール貼りのコーナーは、ゴミが出やすいので、様子を見ながら出していき、ゴミ袋も用意していく。

うた（「こいのぼり」「ことりのうた」）

環境づくり	援助のポイント
・ぞうの部屋、しかの部屋は3歳児が午睡をするので、廊下、テラスを伝って騒いでしまうことのないよう、大人は見られる場所にいるよう心がけていく。 ・ブロックの数も多く、楽しむ子の数もかなり多いので、きりん、くま、どちらかの部屋で広く遊べるスペースを作る。また、折り紙、ぬり絵のコーナーも広くとり、落ち着いて遊べるようにする。	・遊びに飽きてくると、部屋を走りまわったり、ふざけてケガにもつながることが予想されるので、子どもの様子に応じて遊びを変えたり、加えていく。 ・折り紙は、少し折り、うまくいかないとすぐに新しい紙に手をつける子どもも見られるので、大切に使うことを声にしていく。

保育経過（子どもの姿）及び反省	明日への展開
・きりんの部屋にブロックと積み木を用意し、部屋の区切りを利用してスペースが分かれるようにした。学年を問わず、一緒になって同じものを作っている姿が見られる。くまの部屋では、細長い画用紙、シール、セロハンテープを用意し、コーナーを設けると、シールで飾って、はちまき、ブレスレッド、ベルト等を作って楽しむ子が多かった。男の子もよく楽しんでいた。ままごとを残りのスペースで遊んだが、散らかりも激しく、大人が様子を見ながら片付けていった。	・「またやりたい」という子が多かったので、製作コーナーを広めに設置する。
・1：00より5歳児がマリンバのため、12：30ごろまで、きりんの部屋、しかの部屋を使う。くまの部屋では、ぬり絵、折り紙コーナー、ままごとコーナーを設ける。ままごと用の小さめの机も2つ用意すると、各机で遊びが始まって、5歳児を中心に楽しんでいた。今日は早めの片付けだったが、子の遊びが盛り上がってきたところだったので、もっと続けたいという子も多かった。4歳児のA子が仲間に入りたくて黙って近づいていくと、A子をいやがり、叩いてしまうトラブルが何度かあった。	・トラブルが見られるので、大人がしっかり遊びの様子を全体的によく見ていき、対応していく。
・ままごとは、くまの部屋の半分を使って行う。仕切りや小さな机、座布団を用意したことで、5歳児は友達同士で、4歳児は担任を交えて楽しんだ。片付け方について話を聞いたため、皆すばやく片付けていた。 ・きりんの部屋ではブロックを行う。4歳児のB男が、何でもひとり占めし、他児のものを取ったり、壊す子が多く見られたので、皆で使って遊ぶように話したが、一度全体でも遊び方について話題にしていきたいと思った。	・4・5歳児共に楽しめる遊び、食後のことを考え、落ち着いて遊べるものを用意する。
・きりんの部屋にパズルコーナー、ブロックコーナーを作る。パズルに興味を示していたのは4歳児が多く、集中して楽しんでいたが、もう少し簡単なものから始めたほうが、より楽しめたと思う。5歳児は男女を問わずままごとを楽しみにしており、遊び方にも楽しい工夫が見られ、それに影響されて、まねして楽しむ4歳児の姿が見られた。	・週末の疲れが見られることが予想されるので、落ち着いて遊べる工夫をしていく。
・4歳児は午睡をくまの部屋で取る予定だったが、折り紙、ぬり絵のコーナーを作り、落ち着いて楽しめるようにした。 ・大人も一緒にぬり絵をすると、ぬり方をまねしてみたり、きれいにぬろうと意識して楽しむ子がいた。色えんぴつは、揃っていない色が多く、反省している。事前に準備して確認しておき、用意していきたいと思う。	・折り紙はテーマを決めて、皆で折っていったり、4・5歳児共に楽しみ、教え合えるようなかかわりをしていく。

5月の生活

3歳児の週案から
1　自らトイレにいく
2　手洗いの方法を知る
3　自ら意欲的に着替える
4　片付けを行う

　3歳児の週案には、生活経験の違いを把握したり、ていねいな生活の方法を伝えた4月の実践をふまえて、5月の生活週案である週ごとの目標を立てて、実生活の自立に向けて具体的に提案をして、見守れるよう担任が掲げている。各保育室に分散している3歳児を保育室の担当保育者へ申し送る内容でもあり、週案に掲げられた目標を各保育者が自覚して保育実践にあたる。

　一緒に生活をしてみると一人ひとりの子どもの意識や意欲は異なる。「よくできるのね」と声をかける場面ではふと気づくし、同じ子どもがたび重なる場合ももちろんある「あの子は着替えは上手よね」と生活動作にも得意不得意が見えてくる。あえて週案に掲げている理由は個別のかかわりの必要性を具体的に示したものである。

4歳児の週案から
1・2　挨拶を元気にする
3・4　自らシャツをズボンの中に入れる

　4歳児の担任は4月の子どもの様子を見て、5月にはこの目標で子どもたちを見ていてくださいと、異年齢児の生活のなかで心して目をかけてほしい内容を各保育者に依頼し提示している。月案をあえて週で取り上げ、実践を確かなものにする心意気の現れであるが、各保育者が日常の意識的な子どもとのかかわりを、より確かなものにするための依頼であったり、子どもたちの人としての美しく整った姿が定着することは、いずれも「かっこいいね」と好意的な言葉を受けられる子どもたちのための習慣化を望む人間教育的な観点が意図になっている。そのためには保育者自身が元気に挨拶をする言動が求められ、各保育者の自意識を高めている。

5歳児の週案から
1　体のしくみに興味をもつ
2　人の話をしっかり聞く
3・4　持ち物の管理に対する意識を高める

　月案には、目や耳の役割から体の部位の役割まで掲げてある。4月の脳の話を思い出しながら、話を聞くときの心得は、話している人の顔をしっかり見て、聞くことの大切さを日常的に習慣づけたいとのねらいがある。「集中力がない、根気がない」など話を聞く姿勢に問題を感じる子どもの原因を考えてみる。不信感からなのか、話に興味がわかないのか、言葉の理解力や気力が散漫であるなどの人間性の問題なのか、保育者間の人間育成に関する問題意識と研究課題でもある。「あの子はそういう子なのよね」と個人の個性として見なす考え方は、保育者の専門性がもっとも求められる本来の保育者の業務内容を自ら否定する態度である。時代が求める専門性を自ら否定することにつながる。

　3・4週で掲げる持ち物の管理の意識を高めることについても、指導や治療的な目で眺めるのと、「あの子は」と固定的な見方で眺めるのとでは、子ども自身が感じる感覚はおのずとかかわりに冷たい視線を感じてしまうであろうと案じられる。わずかな時間でも「集中して話を聞く」人間性を高める保育内容であり、人生に欠かせない態度でもある。生涯に影響するであろう前述の子どもの姿こそ、保育者が生きがいをもってかかわれる業務内容である。

　意識にふれるつきあいが子どもを変える。
　受容＝優しい眼差し、柔らかい声
　　　　穏やかな笑顔、ソフトな手
　{人間愛・信頼・依存・求愛・尊敬}

　努力が実り、一人でも望ましい姿が発見できたときは、その子の将来展望が明るくなり、専門職の魅力と保育者冥利を感じて「人生悔いなし」と考えるであろう。

5月の遊び（異年齢）

室内遊び

　室内遊びの5月は「ままごと・パズル・絵本・塗り絵・ドミノ」等が3部屋に分かれて用意される。

　ままごとの部屋には隅の方にコーナーをつくり、小集団が遊びやすい条件にする。母の日も近いので、意図的に家庭ごっこが始まることを期待している。配慮点には死角になる部分があるので、保育者は必ず子どもたちの声が聞こえる範囲に位置づくことが肝要である。このコーナーは2週間予定しているが、家庭訪問の時期であることから子どもたちは自発的に家庭訪問ごっこを始めることを想定できる。子どもたちの遊びぐあいで延長も考える。また、3歳児が理解しきれないことも考えられる。子ども同士の言葉の流れに気を配る。

　ぬり絵の部屋にはクレヨン、色鉛筆などが用意されて、それぞれが遊びやすいように座卓を2、3卓並べておく。ていねいにぬる楽しさを伝える意味で保育者が輪の中に入る。当然3歳児も入るので簡単な模様のぬり絵も用意する。その範囲でていねいにぬることを伝える。絵本も参考になるので近くに用意しておく。

　パズルやブロックの部屋には男児がよく集まるので、すごろくも置いて遊びぐあいを見る。どんな展開になるかは集まった子どもにもよるが、工夫して楽しむ集中度が見られない雰囲気のときは、すごろくを出して遊びの転換を図る。

　いずれの部屋も異年齢の子どもたちがそれぞれに遊び場を選択して入ってくるが、年齢が違っても遊び道具に魅せられている部分もあるが、4月から遊び慣れているのであまり問題も起きない。自然にとけ込んで遊んでいるときは遊びの展開に目を向ける。

　遊べないがその部屋が好きな3歳児。誘いかけると遊びたい遊具がない場合もある。保育者の気配りが必要になる。

外遊び

　園庭遊びの内容は、「三輪車、スクーター、サーキット、砂場遊び、平均台、かけっこ、しっぽ取り、鬼ごっこ」等が掲げられている。

　その週の担当者が朝、園庭に準備するが、3種類の遊びを設定し、運動着に着替えた子どもたちが保育室から飛び出してきて遊びを選択する。どの遊びも楽しいことが前提である。楽しく意欲的に遊んでいる姿は自ら育つ過程にあり、結果として体力も知能も感情の起伏の育っていることがわかる。運動遊びは主として体力を育てることになるが、充実感にひたり満足した表情からは、「十分に自己を発揮してはいるが、子どもたちは発達を意識して遊んでいるわけではない」ことが読み取れる。

　三輪車もスクーターも園庭に道路を描き、交通ルールも自分たちで作って遊ぶ。その魅力に取り憑かれて連日姿を見せる子どももいるほどおもしろい遊びになる。子どもたちの工夫や発案で遊びが展開するので、命にかかわると思えるとき以外は、禁止語や支配の言葉は避けて見守る態勢が、より育つ力の発揮を促す保育になる。

　常に砂場に座り込む子どもには、遊具で遊ぶおもしろさが見つかるまで連日誘い、「好きになるまでつきあうぞ」というぐあいに、全身に遊びのおもしろさが伝わるまで根気よく誘い遊んであげることも、保育する側の仕事である。

　安全に見守る役割と育てる係に分担すると意味深い仕事ができるようである。

　スピード感のある遊びには、異年齢児の混合は危険な場面も多々ある。自然発生的に5歳児だけの集団になる場合もある。小さい子どもたちには「一緒に見ようね」と誘い、迫力のある遊び方を安全な場所から参観するのも方法である。いずれまねて遊ぶときもくるであろうことを期待しての安全対策である。

5月の年齢別保育

3歳児の遠足

　年間指導計画に予定した遠足は年齢別にそれぞれの目的を定めている。

　3歳児の遠足は、生活習慣の自立のために組まれている。食事の後片付けから自分の持ち物の管理まで、全部自分で行うことを目的にしている。したがって、場所選びには混雑するところは避けて、子どもたちにも新鮮で楽しく遊べるスペースがあり、30分くらいで行ける比較的に近くて無理のない場所を選ぶことが計画の段階で求められる。

　援助や配慮の欄には期待感を促すよう、バスに乗ることや動物がいることなど視覚的にわかりやすく伝える。

　落ち着きのない子どもは特に一番前にして、目線を合わせながら、話に対して意識できるように話すなど導入時の配慮点や、安全のための注意事項については緊張させないために、直前に守るべき約束事として話す。

4歳児の遠足

　4歳児の遠足は全身運動ができる場を選び、日ごろ体の動きを楽しめていない、あるいは精神的に萎縮も考えられる子どもたちの4歳児らしい姿を引き出すことをねらいとしている。春にダイナミックな動きを体験して、就学期を迎えるころまでの期間の健康的な幼児期の姿を想定している。

　目的地には補助付き二輪車がある。三輪車に乗れる子は全員乗れることを伝えて期待感を誘う。また、大きな滑り台は幅が3メートルもあり大勢で一緒に滑れることや、広場で食事をするなど目的・場所についてある程度の予想ができるように、ホワイトボードを使って視覚的にわかりやすく伝える。

　大きな公園で大勢の人たちが利用している。食事の後の自由な遊び時間も、保育者は制服や制帽の色を目安に見守るからのびのび遊んでよいことも伝える。ただし、保育者の衣服の色を指定し、保育者が見えないところまで行かないことも約束する。

　配慮事項には、朝の流れがふだんと違うこと、おにぎりは自分でカバンに入れるなどの自立した行動も促す。

5歳児の遠足

　5歳児の遠足は動物公園。目的は、バス・電車を利用して社会的なマナーを知り、動物に関心をもち、親しむことである。公共の場や電車の利用の仕方、また好きな動物の生態や飼育の方法など係の人と話したい内容をグループごとにまとめて準備することなどがあげられる。

　配慮点は、保育者側が園児を連れて外出する意識と安全のための方法である。電車もバスも公共の交通機関なので、規定時間で発車する。全員が目的の駅まで到達し、途中下車などないよう、保育者の配置の意味や気配りが求められ、子どもたちを安全に守れる態勢が課題になる。

　5歳児にもなると、楽しく遊んでくる体験よりも、知的好奇心を刺激する計画を好むようである。安全には十分注意して広範囲な計画が望まれる。

5歳児の苗植え（さつまいも）

　収穫は例年、全園児の参加が計画されている。今年は保護者にも呼びかけた収穫祭を子どもたちと考えているので、苗植えも楽しみが倍増のようである（畑の畝作りも数人の父親の支援で準備が進む）。

　裸足で畑まで行くので子どもたちが通る市道の足元に危険物がないよう、あらかじめ掃くなり実踏をする。畑の畝には石灰で植える場所に目印をつけてわかりやすくする。

　子どもたちが畝に沿って畑に入り植え始めるが、農家の人の手をよく見て、苗の向きや親指で茎を押し込むような植え方のポイントをつかむように話す。

誕生会の催し（5歳児の劇）

誕生会には、子どもたちが日ごろ楽しんでいる遊びの内容を、ステージで人の前で演じて遊ぶ計画になっている。5歳児から他の子どもたちに見せて、「ぼくたち私たちもやりたい」と思えるように事前の予備知識として考えている。

保育日誌から

日ごろからままごとで役になりきって遊んでいる女児が多く、その子どもたちに相談を持ちかけた。楽しく行えるように子どもたちの発想を大切にしている。「7匹の子やぎ」をやりたいという声があがった。絵本をじっくり読み聞かせた後で、役割を決め、実際に劇を行った。大人のナレーションで動きのきっかけを与えるので戸惑うことも少なく、なかでも自分なりの役になりきって、せりふや動きをつくり上げることができた。照れて黙ってしまうこともなく、有意義な劇遊びになった。当日の本番が楽しみである。

4歳児の思い出画（公園）

配慮点としては、好きな色の画用紙（四ツ切りの白、黄、緑、水色）を選べるようにする。

導入には、大きい滑り台の話や二輪車の体験など楽しかった一日を回想し、イメージを膨らませられるようにかかわる。遠足の翌日、個々の楽しかった思いを聞いているので、それぞれが思い出せるようにする。

大きな画用紙にクレヨンで思い出を描くことになるが、描けない子どももいるであろう。想像が膨らまない、経験不足で自由にタッチが進まない場合もある。

初めての子どもには無理をせず、見ていて描きたくなるまで待つのも一つの方法であるが、保育者が鉛筆で少し描く、あるいは子どもの手をとって紙に色がつくように、まる、三角、四角など遊ばせるとよい。いきなり思い出画に入るのは不安を抱かせる要因でもある。事前に自由な遊び時間にクレヨン遊びの体験に誘うことが望ましい。

手洗い（3歳児）

手洗いは日々行わなければならない動作である。異年齢児と過ごす時間帯の動作になるので、一人ひとりのていねいなしぐさを見届ける意味もあって、全体で取り上げている。

いつもと違う雰囲気でしっかり聞いてほしいので看護師が担当する。

小集団（12〜13人）で看護師を囲み、手についている目に見えない菌の話をする。そして試験紙を使って実験してみせると、びっくりした顔と自分の手を見て「洗う」という声が聞こえたり、「ふーん」と実験した試験紙とのつながりがわからない子どももいるが、眼に見えないばい菌の話を理解し、意識をして手を洗う習慣の素地になるよう、例年実施している。

保育日誌から

チームごとに分かれてテラスに出て、看護師の話を聞いた。色が変わるおもしろい試験紙にも魅せられていたが、いつもと違う雰囲気に関心を示して落ち着いて眺めたり聞き入っていた。手洗いの一連の流れが図で表されていて、「指の間にもばい菌がすんでいるよ」と、看護師が実際の手洗いをていねいにして見せてくれたので、子どもたちは理解しやすかったようである。外遊び、食事の前など、保育者も一人ひとりを確認するていねいさが求められていると感じた。

観察力を養う

生活のなかで観察力を養う方法として5歳児には特に力を入れている。ものを見る行為には気力や知的好奇心が主体にあり、意識的に見ることにより覚える過程を重要視している。「よく見て」の言葉も安易に使わない。記憶に残るようしっかり見てほしいときにあえて使う言葉である。道端の雑草も手にとって眺め、草の葉の形や色、幹の特徴まで観察して画用紙に描いてみる。意識的に見ていないと描けない。画用紙上に描かれたものを見れば、その子の集中力も見てとれる。

3歳児　5月指導計画

		行　事	遊びの流れ	生活・遊びのねらい及び環境構成
1	木	家庭訪問	↓ 母の日のプレゼント作り ↓	**《自分の思いを言葉で伝える》** ・子が安心感をもって生活できるように、活動に見通しをもてるようにしたり、子の興味・関心に合った遊びの工夫をする。 ・子の表情や思いを感じられるように心がけ、側にいてあげたり、「～だったの？」など思いを言葉にしていくことで受けとめていく。
2	金			
③	土			
④	日			
⑤	月			
6	火	身体測定		**《尿意を感じ、自らトイレに行く》** ・園長先生に排泄と身体のしくみについて具体的に話してもらう。 ・トイレは、暗くて怖いイメージをもつ子もいるので、明るい装飾を心がけ、子によってはその子の好きな動物などのキャラクターなども貼っておいてみる。
7	水			
8	木			
9	金			
10	土			
⑪	日	母の日		**《着脱の一連の流れを知り、自分でやってみようとする》** ・パジャマまでの着脱の一連の流れがわかるような図を子の見えるところに貼っておき、自分で確認しながら自ら行えるようにしておく。 ・着脱のスペースが狭くなりすぎないように、着替えの終わっている子のかごを片付けるなどしていく。
12	月			
13	火		↓ 絵画（自由画）↓	
14	水		↓ 園外 ↓	
15	木			
16	金			
17	土			**《母の日について知り、母へのプレゼント作りを楽しんで行う》** ・導入のさいに、カーネーションの花束を子に見せることでカーネーションへの興味や母の日についての関心を促し、また、それとともに自分の母親に日ごろしてもらっていること（料理や洗濯など）を考える機会をもつ。
⑱	日			
19	月			
20	火			
21	水	3歳児遠足	↓ 運動・巧技台 ↓	**《簡単な楽器に触れたり、曲に合わせて踊ることを楽しむ》** ・カスタネットに触れる機会をつくっていく。 ・はじめは大人と一緒に音を鳴らすとき、鳴らさないときなど、メリハリをつけて音を鳴らすことを楽しんでいき、少しずつ簡単な曲（「おもちゃのチャチャチャ」）などに合わせて楽しんでいくようにしていく。 ・振りも付けながら、遊戯としても楽しんでいく。
22	木	誕生会、健康診断		
23	金			
24	土			
㉕	日		↓ 遊戯・楽器 ↓	
26	月			
27	火			
28	水			
29	木		↓ 恩物 ↓	**《進んで身体を動かし、さまざまな運動遊びを楽しむ》** ・大人も積極的に一緒になって楽しんでいくことで、身体を動かすことの楽しさを味わえるようにする。
30	金			
31	土			

◎基礎的事項
・子どもの気持ちや考えを理解し、受けとめ、保育者との信頼関係を築いていく。
・子どもの疲れぐあいを配慮しながら、健康状態を把握する。

◎基礎的事項への配慮
・日々子どもとのコミュニケーションを多くとっていき、簡単なことでも会話をしていけるよう心がけていく。穏やかなかかわりのなかで思いを伝えやすいような雰囲気づくりをする。
・一人ひとりの食欲、遊びの様子、表情などを気にして見ていき、いつもと違うときは検温してみるなどして様子を見ていく。

運　動	コンビネット・ちびっこ砦斜面・両足ジャンプ・片足ケンケン
歌・音楽	「めだかのがっこう」「ポケットのうた」「おかあさん」「うんどうかいのうた」
遊　戯	楽器を使った曲（「おもちゃのチャチャチャ」）
お話し他	「ぐりとぐらの遠足」「ももたろう」
折り紙	カーネーション
絵　画	絵の具・思い出画
恩　物	第1

5領域の視点	配 慮 事 項
対人・情緒 ・自分の思いを伝えられているか。 ・困ったことを声にできているか。 ・生活のなかで自分で動けているか。 ・自ら遊びを見つけ楽しめているか。 ・スムーズに登園できているか。 **生活・健康** ・我慢せずにトイレに行けているか。 ・トイレでの一連の流れができているか。 ・順序よく着脱できているか。 ・着脱の流れを理解し、意欲的に行っているか。 ・新しい環境での疲れが出ていないか。 **言葉・理解** ・プレゼントの作り方を理解できているか。 ・一斉の説明で理解できているか。 ・落ち着いて話を聞けているか。 ・発音はどうか。 **運動** ・折り紙の角と角を合わせられているか。 ・固定運動遊具を楽しんで行っているか。 ・ちびっこ砦の斜面が登れるか。 ・両足ジャンプができているか。 ・片足ケンケンができているか。 **表現・感覚** ・楽器遊びを楽しめているか。 ・リズムを意識して行っているか。 ・自ら遊戯に参加して楽しめているか。 ・自由に描くことを楽しめているか。 ・絵画での表現、筆圧はどうか。 **その他** ・遠足での気になる動きはあるか。	《自分の思いを言葉で伝える》 ・自分のしてほしいこと、困ったことなど思いを言葉で伝えられるように、日ごろから穏やかに接しながら子が言いやすいような雰囲気づくりを心がけていく。 ・日々の生活のなかで子から伝えられたときにはその思いを受けとめながら、「言ったことで思いが伝わった」という経験を通して繰り返し実感していけるようにしていく。子とのコミュニケーションを多くとっていくことで、信頼関係を少しずつ築いていくなかで、思いを伝えやすいようにしていく。 ・全体でも劇などを通して話題にしておく。どのような場面のとき、どのような言葉で自分の思いを伝えたらよいのか。絵本、紙芝居等で具体的に、視覚を通して伝えていく。 《尿意を感じ、自らトイレに行く》 ・生活の節目節目には全体でもトイレを促す声かけをし、子がトイレに行くきっかけをつくり、一人ひとりの様子も見ながら、我慢をしている子には声をかけ、自然に促していく。全体で意識していくことで失敗の経験を少なくしていき、当たり前に排泄できていることをしっかりほめていくことで個々の自信につなげていく。 《着脱の一連の流れを知り、自分でやってみようとする》 ・あらためて全体でも着脱の方法について話題にしていく。 ・一人ひとりの様子を把握し、個々に応じたかかわりができるようにしていく。方法が難しいのか、気力の問題なのか、見極めながら声かけやかかわりを工夫していく。 ・後から直すのではなく、そのときにかかわれるように意識していく。とにかくほめる機会を多くし、その後の遊びを工夫することで意欲につなげていきたい。 《母の日について知り、母へのプレゼント作りを楽しんで行う》 ・活動に興味をもって取り組めるように導入を工夫していく。ゆとりをもった計画から、あわてて作らせるのではなく、楽しんで作っていけるようにする。また、自然に「ありがとう」と言えるような声かけをしながら作っていく。 ・製作では一斉に進めながらも、個々に応じたかかわりをしながら、折り紙の角を意識して折っていけるようにする。 《簡単な楽器に触れたり、曲に合わせて踊ることを楽しむ》 ・楽器を使用するさいは、投げたり雑に扱わないなどの約束事をしっかりしてから使うようにする。また、はじめからリズムばかりを意識して行っていくのではなく、音を鳴らすことから少しずつリズムまで意識できるようにしていく。 ・子が行いやすいような曲調やリズムなどを意識して、いくつか選曲しておき、子の様子を見ながらさまざまな曲や形式で楽しめるようにしていく。 《進んで身体を動かし、さまざまな運動遊びを楽しむ》 ・無理に促していくのではなく、大人が楽しく行っていくことで自然と子のやる気も促していく。消極的な子も個々の様子を見ながら何が原因なのか見極めていき、子に応じた誘い方も工夫してみる。子の姿をしっかりと認めていくように心がけていく。

◎特に気になる子に対しての担任側の配慮点
・A男……パンツでも生活しているが、自らトイレにいくことはない。個別で誘うことで一度排尿が見られている。
・B子……オムツで生活しており、排尿も見られていない。オムツに出ていることはわかっている様子。トイレへの誘いもいやがることが多い。
　→一人ひとりの排尿間隔を把握し、誘っていくようにする。他児の様子などを見せながら、トイレでの排泄の意識を促していく。急に無理はせず、少しずつ様子を見ながらかかわっていく。
・不安定な子（C男・D子・E男・F子）
　→安定して過ごせる時間も見られているので、そのような時間を大切にし、好きな遊びを十分に楽しみ、充実した時間を少しずつ増やしていくなかで、コミュニケーションも意識してとっていき、関係を築いていけるようにする。

4歳児　5月指導計画

		行　事	遊びの流れ			生活・遊びのねらい及び環境構成
1	木	家庭訪問	↓母の日について			《なにごとにも意欲的に取り組む》（情緒） ・力強さ、たくましさなど、こどもの日をきっかけに話題にし、何でも挑戦する意識を高める。 ・日常生活のなかでがんばっている友達の例など意識的に話題にする。 ・運動遊具や園庭遊具で楽しんでいる子には、達成感を味わえるようなかかわりを心がけ、挑戦することの楽しさを味わわせる。
2	金					
③	土					
④	日					
⑤	月					
6	火					
7	水					《挨拶を元気にする》（生活） ・大人が明るく笑顔で挨拶をし、手本を示す。 ・あえて文字に書き、視覚的にも言葉を意識できるようにする。 ・元気に挨拶できる子をほめ、心地よさを互いに共感する。 ・「ありがとう」「いただきます」「ごちそうさま」など生活のなかでの挨拶も意識して行うよう、そのつど手本を示したりして誘っていく。
8	木	避難訓練				
9	金					
10	土					
⑪	日	母の日				
12	月			固定遊具での遊び	簡単なルールの遊び	
13	火					
14	水	4歳児遠足				《自ら気づいてシャツをズボンの中に入れる》 ・かっこよく着る気持ちを誘うような声かけをし、意識を高める。 ・「あれ？」などと間接的に気づかせるような声かけをし、自覚をもたせる。
15	木					
16	金					
17	土					
⑱	日					《母の日について知り、感謝の気持ちをもつ》 ・落ち着いた雰囲気のなかで、母親の家での役割や皆にとっての母の存在などを話し合ってみる。 ・話し合いのなかからプレゼント作りに発展させていく。 ・心を込めて落ち着いて製作できるように見通しをもって行う。
19	月					
20	火					
21	水	3歳児遠足				
22	木	誕生会、健康診断				《簡単なルールのある遊びを楽しむ》（遊び） ・しっぽ取りや鬼ごっこなど簡単に楽しめる。 ・ゲームを日々変化をもたせ、頻繁に取り入れる。
23	金					
24	土				リズムに合わせて	
㉕	日					《リズムに合わせ身体を動かすことを楽しむ》 ・ピアノを用いての静・動のリズム遊びから、速さ・曲調の違いなどを感じながら動いてみる。 ・音楽に合わせてギャロップをしたり、全身でリズムを感じて楽しむ時間をつくっていく。
26	月					
27	火					
28	水	5歳児遠足				《固定遊具を使い、意欲的に運動遊びを楽しむ》 ・固定遊具での遊びに誘いながら、できたことへの喜び、達成感を味わえるようにかかわる。 ・毎日、室内に入る前にサーキット的に各遊具に挑戦する機会をつくる。
29	木					
30	金					
31	土		↓	↓	↓	

◎基礎的事項
・一人ひとりに合わせて不安を受けとめて、自己発揮できるようにする。
◎基礎的事項への配慮
・自信をもって自己発揮できるように励ましたり、「見ててあげるからね」「ほら大丈夫でしょ」といったかかわりを大切にしていく。
・友達の遊びを傍観している子の側につき、さりげなく誘ったり、保育者が仲介役をすることで仲を取りもつ。

運　動	ギャロップ、固定遊具
歌・音楽	「バスごっこ」「おかあさん」「ふしぎなポケット」「めだかの学校」
遊　戯	野菜がテーマに出てくる曲
お話し他	「母を訪ねて三千里」
折り紙	いちご
絵　画	おかあさんの顔
恩　物	第6

5領域の視点	配慮事項
対人・情緒 ・活発に遊べているか。 ・期待感をもって登園しているか。 ・母親への関心を広げ、感謝の気持ちがもてたか。 ・ルールを守って友達と協調しながら遊ぶことができたか。また、協調しながら遊ぶことの楽しさを味わえたか。 生活・健康 ・天候による体調変化はどうか。 ・自ら気づいてシャツをズボンの中に入れられるか。 ・「ありがとう」「いただきます」「ごちそうさま」など生活のなかでの挨拶ができているか。 言葉・理解 ・ゲームのルールを理解できているか。 ・母親への感謝の気持ちを言葉で伝えられたか。 ・母親への関心を広げることができたか。 運動 ・固定遊具に挑戦する気持ちがあるか。 ・できたことが次に挑戦する気持ちにつながっているか。 表現・感覚 ・全身でリズムを感じて楽しめたか。 ・リズム感はどうか。 ・集中して遊具に挑戦できるか。	《情緒》 ・子どもたちが日々目的をもって登園できるように、全日に導入をすることはもちろん、見通しをもって生活できるように、適宜、次の活動や動きが予測できるような声かけをするなど配慮する。 ・挑戦する楽しさ、できるようになる喜びを味わえるように、補助したり励ましながらかかわり、そのつど認めてほめていくことで充実感を味わえるようにする。 《生活》 ・「おはよう」「こんにちわ」「さようなら」といった挨拶はもちろん、「ありがとう」「ごめんね」「お願いします」といった生活用語は、どのような場面で、どのようなときに使う言葉なのか、話題にし、挨拶への興味を向けさせる。さらには、子どもから自然に言葉にできるように手本を示しながら個々に援助していく。 ・シャツをズボンの中に入れることに特に目を向けていくが、運動着の前後を間違えて着ている子や、ズボンが下がっている子など、身だしなみ全般にも目を向けていく。さらにはシャツが出ていると遊びにくいことや危険なこと、おなかをまもることなど、意味を具体的に伝えていく。 ・母親の存在について話し合ったり、考えたりすることから、みんなに助けられて生きていることや生活していることを感じ、周囲の人への感謝の気持ちをもつこと、自分でできることは自分でするなどの意識がもてるように声かけをする。 《遊び》 ・ルールを守ることで楽しく遊べる経験をしながら徐々に広げていく。 ・毎日室内に入る前に遊具に挑戦するなど、機会をつくっていく。 また、少しずつでもできるようになった喜びや満足感を味わえるように言葉にし、取り組む意欲につなげていく。さらには、遠足で遊具に挑戦することも含めて励ましていく。 ・遊びがマンネリ化しないように配慮し、子どもの興味や関心から変化を加えていく。ただ、園庭遊具や園庭での遊びに慣れが出てきたり、思わぬ危険な行動に出る子どもの姿も予測できるので、あらかじめ担任間で打ち合わせをしておく。 《遠足》 ・ねらい、配慮など詳細については、デイリープログラムに記入し、事前に打ち合わせる。 ・遠足での経験（知的好奇心、体力面、精神面）をその後の保育に生かしていけるよう計画的に進めていく。

◎特に気になる子に対しての担任側の配慮点
・A男……生活習慣では、大人に依存してくることが多く、気持ちの面でもささいなことで不安定になり、泣くことが目立つ。個別にかかわれば気持ちを切り替えることもできるので、生活に見通しがもてるようにかかわっていく。
・B子……幼さもあるが、まだ自己を発揮できず、友達の様子を傍観的に見ていることが目立つ。友達との遊びに誘い入れるなど意識的にかかわっていく。

5歳児　5月指導計画

		行　事	遊びの流れ				生活・遊びのねらい及び環境構成
1	木	家庭訪問					《情緒》 ◎最後まで話を聞く。 ・集中して聞きやすい状況づくり（いす、部屋）をしていく。 ・話のポイントをわかりやすく工夫する。 ・人体模型を使い、脳のしくみについて話をする時間をつくる。 《生活》 ◎身体のしくみに興味をもつ。 ・人体模型を利用し、脳、体の中を見せる時間をもつ。 ・目・耳の役割、身体の部位の役割について話し合ってみる。 ・役割を意識したゲームなどを取り入れる。（伝言ゲーム、ウインクゲームなど） ◎持ち物の管理に対する意識を高める。 ・なぜなくなってしまうのか、どうするとなくならないのか。考える時間をつくり、確認の大切さを伝えていく。 ・ゲーム性を取り入れた遊びも行っていく。 《遊び》 ◎木工遊びを楽しむ。 ・午後のコーナー遊びから釘打ち遊びを取り入れていく。 ・十分に木工遊びが楽しめてきたころ、船作りにつなげるようにする。 ◎動物園に興味・関心をもつ。 ・年間を通し、動物園に3〜4回分けて出かける。 ・今月は環境の特徴などをポイントにし、世界地図に関心をもってみる。 ・世界地図・図鑑を用意する。 ・お話（動物の出てくる）、折り紙などで親しんでいく。 ◎母の日・父の日をきっかけに家族の大切さを知る。 ・家族に関する本を多く読み聞かせていく。 ・母のしてくれることを考える時間をつくり、プレゼント作りへつなげていく。 ◎ステップ遊びを楽しむ。 ・遊戯、リトミックなどを取り入れていく。
2	金						
③	土						
④	日				母の日のプレゼント作り		
⑤	月						
6	火	身体測定					
7	水						
8	木	避難訓練					
9	金	動物園					
10	土						
⑪	日	母の日	木工遊び				
12	月						
13	火						
14	水	4歳児遠足					
15	木	誕生会				ステップ遊び	
16	金			動物園（図鑑、表現遊び）動物の話にふれる			
17	土						
⑱	日						
19	月				世界地図に関心をもつ		
20	火						
21	水	3歳児遠足					
22	木	健康診断	船作り				
23	金						
24	土						
㉕	日						
26	月						
27	火						
28	水	5歳児遠足			折り紙		
29	木					はじき絵	
30	金						
31	土						

◎基礎的事項
・気温の変化に応じて、保育内容と体力のバランスを考える。
◎基礎的事項への配慮
・暑い日、肌寒い日、天候により気温差が激しい時期なので、その日に合わせて遊びを変化させたり、必要であれば午睡を入れる等考慮していく。
・また、子の体調にも気配りし、いつもとちがう表情に気をつけていく。

運　動	巧技台、サーキット（登る・飛ぶ・くぐる）雲梯
歌・音楽	「お母さん」「たのしいね」「動物園へ行こう」「マーチングマーチ」
遊　戯	フォークダンス
お話し他	「よくばりすぎなこなや」「お母さんがお母さんになった日」
折り紙	中割り折り、折り方図の見方
絵　画	はじき絵（川）
恩　物	童具（円柱）

5領域の視点	配 慮 事 項
対人・情緒 ・周囲の状況を考え、落ち着いて話を聞いているか。 ・落ち着かない子の原因は何か？ ・家族への感謝、その他気になる心の動きはあるか。 **生活・健康** ・天候による体調の変化はどうか。 ・人の話を最後まで聞けるか。 ・持ち物管理への意識はどうか。 **言葉・理解** ・身体のしくみへの関心はどうか。 ・動物への関心はどうか。追求心はあるか。 **運動** ・釘打ちでの目・手の協応力はどうか。 ・ダイナミックに全身で遊んでいるか。 ・サーキット（登る・とぶ・くぐるの動き）バランスはどうか。 ・中割り折りでの指使いはどうか。 **表現・感覚** ・リズム感はどうか。（ホップ、スキップ、ツーステップ） ・家族の話での感受性はどうか。 ・船作りの構成はどうか。 **その他** ・動物への感受性はどうか。 ・家族の話で気になる表情の子はいないか。	《情緒》 ・園長先生による話は4月のうちにしてもらってあるので、身体のしくみについて生活のなかでときおり話題にして意識をつなげていく。 ・大人の話を聞く時間、子どもの意見を聞く時間の区切りを明確にし、メリハリをつけた話し方に工夫をしていく。 ・話のはじめに見通しがもてるように伝え、意識の続かない子には周囲の状況、他児への迷惑を考えさせるように声かけをしていく。 《生活》 ・話題に取り上げた後、生活のなかで大人が意識的に声にしていく。特に気になる子にはその回数を増やし、考える時間を多くもってみる。 ・大人になっても気をつけていること、物の扱い、大切にすることなど担任が体験談などまじえながら子と一緒に考えていく。 ・気になる子にはあえて不都合な状態が予測できても体験させてみることもよい。ただし、あとでその気持ちについてていねいにかかわり、保護者にも伝える。 ・「物にも心がある」というような道徳的な話し方もしていく。 《遊び》 ・危険についてははじめにしっかりと伝えていく。本人でなく周囲の危険については大人が十分に配慮していく。 ・一人ひとりの船作りでの釘打ちは無理をせず、個々に合わせて大人が介助する。 ・保護者への協力もあるので、あらかじめしっかり手紙等で伝えておく。 ・子の関心度に合わせてポイントを絞って年間の計画を立てていく。 ・世界には暑い所、寒い所があることなど話題にしてみる。 ・関心の薄い子には無理をせず、どんな動物、活動内容に関心を示すのかを見ていく。 ・家族の本を選ぶさいは、家族の温かさが感じられるものを選ぶ。読んだ後は家族が自分にとってどのような存在であるのか、実生活を振り返りながらその心について考えるなかで感謝についてふれていく。 ・母のいない子に対しては事前に声をかけ、安心して参加できるようにする。 ・ステップに合った曲選びをする。気になる子、頭で考えてしまう子には特に自然と身体で感じられるよう一緒に行っていく。 ・ステップを楽しみやすい曲を選び、全身で楽しんでいく。さまざまな遊戯を楽しむことでさまざまなステップを取り入れていく。

◎特に気になる子に対しての担任側の配慮点
・A子……勝手な行動が多い。声かけには気にする。ささいなことを気にしやすい。あえてあまり声かけをせず、困った状況を体験させるのもよい。本児自身が不都合を感じたときをチャンスに話をする。
・B男・C子・D男・E子・F男……仲間関係が薄い。マイペースでかかわりが少ない。本児たちの個性を考慮し、あえて接点を見つけ関係を広げていけるようにする。必要に応じて大人が子どもたちのなかに入ったり、集団遊びを多く取り入れ、楽しさを感じられるようにする。

外遊び（異年齢）　保育日誌の例　（5月19日～5月23日）

前週の子どもの姿	今週の遊びの内容
・平均台で楽しむ子が多く、毎日遊んでいたことで平均台に慣れて楽しむようになる。 ・平均台、トンネルを使ったサーキットでは、3歳児を中心によく遊んでいた。	・平均台（「ドン・じゃんけん」等） ・フープ（「ケンパ」等） ・かけっこ

	遊び			準備	配慮すること
19 (月)	かけっこ	砂場遊び	固定遊具	・コーン ・遊場遊具	・スタートラインに大人が立ち、並ぶ順やスタートの合図をしていく。走ることを十分楽しめるよう、順位を告げる等、楽しい雰囲気をつくっていく。子の様子に応じて、スキップ、ギャロップ競走も取り入れていく。
20 (火)	かけっこ	フープ遊び	砂場遊び	・フープ ・砂場遊具 ・手洗い用バケツ ・手拭きタオル	・フープは子の様子に応じて、「ケンパ」を楽しんだり、追いかけることを楽しめるよう大人も一緒に参加し、流れをつくっていく。 ・かけっこは、あらかじめスタートとゴールの位置がよくわかるようにし、スムーズに流れるようにしていく。
21 (水)	かけっこ	砂場遊び	三輪車	・カラーコーン ・笛 ・ラインカー ・手洗い用バケツ ・手拭きタオル	・かけっこは、走っているうちにラインが薄くなってくるので、ラインカーで線を引いていく。 ・ゴール後、走るコースを逆走してくる子が見られるので、スタート近くにもカラーコーンを置き、走るコースの外側を通るよう促す。
22 (木)	平均台	なわとび	砂場遊び	・平均台、マット ・なわとび ・大なわ ・砂場遊具 ・手洗いバケツ ・手拭きタオル	・「ドン・じゃんけん」ゲームを行っていくが、2歳児・4歳児も参加すると思われるので、マットを用意していく。大人が近くでルールを伝えていく。 ・なわとびは、乳児が園庭に出てくる前に十分楽しんでいく。大なわも用意し、3歳児も楽しめるようにする。
23 (金)	三輪車	平均台	砂場遊び	・三輪車 ・ラインカー ・平均台 ・マット ・砂場遊具 ・手洗いバケツ、タオル	・平均台で「ドン・じゃんけん」や、障害物競走を行っていく。遊ぶ内容に応じて、マットを利用していく。 ・三輪車は子どもの様子に応じ、広く使えるスペースがあるときに出していく。

うた（「めだかの学校」「ふしぎなポケット」）

環境づくり	援助のポイント
・運動会のかけっこラインを利用し、走る、スキップ、ギャロップ等の運動会ごっこを楽しめるよう進めていく。途中、コーンを置いてコースに変化をつける等工夫していく。	・直線コースはスピードが出るので、乳児を中心に危険のないよう広い範囲に目を向ける。 ・平均台は、台の上で押し合いになったりしないよう、大人が側について見ていく。

保育経過（子どもの姿）及び反省	明日への展開
・今日は雨天のため、ホールの一角で「フルーツバスケット」を行う。5歳児が中心となって楽しんでいるのを、4歳児・3歳児が様子を見ながら自然に入っていくことができた。赤白帽、園帽、帽子なしの子どもたちのグループで、いちご、ぶどう、チョコレート、バナナ等、楽しみながらルールを作っていた。後半、人数がどんどん増え、ゲームが盛り上がってきたころに朝会の時間になってしまったので、もう少し早めに始められるとよかった。	・晴れていたら運動会ごっこを行っていく。 ・雨天の場合、ホールでゲームを楽しむ。
・かけっこをして遊ぶ。スタートラインに大人がいて、スタートの合図をしていた。5歳の男児が集まってきて、繰り返しかけっこを楽しんでいるのを見て、4歳児や、5歳の女児も次々に参加しはじめ、人数が減ってきたころ、3歳児も参加してきた。飽きてきたら走り方を変えようと考えていたが、思いきり他児と走り抜くことがとても楽しかった様子で、1時間ほど続けて楽しんでいた。	・かけっこを楽しんでいく。3・4歳児の子も気軽に参加できるよう声をかけていく。
・5歳の男児を中心にかけっこを始める。しばらくして「違うのがやりたい」と言っていたので、平均台とフープを出し、渡る、とぶ等の変化をつけての競争を行った。さらに、平均台をとぶ遊びをしたが、4歳児も入ってきて危険だったので、カラーコーンを横にして、細い棒を橋渡しにして、とぶ遊びを行った。5歳児は走りながらとび、4歳児はゆっくり両足でとびこえる等、年齢による動きの違いも見られ楽しめた。3歳児がいなかったので、いつもよりダイナミックに行えた。もっと女の子も楽しんで参加できる工夫をしていきたい。	・なわとびを行い、女の子も楽しめるようにする。 ・子どもの様子により、かけっこも取り入れる時間をつくる。
・なわとび（大なわ、普通の長さ）をして遊ぶ。大なわを出したところ、5歳児の男女が多く集まってきて、「郵便屋さん」「大波小波」をして楽しんだ。最後まで5歳児が中心だったので、全学年が楽しめるよう工夫していかなければと思う。4歳児はかけっこのラインを使って、自分たちでかけっこごっこを大いに楽しむ姿が見られ、よかったと思う。	・全学年、身体を十分に動かして遊べるようにしていく。
・平均台を2台つなぎ、マットを敷いておくと、5歳児がすぐに「ドン・じゃんけん」を始める。楽しんでいる様子を横で見ている4歳児も、「一緒にやろうよ」と声をかけることで、喜んで参加してきた。5歳児と一緒にやることで、ルールがとてもよくわかった様子だった。途中3歳児も数人入ってきたが、さりげなく5歳児が手をとって渡るのを助けてあげたり、譲ってあげる様子が見られ、うれしく思った。5歳児が2階に上がってからは4歳児が中心になって遊んだ。人数がある程度少なくなったところで三輪車を出し、3歳児を中心に楽しむことができた。	・晴れた日は十分に身体を動かし、のびのびと遊べるよう工夫していく。 ・簡単なルールのあるゲームを楽しんでいく時間をもつ。

室内遊び（異年齢）　保育日誌の例　（5月6日〜5月9日）

前週の子どもの姿	今週の遊びの内容
・継続して、ぬり絵遊びを楽しむ姿が見られている。ぬり終わった紙を、持ち帰るのではなく、色画用紙の冊子に、一人ひとり貼りつけていくことで、用紙をむだにすることもなく、ていねいにぬる姿が見られている。 ・広告用紙を遊びに取り入れることで、紙ひこうきや、かぶと作りを楽しむ姿が見られた。	・ねんど ・ままごとコーナー ・切り紙遊び ・ぬり絵 ・その他

	遊び			準備	配慮すること
5（月）					こどもの日
6（火）	ままごと	ねんど	ブロック	・ままごと ・ねんど、ねんど板、ヘラ ・机 ・ブロック	・ままごとは、部屋の隅など利用し、コーナーを作っていく。死角には十分注意する。 ・母の日も近いので、「おかあさん」を主役にした遊びをあえて展開していけるよう大人が遊びにかかわっていく。
7（水）	ままごと	ねんど	切り紙工作	・ままごと ・ねんど、ねんど板、ヘラ ・机 ・切り紙工作	・ままごとコーナー、ねんどは、継続して行っていき、子が遊びを継続して展開できるようにしていく。 ・切り紙は、簡単なものから取り組めるよう準備していく。はさみの扱いには、十分に注意していく。
8（木）	ままごと	切り紙工作	ぬり絵・ブロック	・ままごと ・切り紙工作、はさみ ・ぬり絵、色えんぴつ ・ブロック	・引き続きままごとコーナーを作っていく。大人が遊びの流れに沿って入っていくことで、遊びを展開させていく。 ・ぬり絵をはじめに出し、子の様子を見ながら、切り紙に変更していく。
9（金）	ままごと	ねんど	ブロック	・ままごと ・机 ・ねんど、ねんど板、ヘラ ・ブロック	・5歳児は動物園への園外となるので、4歳児のみの遊びになると思われる。人数も少ないので、決まった遊びだけでなく、子どもの要望に合わせて遊びを出すなど、臨機応変に対応していく。

うた（「めだかの学校」「ポケットの歌」）

環境づくり	援助のポイント
・ままごとは、仕切りや布を利用し、部屋の隅などにいくつかコーナーを作り、子が遊具を広げやすい環境を整えておく。 ・切り紙遊びは、簡単なものと複雑なもの、どちらも準備し、いろいろな子が楽しめるようにする。	・仕切りや布を利用するさいは、死角に十分注意する。一部屋の中で、いろいろなグループの子が自分たちのイメージするままごとを十分楽しめるよう（物の取り合いや場所の取り合いなどで雑然とならないよう）、大人もこまめに物を整理したり、様子を見ながら遊びの中に入っていく。遊びの進行に沿ってうまく入っていくと、子どももスムーズに遊びながら変化が出てくる。

保育経過（子どもの姿）及び反省	明日への展開
・くまの部屋は、仕切りを2つ使用し、家のような空間を作ってみた。牛乳パックの大型サイコロも利用することで、テーブルやいす、壁などを子どもが作って楽しむ姿も見られた。 ・きりんの部屋には、ねんど、ブロックを用意した。ねんどは、久し振りに出したこともあり、楽しんで取り組む子が多かった。	・ままごとコーナーを継続させていきたい。
・ままごとは、昨日の続きができるということで、子どもたちも喜んでいた。昨日、大人が仕切りに布をかけ、屋根やカーテンを作ったことを、さっそくまねて、自分たちのスペースを作りだす子が5歳児に多く見られた。 ・切り紙工作は、はさみの扱いを意識的に声にしたことで、安全に行えた。かんたんなものを用意したので、4歳児も自主的に取り組んでいた。	・切り紙工作のコーナーをまた用意していく。 ・ぬり絵をやりたいという声もあったので、用意していきたい。
・くまの部屋全体をままごとの部屋にし、仕切りを使って、2軒の家のような空間を作っておいた。子どももそのスペースを意識し、数グループがままごとを楽しむ姿が見られた。部屋が雑然としてきたころに、「家庭訪問ごっこ」を取り入れ、担任がそれぞれのグループをまわると、床にちらばった遊具をきれいに片付け、担任を待ちうけるという姿が見られ、遊びながら、身のまわりをきれいにできた。	・5歳児が園外のため、4歳児のみの遊びになる。子の様子を見て、遊びを変化させていく。
・ブロックとぬり絵を行った。ぬり絵の紙はB4サイズで大きかったので「一人1枚ね」と伝えると、ていねいにぬる姿があった。ふだん5歳児が行う姿を見ているので、さまざまな色を使ったり、色も濃く、上手に行っていた。 ・ブロックは、大人が家を作りはじめると、「何作ってるの？」と興味をもち、集まって一緒に作りはじめていた。天気もよかったので、テラスでゆっくりする子も見られた。	・ままごとが盛り上がっている。子の様子を見ながら取り入れていく。

5月 ● 59

6月の生活（歯科検診）

3歳児

・歯磨きの方法
・歯磨きをていねいに
・意欲的に食べる

　6月は例年、全園児に虫歯予防の話や歯科の検診がある。

配慮点

　実際の検診に不安を抱かぬよう、検診に医師が使う歯鏡や道具を借用できればありがたいが、購入してでも小さい子どもたちの不安を解消できるのであれば、大人側の配慮として重要と考えている。

　自分の大切な歯を虫歯にしない方法として医師の診察を受ける心の準備は、大人側の事前の説明や検診は治療とは違うことをていねいに説明して、受診に対する子どもの不安を最小限にする方法を考える。

　この時期には0歳児から就学前の児童まで全員が受診する。受診日に欠席した児童は歯科医師と相談のうえ歯科医師の家に連れていって検診を受けるなど、徹底して歯を守る態勢をとっている。検診後の結果は保護者に通知して虫歯があれば治療を勧める。

4歳児

・歯磨きの大切さを知り、ていねいに行う
・ばい菌を意識して、手洗い、うがいをていねいに行う

　看護師による歯磨きの実演は、雑な磨き方とていねいな磨き方の違いを具体的に見せて、4歳児にも判断し選択しやすいように指導する。

　実際の生活のなかでは、食後、自分の磨き方に関心をもつようになり、鏡の前で磨き方を確認するように口の中を見ている姿が見られるなど、歯を大切にする素直な心が見えてくる。「こうするの？」と身近な保育者に尋ねる子もいる。「よくお話を聞いていたね」と近寄り、子どもにしっかりとその行為を認めてほめることから、実行力につながる心ある言葉がけが始まる。

5歳児

・ばい菌の存在に気づいて歯磨きを徹底する
・体のしくみに関心をもつ

　歯科検診をきっかけに虫歯、歯磨きに関心が深められるよう、歯を守る意味でも看護師が義歯を使って指導に取り組んでいる。現実には2歳児ころからの話題提供で保護者の理解と生活改善も得られて、双方が子どもの歯を大切にする姿勢になっている。最近では虫歯のない子どもが半数強という実績になっている。虫歯のある子どもは検診でもいやな顔をする。食事の後や甘いものを食べた後の歯磨きを大切にするよう声をかけたり、保護者にも手伝いを依頼して子どもが意識している今日からでも歯磨きを実行できるよう再度連絡をする。虫歯にしてしまうと治療でも痛い思いをする。きれいな歯になりたいが一人ではどうにもならないで、もがく子どもたちがいることを伝えたい。

食堂で（保育日誌から）

　3・4・5歳児全員で一緒に食べていたとき、3歳児が、早く食べ終わって歯を磨き始めたお兄さんの顔をのぞき込んでいる。不思議そうに終わるまで眺めてから「痛いの？」と言った。「痛くないよ、どうして？」だって……言葉にならないが、磨き方の違いに気づいたようである、以前はサッサと磨いて片付けて出て行ったO君の姿の違いを、敏感にも受け取っていたようである。保育者が近寄り「お兄さん、ていねいに磨いていたね」と声をかけると、意を得たりとばかりに、大きくうなずいて笑顔になった。

　歯磨きの子どもたちがにぎやかに並んで待っている。「虫歯ある？」と小さい子どもに聞く。5歳児は誇らしげに自分の歯を見せていた。

6月の遊び（異年齢）

室内での朝のひとコマ

登園後、運動着に着替えて園庭に出る子どもも一応は室内遊びの部屋をのぞく。「少し遊んでから庭に行こうかなっ」と、ひとりごとを言いながら、ドミノ積み木の部屋をのぞいたMちゃん。「おはよう元気？」と保育者が声をかけると、「うん」と答えたが、すぐに「○○ちゃんいない？」と聞かれて辺りを見たが、いない。「まだかなぁ」。すると「Mちゃん、おはよう」。少し遅れて登園してきたAちゃんがお母さんと一緒に保育室の前で見ていた。「昨日はありがとうね」お母さんの言葉に「うん」と答えるMちゃん。「あっ、そうでしたね」と保育者は昨日の2人の様子を思い出してうなずいた。

「歯科検診が終わっても泣いていたAちゃんと遊んであげたのよね」「隣のNちゃんに遊んでもらったと言ってまして」母親も「子どもから聞きました」と、大きい子どもたちと遊べる時間があることがうれしい、と感謝していた。

6月の遊びの予定では、すごろく、かるた、粘土パズル、ブロック、紙工作、新聞紙遊び、ビー玉転がし、トランプ、童具、折り紙、図書コーナーなど室内の係が主になって3つの保育室に分かれて遊びの内容を準備している。6月の後半には七夕祭りのお飾りを年齢別に作るが、異年齢で教え合う格好の教材や目的になるので、豊富な材料を用意して、ひそかに楽しみながらお星様を祝う心と、自分たちの願い事も短冊に書いて吊す行事になる。この作業過程が楽しい時間になるよう配慮したい。

新聞紙遊びの部屋の様子

自由に新聞紙を破って最後は玉を作り投げ合って遊ぶ計画になっていたが、破くことをおもしろがって3歳児がはしゃぎ、部屋がにぎやかになり、新聞紙の破りくずが部屋中に散乱してひどいことになっているが、保育者は問題にしない。むしろ一緒になってはしゃぎまわっていた。

おもしろがる3歳児を止められなくなって新聞紙が足りない。5歳児に事務室まで取りに行ってもらったが、あまりの喜び方に保育者も3歳児の笑顔に魅せられていた。

そのうちに4歳のB子ちゃんが「これでどうするの？」と質問した。「どうしようか」と保育者も決めかねていて、子どもたちに問いかけた。「丸めて投げっこしようよ」と経験者のB子ちゃんの言葉に、「そうしようか」と丸めるのに必要なセロハンテープを出してきて、ドッジボールくらいの大きさに丸める作業がみるみるうちに始まった。

「そーれ行くぞ」と投げられたボールも痛くないので、またまた3歳児がはしゃいで大騒ぎの保育室。4歳児も5歳児も3歳児のかわいさに圧倒されて協調した時間でした。

折り紙遊び

七夕祭りの作品製作で、5歳児は彦星様と織姫様の模写を折り紙で表そうという見本が示されている。4歳児もつなぎあわせる難しい遊びが示されている。3歳児には三角つなぎ、四角つなぎなど、のりで貼るだけの誰にでもできる見本が示されている。

さて、異年齢構成で作業工程が可能な部分と、同年齢でなければ難しいところはどの部分なのか。夕会（夕方の5分の立ち会議）で検討の結果、それぞれの年齢の作品の支援ができる保育者の存在が問題になった。

各保育室の担当者が年齢別に提案してある作品の作り方を学び、各部屋での実施が可能になった。異年齢の活動で子どもたちがつまずいたときに支援する意味で、各室の係になる保育者が練習することになる。

最終的には、各年齢児が笹につなぐ前に各年齢担任の保育者の確認が必要ということになったが、個人作品として保存したり持ち帰る作品ではないので、ゆったりと作業を楽しむというとらえ方でまとまり、七夕祭りの作品作りに、あらためて保育形態を考えさせられた事例であった。

6月の年齢別保育

健康に関する診察

5月から始まっている健康診断やギョウ虫検査、プール遊びが始まる前の目の検診や皮膚の診察も病原菌を他の子どもに広げないためであり、健康に生活をするために検診が続く。皮膚にできる水疱も治るまでは一緒に水遊びできない。ギョウ虫のように手から広がる感染経路も明らかであるように、子どもたちの遊ぶ様相からたちまち広がることは目に見えている。歯科検診の項でも書いたが、子どもの身になって考えることは欠かせない。子どもの体に聴診器を当てて「もしもし」と体の中のばい菌に声をかける「ばい菌いないみたいだね」と具体的な不安の解消に努める。「痛くしないよ、泣かないでね」程度の言葉では子どもの不安な気持ちは解消されない。納得し安心できるまで検診の意味を伝えてはじめて理解し、協力的な姿勢になる。

春の運動会ごっこ

体験的に生活用語を覚える。一般家庭では普段あまり使わないであろう言葉が園生活のなかにはいくつかある。「並ぶ、一列、前へならえ」などなど。子どもたちが理解できていない言葉を使うと、わからない子どもは右往左往するばかりで動けない。そこで春の運動会ごっこ遊びはそれぞれの子どもの言葉の理解度の把握に努めながら、体験的に言葉と行動とを結びつける目的で、ごっこ遊びとして取り組んでいる。「一列」も体験してはじめて覚える言葉であろう。まっすぐ並ぶといわれても、大人からみてのまっすぐは、子どもの身になるとまっすぐの一粒にすぎない自分の存在、自分を基準に生きている子どもたちには理解が難しいのである。具体的にボードに描いて知らせたり、子どもたちがきれいに並んだときには足元に線を描いて「ほら、こんなにまっすぐに並んでいるよ」と自信がつくような励ましの言葉をかけたり、保育者の素直な喜びなども、小さな生きがいを伝える人間を育てる、人間としての効果的な指導になる。

プール遊び（プール開き）

3歳以上児は縦7.5 m、横4 m、深水50 cm、のプールで遊ぶ。遊びの開始時期や年齢によって水の深さは変えていく。

安全に遊ぶための約束事はもちろん、保育者の監視態勢も綿密な計画を立てないと危険であるが、人間は本来、水に浮く機能をもって生まれている。水遊びが大好きな時期の遊ばせ方によって育ちの違いを発見した昭和40年代後半からは、就学までに水に浮かない幼児は見かけられない。意欲的に遊ぶなかで自然と水に浮くようになっている。何が危険で何が禁止行為か、物理的な理由はもちろん学ばなければ安全に遊ばせられないが、保育者間の子育て感覚の違いで子どもたちの自然な育ちを妨げる育て方には疑問が残る。楽しく遊びながら自ら育つ子どもたちを信じたい。

3歳児の短冊の願い事を依頼する

例年、園長先生が子どもたち一人ひとりの願い事を聞いて短冊に毛筆で書いている。3歳児には願い事の意味が難しい。なかにはキャラクターになりたいとか、保育者の支援もあって花屋さんになりたいなど、自分の言葉で聞くようにしている。願い事は抽象的で理解しがたいこともあるが、自分の考えを言葉にすることは難しいようである。

最近、特に言葉の未熟さが目立つ。語彙数が少ないのは4歳児期にたくさん覚えるので心配ないが、不明瞭な発音は自信のない姿であり、末梢神経である舌の動きが心配になる。恥ずかしさとは違う生活全般にあいまいな様相が見られることが多く、要注意である。特に舌の動きは食べ物をかむ行為にもつながる大切な動きである。ハンディと決めつけるのはよくないが、個別指導の対象として考える必要が出てくる場合もある。

実習生と遊ぶ4歳児

絵本からの想像画（5月27日）
「北風のくれたテーブル掛け」

　配慮点には危険のないように気を配る。実習生が進めやすいように見守っていくが、わざわざふざける子どもには、自分で気づくように声をかける。

> **― 保育日誌から ―**
> 　実習生の責任実習である。具体的には本の一部を読んでからテーブル掛けを想像し絵を描いていったが、実際にはテーブル掛けではなく、絵本の思い出画になってしまい、人物やテーブルを描いてしまう子どももいた。ほとんどの子どもは紙の上にご馳走を描いていた。2枚目も自由画になってしまい、実習生は成功しなかったように思う。

　実習生の責任実習の計画の段階で、どのような打ち合わせをしたのか。また、その場で実習生の指導計画に保育者は不安はなかったのか。4歳児にテーブル掛けを主とした題材を取り上げていることは、どの程度テーブル掛けをイメージできているのかを確認したうえでの想像画であれば期待もできたであろう。4歳児の頭の中に生活感でテーブル掛けが描けていないと想定すると、テーブル掛けの表現は難しいであろう。読書で豊富に絵として見ていても、実生活での体験が薄ければ脳裏には刻み込まれない。生活認識の調査であればおもしろい方法である。

5歳児の収穫（きゅうり）

　配慮点として、自分たちで苗を植えたことをもう一度思い出せるよう保育室で畑に行く前に話をして意識を高めておく。きゅうりのもぎ方を全体に伝えて、無理に引っぱると苗全体が痛んで枯れてしまうことを話して理解をうながしてから行く。野菜の嫌いな子どもにきゅうりの幹を持ってもぐように意識するよう声をかけていく。

> **― 保育日誌から ―**
> 　以前に植えた苗からきゅうりが食べられるように大きくなっていると伝えると「採りたい」意欲が高まった。一か所に2、3人で大きくなったきゅうりを見つけてはさみでつるを切り、収穫した。21本も採れて、ついでにいちごも収穫。栄養士と相談して、いちごはジャムに、きゅうりは保育室前のテラスで塩とみそをつけてすぐに食べようと決まる。新鮮なきゅうりを食べて、みんな収穫の喜びを感じていた。

収穫（梅漬け）

　配慮点として、朝会で梅の効用を話す。青い梅が梅干しになるまでの話を聞いているので、梅漬けの様子が全員に見えるように場の準備をする。青い梅からいつも食べている梅干しの色に変わるまでの過程をわかりやすく説明する。いま青い梅に塩をまぶしている様子から次回のシソの葉で色を着けるときまで、一連の行為がつながるよう続けて見学を計画する。

> **― 保育日誌から ―**
> 　栄養士さんに梅を漬けていただく。大きい容れ物に大量の梅を塩のみで漬けて、1週間で水（梅酢）が出てくることを半信半疑で聞いていた。栄養士が梅干しになるまでの過程を話していたが、まだイメージが湧かないようであいまいな子もいた。重石をのせて梅の入った桶をのぞいて「本当に水（梅酢）が出てくるの？」と不思議そうに栄養士さんに聞いている子が多かった。

　1週間後には赤ジソの葉で色が変わった梅やシソを干す作業もある。その作業も一緒にできるところを手伝い、できあがるまでの工程もわずかな時間で、園内でできることなので、そのつどの作業に時間調整をいとわないよう、保育者間の連絡を密にしておく。

3歳児　6月指導計画

		行事	遊びの流れ	生活・遊びのねらい及び環境構成
①	日			《保育者や友達とのやりとりを楽しむ》
2	月			・子の興味・関心に沿った遊びの設定を心がけ、遊びの中で自然とやりとりを楽しめるようにする。
3	火		運動遊び（かけっこ・遊戯）	・遊びの様子に応じて遊具の数や設定などに変化をもたせる。
4	水			・楽しさに十分共感し、子が実感できるようにする。
5	木			《歯磨きの方法を知り、汚れを意識して行う》
6	金			・歯科医師に歯磨きについて話をしていただく。
7	土			・口の中にいるばい菌について意識して歯磨きをしていけるように、視覚的にわかりやすく手洗い場に絵などを貼っておく。
⑧	日		父の日のプレゼント作り	・担任間でも子に目を向けられるように配置を工夫していく。
9	月			《自ら意欲的に食べる》
10	火	身体測定		・食事の前に野菜や季節の食材の実物を見せてもらうことで関心をもてるようにし、食欲につなげていく。
11	水	春の運動会		
12	木			・野菜などを少量、生で食べてみることで、味にも関心をもち、「甘い」などといった味覚も養っていく。
13	金			
14	土			《父の日について知り、父へのプレゼント作りを楽しんで行う》
⑮	日	父の日		・導入では「父の日」ということについて興味をもてるように劇などを行っていく。また、自分にとっての父親の存在について、身近なところから考えてみる機会をつくる。
16	月			
17	火		恩物	
18	水	プール開き	梅雨に関心をもち、楽しむ（園外・折り紙・絵画）	・製作では、子の発達に合った無理なく楽しめるものを取り入れていく。
19	木	誕生会		《水に慣れ、水遊びやプール遊びを楽しむ》
20	金			・プール遊びだけに限らず、園庭やテラスでのたらいなどを使った水遊びから大いに水に親しむ機会をつくっていく。
21	土			
㉒	日		プール遊び	・プールでもプール遊具を多く使っていくことで自然と興味をもって楽しめるようにする。
23	月			
24	火			《梅雨に関心をもち、楽しむ》
25	水			・カタツムリを飼育したり、アジサイの花を部屋に飾っていくことで自然と目にふれる機会をつくっておき、そこからさまざまな製作や絵画を通して自らも関心をもって梅雨に対して目を向けられるようにしていく。
26	木			
27	金		遊戯（夕涼み会の曲）	
28	土			
㉙	日			
30	月			

運　動	巧技台・プール（歩く・あざらし）ギャロップ
歌・音楽	「運動会の歌」「プールの歌」「水遊び」「パパ」「かえるの歌」
遊　戯	夕涼み会の曲
お話し他	「ちいさなきいろいかさ」
折り紙	カタツムリ
絵　画	クレヨン（雨）
恩　物	第3

◎基礎的事項
・室内の環境衛生に留意して快適に生活できるようにする。
・子の気持ちが発散できるように活動にメリハリをつける。

◎基礎的事項への配慮
・室内の換気や隅の汚れ、子が汗をかいているときは意識して着替えをしたり、汗を拭くなどしていく。また、午睡時も子の汗に目を向け、汗拭きタオルを使用したり、かける物を調節していく。
・一日のなかでも静と動の活動のメリハリをつけられるように意識していく。

5領域の視点	配慮事項
対人・情緒 ・自ら行動できているか。 ・保育者とのやりとりを楽しめているか。 ・友達に関心をもってかかわりをもてているか。 ・自分を出せているか。 ・スムーズに登園できているか。 ・5歳児との遊戯を積極的に楽しめているか。 **生活・健康** ・歯磨きをしているか。 ・汚れを意識して行っているか。 ・意欲的に食べているか。 ・さまざまな食材に興味をもち、少しでも食べてみようとしているか。 **言葉・理解** ・一斉の説明で理解できるか。 ・落ち着いて話を聞けているか。 ・恩物の方法を理解できているか。 **運動** ・折り紙の角と角を合わせられているか。 ・プール遊びを楽しめているか。 ・プールで歩けているか。 ・「あざらし」ができているか。 ・ギャロップができているか。 ・かけっこのフォームはどうか。 ・かけっこラインを意識して走れているか。 **表現・感覚** ・梅雨の自然について感心をもてているか。 ・雨を描くことを楽しめているか。 ・自ら遊戯に参加して楽しめているか。 ・水遊びを楽しめているか。 ・ピストルの音を怖がっていないか。	《保育者や友達とのやりとりを楽しむ》 ・子の気持ちが十分に発散できるように広いところで思いきり走りまわる機会をつくっていく。 ・自ら保育者や友達とのやりとりを楽しめている子は、手出しをしすぎず見守っていく。ときには遊びや楽しさを共感していくことで盛り上げていく。あまり遊びこめず気になる子に対しては意識して目を向けていき、毎日少しずつでも身体の触れるようなコミュニケーションをとったり、一対一の簡単な対話をしていくことで関係を築いていき、少しずつ友達に対しても子が目を向けられるようにしていく。友達との関係は無理に押しつけず、大人との関係のなかで自然とかかわっていけるようにしていく。 《歯磨きの方法を知り、汚れを意識して行う》 ・歯科医師に話してもらった後は、その話を受けて担任間で意識して声をかけたり、かかわったりしていくことで、子の意識や意欲を継続していけるようにする。 ・個々に大いにほめたり、全体でもほめる機会を多くつくっていき、やらされるのではなく、楽しんで行っていけるようにする。 《自ら意欲的に食べる》 ・子が意欲的に食べている姿を大いにほめていき、また他児にも伝えていくことで自然と全体の意欲につなげていく。 ・その日の活動によってはいつもより食べる時間を遅らせたり、食べる前にかけっこや遊戯を踊るなど十分に身体を動かし、あえて「おなかすいたね〜」などと声をかけるなどして空腹感を促していく。また、そのようななかで、「たくさん食べるぞ!」というような雰囲気づくりも大切にしていく。 《父の日について知り、父へのプレゼント作りを楽しんで行う》 ・活動に興味をもって取り組めるように導入を工夫していく。家庭での父親が何をしているかなどといった子にとっても身近なところから父親について考える機会をつくっていくなかで、父親に対する子の自然な思いを引き出していき、そこからプレゼント作りにつなげていく。ゆとりをもった計画から、あわてて作るのではなく、子が楽しんで作っていけるようにする。 ・製作では一斉に進めながらも、一人ひとりに応じたかかわりをしながら折り紙の角を意識して折っていけるようにする。 《水に慣れ、水遊びやプール遊びを楽しむ》 ・水遊びをしていくさいは、掲示などによって事前にお願いしておくなどして、衣服の汚れなどに対して十分に考慮しておく。 ・水に対して恐怖心の強い子に対しては、一緒に遊びながら少しずつ水に慣れるようにしていく。また、プールでも様子に応じて少人数での入水をしていくなど、顔にしぶきのかからないような落ち着いた雰囲気のなかで楽しめるようにしていく。子の好きな遊具も多く用意しておき、水の中でも興味をもって楽しめるようにする。子の姿を認めたり、ほめたりしていくことで、自信につなげていく。 《梅雨に関心をもち、楽しむ》 ・雨の降り方や量など日常的なことでも声かけを工夫し、関心をもって目を向けられるようにしていく。ときには雨上がりの道を散歩してみることで、いつもとは違う景色などにも目を向けられるようにしたい。 ・製作や折り紙など継続して行っていくことで、梅雨に対する意識も継続させていく。

◎特に気になる子に対しての担任側の配慮点
・A男、B子、C男、D子、E男、F子、G男……まだまだ遊びこめておらず、自分を出しきれていない。
　→一人ひとりに目を向けていき、一対一の対話やコミュニケーションを毎日少しずつでもとっていくようにする。子の様子によって、友達に対しても少しずつ興味をもってかかわっていけるように、大人を介しながら促していく。
・H子・I男・J子・K男……食事量も少なく、偏食気味なところもある。
　→食べることに対して自信がもてるように、子の姿を大いにほめたり、気持ちを乗せていくことで、少しずつでも量を食べられるようにしていく。また、お迎えのさいに保護者に伝えるなど、子が意欲を高められるようにする。

4歳児　6月指導計画

日付	曜日	行事	遊びの流れ			生活・遊びのねらい及び環境構成
①	日		父の日のプレゼント作り	文字・数字の遊び	運動遊びに挑戦	《情緒・人間関係》 ◎自分で考え挑戦する気持ちをもつ。 ・運動カードの利用など子どもの意欲をかきたてていくが、結果よりも取り組む過程を大切に気持ちを認めていく。 ・朝の園庭遊びの時間帯を有効に利用したり、食事前にアスレチックをサーキット的に一斉に行ってみるなどメリハリをつけて行う。 ・運動、遊びの面に限らず、生活習慣の自立に向けての努力が見られたときもほめていく。（手洗いをきちんとする、サンダルを揃える等） ◎自分の思いを言葉で伝える ・適宜かかわりながら、自分の思いを表現しやすい雰囲気をつくると同時に、個別のかかわりを大切に表現方法や伝え方、また相手の気持ちの受けとめ方についても伝えていく。 《生活》 ◎衛生面、ばい菌を意識し、手洗い、うがいをていねいに行う。 ・衛生と病気の関係を具体的に視覚を通して理解できるように保健主任に話してもらう。 ・手洗い場、トイレなどに大人がついて、そのつど見守っていく。 ◎歯磨きの大切さを知り、ていねいに行う。 ・薬品反応（汚れがついていると赤くなる）による実験を担任がやってみせ、話題のきっかけをつくり、歯磨きの大切さについて伝えていく。また同時に、虫歯になるとどのような不都合があるのか等、具体的に寸劇、ペープサートなどを通して視覚的に伝えていく。 《遊び》 ◎競い合う楽しさを知る。 ・競技やかけっこなど、勝敗を意識して参加できるようにする。 ◎父親の役割を考え、感謝の気持ちをもつ。 ・父親の家庭のなかでの役割分担、また家族の一人ひとりの存在が大切な意味をもっていることを伝える。 ・絵本や紙芝居などをきっかけに、家族の意味や思いやりの気持ちがもてるように話題にする。 ◎文字や数字に興味をもつ。 ・意識的に文字や数字を目にする機会、遊ぶ機会を設定していく。 ・室内にあるものに名称カードを付け、文字と生活用品を合わせて視覚的に理解できるようにする。 ◎プール、園庭での水遊びをダイナミックに楽しむ。 ・天候に合わせて臨機応変に取り入れていく。 ・事前の準備、家庭連絡、職員への連絡など十分な配慮のもとで行う。
2	月					
3	火					
4	水	歯科検診				
5	木					
6	金					
7	土	保育参観				
⑧	日					
9	月					
10	火					
11	水	春の運動会				
12	木					
13	金					
14	土					
⑮	日	父の日				
16	月					
17	火					
18	水	プール開き				
19	木	誕生会				
20	金					
21	土				泥・水遊び	
㉒	日					
23	月					
24	火					
25	水					
26	木					
27	金					
28	土					
㉙	日					
30	月					

◎基礎的事項
・梅雨の時期の衛生管理に気をつかい、清潔に心がける。
・室内での遊びを工夫し、子どもの心身の安定を図る。
◎基礎的事項への配慮
・掃除や消毒など意識的に行うと同時に、メリハリのある保育展開を心がけ、身体的にも精神的にも発散できるように働きかける。

運動	ギャロップ、プール遊び、巧技台
歌・音楽	「パパの歌」「プールの歌」「時計の歌」「だから雨ふり」「雨ふり」
遊戯	「中藤音頭」「ドラえもん音頭」その他
お話し他	「しずくの冒険」「おじいさんのかさ」
折り紙	さかな（エンゼルフィッシュ）
絵画	おとうさんの顔
恩物	第5

5領域の視点	配 慮 事 項
対人・情緒 ・自分の思いを言葉や行動で表現できているか。 ・相手の気持ちを受けとめたり、思いやったりできるか。 ・父親への感謝の気持ちや家族への親しみをもてたか。 **生活・健康** ・園生活を安定して過ごせているか。 ・自分で考えて行動しているか。 ・挑戦しようとする気持ちがあるか。 ・ばい菌を意識し自ら衛生面に気をつけているか。 **言葉・理解** ・衛生面の話を理解して聞き、実行しているか。 ・父親への感謝の気持ちを言葉や行動で伝えられたか。 ・文字や数字を書いたり唱えたりする等、興味をもって遊べているか。 ・文字カードに関心を示し平仮名を読もうとする姿があるか。 **運動** ・春の運動会に楽しく参加できたか。 ・固定遊具やさまざまな遊びに挑戦する気持ちがあるか。 ・できたことが次に挑戦する気持ちにつながっているか。 ・プール、泥んこ遊びや水遊びを存分に楽しめているか。 **表現・感覚** ・汚いことや不衛生なことに気づき、自ら気をつけようとしているか。	《情緒・人間関係》 ・子どもたちが日々目的をもって登園できるように、事前に導入をすることはもちろん、見通しをもって生活できるように、そのつど具体的な例をあげたり、事前の声かけ、間接的な誘いかけなど配慮する。 ・結果ではなく取り組む姿勢が大切なことを伝え、励ましていく。 ・梅雨時のため精神的な発散ができずに情緒不安を起こす子もいるので、一人ひとりの状態を把握すると同時に、心身の発散も考え、メリハリのある保育展開を心がける。 ・人にはそれぞれに思いがあること、思いをもって生活していることを話すと同時に、それを言葉や行動で表現することの大切さ、表現方法について具体的な例をあげながら、あらためて話をする。また、自己表現の難しい子には表現しやすい雰囲気づくりにも配慮する。 《生活》 ・歯科検診については歯を診てもらうだけで、心配ないこと、挨拶をすることなど事前に話をし、落ち着いて受けられるようにする。 ・梅雨の時期でもあるので室内の衛生面に十分に配慮し、清掃も意識的に行う。また、体調不良や感染症なども流行する時期なので視診・触診をしっかりと行い、感染の広がり、二次感染の防止に努める。判断に迷うときには独断で判断せず、看護師や主任に相談する。 ・子どもが自ら衛生面に気をつけられるように、そのつど大人が手本を示し、意識を向けられるように間接的に声かけたり促していく。 ・衛生面への意識の持続を図るため、視覚的に訴えるポスター等を要所要所に貼っておく。(手洗い、うがい、歯みがき) 《遊び》 ・運動遊びでは子どもたちが楽しみながら、運動用語に慣れたり、"前へならえ"、"気をつけ"、"整列"等の動作を知ることができるように工夫していく。なお、運動遊びの内容にたえず変化をもたせ、メリハリを大切にする。 ・5月に引き続き、挑戦する気持ちを大切に、さまざまな遊びに挑戦できるように、園庭、室内ともに環境を整えていく。(安全面に対してはあらためて確認) ・運動カードの内容は簡単なものから挑戦し、取り組む意欲をつぶさないように上手に使っていく。(過程をほめ、意欲を大事に育てていく) ・文字を読む機会を意識的につくることで、文字の正しい読み方と読むことへの関心を高められるようにしていく。(数字も同じ) ・集まりのときなど、絵カードを用いて名称を当てたり、しり取り、反対言葉、色名、形容詞、生活用品など、どの程度知っているか遊んでみる。 ・プール開きでは、子どもたちが理解しやすいように約束事を徹底して伝え、守ることの大切さを教える。ときには厳しく対応することも必要である。 ・水遊びの危険性や遊びときの役割分担、一人ひとりの子への配慮など担任間でも打ち合わせておく。命にかかわる遊びであることを保育者自身もあらためて自覚する。

◎特に気になる子に対しての担任側の配慮点

◇A君……言葉で伝えられず、手が出ることが目立つ。
・乱暴はいけないことを伝えると同時に、大人の手伝いをさせたり、認める部分を増やし、彼がもてあます時間をなるべくつくらないようにしていく。

◇B君……頑固なところがあり、協調できないことがある。
・ふざけっこなどのはしゃぐ場面をつくるなど、自己の殻を破れるようにかかわっていく。

◇Cさん……泣くことで大人の気をひこうとすることが多い。
・ささいなことでも認め、ほめてあげることで、一つひとつのことに自信をもって生活できるようにしていく。

5歳児　6月指導計画

日付	曜日	行　事	遊びの流れ	生活・遊びのねらい及び環境構成
①	㊐		父の日のプレゼント作り ↓　　ステップ遊び（フォークダンス）　太鼓リズム遊び（盆踊り）　　↓　　時計への関心 ↓　　梅雨どきの自然に親しむ　　七夕を楽しむ ↓	《情緒》 ◎友達との関係のなかで自分の意見を言ったり、相手の意見を受け入れる。 ・主張の強い子同士のグループ、主張の弱い子同士のグループをあえてつくってみる。 ・グループ活動を多く取り入れていく。 ・「困ったときだけ助けにいくね」と前もって子に伝えておく。大人は見守る。 ・意見のまとまり、主張の大切さを大いにほめていく。 《生活》 ◎身体と食べ物の関係に興味をもつ。 ・園長先生に、人体模型を使い、身体と食物の関係を話していただく。 ・栄養士から食品の栄養、梅雨どきの調理の話をしていただく。 ・調理保育を取り入れる。 ◎ばい菌の存在に気づき、歯磨きをしっかり行う。 ・身体の健康とばい菌について看護師に話していただく。 ・パンかびの実験を行ってみる。図鑑をおく。ニュースの話題も取り上げる。 ・歯磨きの必要性について考える時間をもつ。 《遊び》 ◎父の日を通して家族の大切さを知る。 ・父の仕事、家族のなかでの父の役割について考える時間をもつ。 ・家族を話題にした絵本・話を読み聞かせる。 ・プレゼント作りを行う。（木工〈状差し〉） ◎ステップ遊びを楽しむ。 ・ステップ遊びに親しむなかでフォークダンスを楽しんでいく。 ・中旬以後は盆踊りの曲を取り上げ、太鼓のリズムを身体で楽しむ。 ・リズムに乗りやすい曲・テンポを選ぶ。 ◎時計に関する興味をもつ。 ・腕時計作りを行う。 ・1時間ごとに数字がついていることなどから話題にしていく。（長針・短針） ◎七夕の行事を楽しむ。 ・由来を話し、製作遊びを取り入れていく。 ◎梅雨どきの自然に親しむ。
2	月	衣がえ		
3	火	身体測定		
4	水	歯科検診		
5	木			
6	金			
7	土			
⑧	㊐			
9	月			
10	火			
11	水	春の運動会		
12	木			
13	金			
14	土			
⑮	㊐	父の日		
16	月			
17	火			
18	水	プール開き		
19	木	誕生会		
20	金			
21	土			
㉒	㊐			
23	月			
24	火			
25	水			
26	木			
27	金			
28	土			
㉙	㊐			
30	月	宿泊保育グループ顔合せ		

◎基礎的事項
・梅雨の時期の衛生管理に気を配り、清潔に過ごせるようにする。
・精神的に発散できるようにかかわり、保育内容を心がける。

◎基礎的事項への配慮
・その日の天候に敏感となり、風通し、湿度などに関心を向け、臨機応変に対応していく。掃除はよりていねいに行う。
・子の心的活動に目を向け、雨が上がったら外遊び、室内では変化をつけ、意欲的な遊びが展開できるよう工夫していく。

運　動	ホップ、ツーステップ、巧技台、プール（けのび）
歌・音楽	『誰かが星をみている』『大きな古時計』『とけいのうた』『パパのうた』『雨ふりくまのこ』
遊　戯	フォークダンス、盆踊り
お話し他	「おじさんのかさ」「星のはなし」
折り紙	かえる、あじさい
絵　画	観察画（あじさい）
恩　物	第8・9

5領域の視点	配慮事項
対人・情緒 ・自分の意見を主張できているか。 ・相手の意見を取り入れようとしているか。 ・意見をまとめようとしているか。 ・父への感謝の気持ちはあるか。また、父に対する情緒面はどうか。 **生活・健康** ・意欲的に食事を食べているか。 ・歯磨きは習慣になっているか。 ・歯磨きはていねいに行えているか。 ・感染症への体調面は大丈夫か。 **言葉・理解** ・食べ物と身体の関係への関心はどうか。 ・時計の見方への関心はどうか。 ・七夕の由来がわかるか。 ・製作遊びへの理解力はどうか。 **運動** ・釘打ち（手と目の協応力）はどうか。 ・製作遊びでの指先の使い方はどうか？ ・ホップ、ツーステップができるか。 **表現・感覚** ・フォークダンス、盆踊りでの楽しみ方はどうか。 ・ダンスのリズム感はどうか。 ・七夕製作ではていねいに行おうとしているか。 ・木工遊びでの発展性はどうか。	《情緒》 ・主張のぶつかりあいなどはあえて見守り、子同士で考え、どうにかしようという気持ちを引き出せるようにする。つまずき戸惑っているときには「〜はどうか、〜と思う」と大人も一人の仲間として意見していくことで、子の考えの幅を広げられるようにする。困った状況のときの表情を気にして見ていく。 ・主張している姿、相手の意見を聞き入れている姿をほめ、主張すること、聞き入れることの素晴らしさを話題にしていく。 《生活》 ・話の理解が難しい子には好きな食品など関心をもちそうな内容でかみくだいて話してみる。話の後は話題を多く取り上げ、気持ちを高める。 ・調理のさいも栄養について考えてみたり、身体との関連を会話中に取り入れ、ふれていく。子からの関心の広がりがみられたときには大いに取り上げていく。 ・おいしい、楽しいという体験を大切にしていく。 ・子の関心に合わせて、そのつど話題に取り上げ、考えていく。あまり神経質になりやすい子には、どうすれば大丈夫なのか、安全かを伝えておくことで、安心できるよう配慮する。 ・歯磨きについては特に雑になりがちな子にていねいにかかわってみる。乳歯が大人まで影響することも取り上げ、自ら磨こうという気持ちを高めていく。 ・虫歯になるしくみを伝えることで関心を高め、自ら磨こうとする気持ちを引き出していく。 《遊び》 ・父のいない子にはあらかじめ声をかけ、自分にとってその役割をしてくれている人は誰かを考え、感謝の気持ちは同じであることを伝える。自分の生活とのつながりについても考えてみる。 ・父の日のプレゼント作りでは、ありがたさや相手の喜びなどを話題にしながら進めていく。 ・頭で考えると難しくなってしまう子には、大人と一緒に手をつないだり、自然ととれるようなかかわりを工夫していく。楽しさが伝わるようにしていく。 ・大人が楽しく踊っていくことで、子どもも楽しめるようにする。 ・わかりやすい説明になるよう工夫し、子が取り組みやすいようにする。 ・まだあまり時刻にこだわらず、時計のしくみ、不思議に関心をもてるようにする。そのなかで、1時間で1数字かわっていくことを中心にかかわってみる。長針、短針の関係にふれることで関心を広げていく。関心の薄い子には無理しない。生活との結びつきを話題にしていく。 ・星についてふれたりしながら製作の楽しさを中心に進めていく。指先など気になる子には個別にていねいに接するチャンスにしていく。 ・簡単に仕上がる製作をたくさん取り入れ、作る楽しさ、できあがる喜びを大切にしていく。 ・図鑑等で一緒に調べてみるなど、梅雨時の自然への子の関心に、十分につきあっていく。

◎特に気になる子に対しての担任側の配慮点
・A男、B子、C男、D子……自分の意見をなかなか声に出せない。グループ構成も配慮し、言いやすい状況をつくっていく。小さな声などで言い出したときには大いに取り上げていく。性格もあるのであまり無理じいせず、なぜ言えないでいるのか状況をよくみていく。
・E男、F子、G男……善悪の判断を考えていける機会を多くもつ。叱り言い聞かす機会も多いが、ささいなことでもほめることで、よいほうへ気持ちを高める。
〈梅雨期〉……子の気づき、発見を大切にし、取り上げていく。自然の様子を絵に描いたり、表現遊びをしたりして関心を高めてみる。

外遊び（異年齢）　　保育日誌の例　（6月16日～6月20日）

前週の子どもの姿	今週の遊びの内容
・かけっこ、三輪車など楽しんでいた。 ・春の運動会後は、各学年の遊戯の曲を流すと、皆、喜んで踊っていた。振りもよく覚えていた。	・かけっこ ・遊戯（各学年、ママと楽しく等） ・乳児用ハードル ・三輪車 ・スクーター

	遊 び			準 備	配慮すること
16（月）	遊戯	スクーター	砂場遊び	・カセット ・カセットデッキ ・ラインカー ・スクーター ・砂場遊具 ・手洗い用バケツ、タオル	・はじめは、スクーターを出し、広いスペースでのびのびと遊べるようにする。 ・ある程度、人数が集まったら遊戯を行っていく。 ・大人も入り、一緒に楽しみながら踊っていくようにする。
17（火）	遊戯	スクーター	砂場遊び	・カセット ・カセットデッキ ・ラインカー ・スクーター ・砂場遊具 ・手洗い用バケツ、タオル	・スクーターは、広いスペースで、のびのびと遊べるようにする。 ・子が集まってから、遊戯を行っていく。 ・大人も入り、一緒に楽しみながら踊り、盛り上げていく。
18（水）	乳児用ハードル	スクーター	砂場遊び	・乳児用ハードル ・スクーター ・砂場遊具 ・手洗い用バケツ、タオル ・ラインカー	・スクーターは、広いスペースで、のびのびと遊べるようにする。乳児が出てくるころには、しまえるようにする。 ・ハードルを出すさいには、大人がしっかりつき、危険のないようにする。
19（木）	乳児用ハードル	フープ遊び	砂場遊び	・乳児用ハードル ・フープ ・砂場遊具 ・手洗い用バケツ、タオル	・ハードルは、危険のないように設定していく。子に合わせて、両足をそろえてとぶことなど伝えていく。横切ることなどないよう大人がしっかりつき、見ていく。 ・フープは危険な使い方にならないように見ていく。
20（金）	平均台遊び	フープ遊び	砂場遊び	・平均台 ・フープ ・砂場遊具 ・手洗い用バケツ、タオル	・平均台は、2つ出し、渡って楽しんでいきたい。子の様子に合わせ、設定の仕方、遊び方など工夫していく。 ・フープは、自由に使えるようにしておく。

うた（「パパのうた」「うんどうかいのうた」「とけいのうた」）

環境づくり	援助のポイント
・かけっこ、遊戯などを行うさいは、ラインを引き、わかりやすいようにしていく。 ・遊戯はときおり、見る人、踊る人などに分けて楽しむなど工夫していく。大人も入り、一緒に楽しんで踊っていく。 ・ハードルは危険のないよう、大人がつくようにする。子のレベルに合わせて設定していく。	・かけっこは、いろいろな子ができるよう、入りやすい雰囲気をつくっていくようにする。 ・遊戯は、円の線の上で踊れるようにする。「ママと楽しく」なども取り入れ、異年齢児との交流の機会をつくっていく。 ・ハードルは、両足をそろえてとぶことなど、遊んでいくなかで伝えていく。

保育経過（子どもの姿）及び反省	明日への展開
・今日は朝、雨が降っていたので、各部屋でブロックなどを出し、ホールは、机、いすを片付け、広いスペースを作っていった。はじめは、ハンカチ落としを行う。5歳の女児を中心に楽しんでいた。5歳児は、ほとんどの子がルールをわかっていたので、3・4歳児にルールを教えてあげていた。わからない子は、大人と一緒に行っていった。後半は、そら豆の皮むきを行う。絵本の「そら豆くん」を知っている子も多く、興味をもって、むいている子が多かった。	・体を動かして遊べる遊びを取り入れていく。
・今日も雨が降っていたため、室内遊びとなる。ホールに少しスペースを作り、いす取りゲームを行う。3・4・5歳児が数人参加し、楽しんでいた。ルールのわからない3歳児と一緒に動いてあげたり、教えてあげている5歳児の姿も見られた。遊びの中で、そうした関係が多く見られ、よかった。後半は、運動会で行った遊戯を楽しんでいった。他の学年の踊りもよく覚えていて、楽しんでいた。学年ごとに「先生」になり、前で踊るなど楽しんでいた。	・体を動かして遊べるようにしていく。
・乳児用ハードルを予定していたが、今日はプール開きがあり、早めの片付けになるので、行わなかった。久々に外で遊ぶことができ、三輪車、スクーター、追いかけっこなど、体を動かしている子の姿が見られた。「フープをやりたい」という子がいたので、出すと、転がしたり、ごっこ遊びをしたり、楽しんでいた。虫さがしをする子も多く、虫を見つけては、皆で集まり、つかまえ、大事そうにもっている姿が見られた。	・ハードルを設定し、両足ジャンプなど楽しんでいく。
・乳児用ハードル、フープを、かけっこラインに並べ、障害物のようにして競走した。「競走」になると、3・4歳児がなかなか入れないでいる姿が見られたので、途中から、一列にし、自由に行っていくようにした。すると、やりたい子が自由に行い、楽しむ姿が見られた。 ・早めに、大人が数人、外に出てくれていたので、雲梯をして遊ぶことができた。5歳児は、色鬼をしたり、子ども同士で楽しんでいた。	・平均台など設定し、楽しんでいく。
・フープを並べて出しておくと、転がして追いかけたり、なわとびのようにしてとんだり、バスごっこをしたりと、子によって、いろいろな遊び方が見られた。 ・平均台は、2つを長く並べて、渡れるようにした。5歳児は渡るだけでは簡単そうだったので、片足ずつ、下におろして、上にあげるなど、バランスをとりながら渡ることを伝えると、繰り返し挑戦する子の姿が見られた。	・今後も、平均台などを取り入れ、楽しんでいきたい。

室内遊び（異年齢）　保育日誌の例　（6月23日〜6月27日）

前週の子どもの姿	今週の遊びの内容
・製作遊びを多く取り入れ、ビー玉転がしを経験してから、自分たちで作りはじめた。 ・子どもたちは作ったものを喜び、遊んでいた。 ・また、ひっかき絵や折り紙を楽しんでいた。 ・5歳児の中では、ブロックやドミノで枠を作りながら、動物パズルで動物を置き、動物園を作り、そこからチケットを作ったり、えさを作ったりと発展している。	・図書コーナー ・童具 ・製作（ペープサート作り） ・ペープサート劇

	遊び		準備	配慮すること
23（月）	図書コーナー	ペープサート作り	ブロック	・わり箸 ・画用紙 ・クレヨン ・図書コーナー ・ブロック	・ペープサートは子どもが理解しやすいもので作ってみせる。 ・子どもだけではなく、大人と一緒に作りながら、方法をつかめるようにしていく。 ・はさみ、紙くずを下に置きっぱなしということのないよう、片付ける場所を明確にしておく。
24（火）	図書コーナー	ペープサート作り	紙製作	・わり箸 ・画用紙 ・クレヨン ・本 ・模造紙 ・のり ・お手拭き	・模造紙に、海の生き物、森の生き物と分けて貼っていけるようにする。少し立体的にしたりしてみる。のりを使うときに、机につけず、お手拭きで拭くことを伝えていく。 ・はさみなど落としたままにしないようにする。
25（水）	図書コーナー	ペープサート作り	パズル	・本 ・紙 ・クレヨン ・わり箸 ・パズル ・机	・部屋のスペースを広く使って遊べるようにする。 ・くまの部屋は、ペープサートを作り発表する場所とし、簡単なステージを作っておく。 ・はさみは、机の所で使い、わり箸は持ち歩かないということを約束していく。 ・旧園舎へ行くときは、走っていかないことを約束する。
26（木）	図書コーナー	ペープサート作り	七夕飾り	・本 ・こより ・紙 ・クレヨン ・わり箸 ・折り紙 ・机	・くまの部屋をペープサートの部屋にする。ついたてを使うときは、倒れる可能性があるので、目を向けていく。 ・七夕飾りでは、名前の書き忘れのないようにする。
27（金）	ペープサート劇	七夕飾り	ブロック	・ペープサート ・七夕製作（折り紙） ・のり ・お手拭き ・ついたて ・ブロック ・かご	・ついたては倒れやすいので、十分に気をつける。 ・ペープサートはグループごとに見せあうようにし、次のグループは見て待つようにする。 ・七夕飾りは見本を用意しておく。そのつど、飾りにこよりをつけ、できあがりを見せていく。

うた（「あめふりくまのこ」「七夕」）

環境づくり	援助のポイント
・旧園舎に図書コーナーを作る。 ・童具は、たんぽぽの部屋で広く行う。 ・ペープサート作りは、大人が一度作ってみせ、そこから広げていく。 ・発表するステージを作り、そこでお客さまと発表する人に分かれて、見せ合いっこをする。 ・作った後に遊べる製作を、くまの部屋に設置する。	・童具遊びは3階で行い、5歳児のやりたい子が遊んでいくことにする。片付け方をしっかりと教え、どうやって片付けたらよいか、子どもに話をしていく。 ・ペープサートは、子どもがイメージしやすいもので作り、簡単に見せていく。 ・はさみを使うときに、床に置きっぱなしにしていることがないよう、見過ごさないようにする。 ・片付けどきになると、いなくなる子も多いので、どこを片付けたらいいか、伝えていく。

保育経過（子どもの姿）及び反省	明日への展開
・5歳児がお料理をするということで、きりんの部屋とテラスにのみ遊具を出してみた。先週からのビー玉転がしを覚えていて、作ったビー玉転がしの台で遊ぶ姿が見られた。 ・テラスには自由画とペープサート用の紙を用意した。ペープサートのイメージがわく子は作りはじめたが、イメージのわかない子は自由画にしてみた。ペープサートを作っている子を見ながらイメージをわかせ、作りはじめる子も多かった。	・明日もペープサート作りを行い、子どもたちと劇遊びをしていく。
・くまの部屋にステージを用意し、大人がペープサートをやってみせた。大人のものを見たことによりイメージがわいたようで、子どもたちが意欲的であった。まだ自分個人のペープサートであったが、何人かは、4人で白雪姫の話を作っていた。一つのテーマで作るとストーリーのあるものができるということがわかってきた子もいるので、明日は、物語ごとに分けて作ってみようかとも思う。図書コーナーは、ペープサートが盛り上がったので、広げなかった。ビー玉転がしは、子どもたちが遊びを変えながら遊んでいた。	・明日はペープサートを物語ごとに作っていく。「ノンタン」や「アンパンマン」など、本を用意しておく。
・5歳児は踊りがあったので1時まで合同となる。昨日ペープサートを作った子たちは、うれしくて、すぐに「やってもいい…？」と言い、自分たちで人の呼びこみから始めた。物語のものをと思ったが、盛り上がっていたので、様子を見ていた。 ・七夕の飾りにも使えると思い、くす玉作りをしてみた。大判折り紙で作ってみたが、4歳児も一人で折ることができた。	・明日も、引き続き、ペープサートや七夕の飾り作りをしてみる。
・七夕飾りを出した。のりをつけすぎないこと、三角の頭にのりをつけることを伝えると、きれいに長くつないでいた。 ・「ペープサートは何人かで一つのお話を作って」と言うと、発想豊かなA子は「シンデレラ」と決め、イメージがわかないところは本を見ながら作っていた。ステージを作ると、グループごとに始めようとしたが、時間がなく、途中で終わってしまった。明日、続きを行うようにしたい。	・ペープサート作りを少しやめ、ステージで発表することを楽しめるようにする。
・ペープサート作りより、発表を行うようにした。子どもは、はりきっていたが、時間がなく、あまりできずに終わってしまった（1時から活動のため）。もう少し早く大人が2人そろうと、2部屋あけていられるが、はじめは見ることができていても、多くなってくると怖さもある。 ・七夕飾りは長くつなごうとする4歳児が多く、きれいな飾りができた。途中から貝つなぎを入れてみた。子どもたちは喜んで作っていた。かんたんに説明しただけだったが、上手に作ることができていた。切りこみ線を描かなくても、自分でかげんして切っていた。	・来週も作ったペープサートで遊ぶ。

7月の生活

七夕の表現遊び

七夕集会では、例年、宇宙や星の世界の物語を、現実の世界に呼び寄せて遊ぶ表現活動を組み入れている。

普通に生活をしているのであるが、突然金属音を流して「いつもと違う」と誘い込む。「何だろう」と不思議な音に気づいた子どもと一緒に、「宇宙の世界から星の子どもが遊びに降りてきた？」などの仕掛けで予定どおりの表現遊びが展開する。

子どもたちの周りに不思議なことが次々と起こり興味津々。保育者たちについてまわる子どもたちは、お話の世界に迷い込んでいる自分たちにも気づかず、夢中になって心配もする。「星の子どもが今夜の七夕祭りには帰れるようにしてあげようよ」などの子どもたちの意見を生かして話は進展する。星の子どもはぶじ家族のもとに帰れて、翌日は笹飾りのどこかに目に見えるかたちで礼状がある。「助けてくれてありがとう——星の子どもより」。

夕涼み会（夏祭り）

入園してから3か月が経ち、子どもたちの情緒の安定した園生活と、楽しく踊って遊ぶ姿を保護者に披露して、安心していただく夏の夜の行事である。

手足を動かして踊れる年齢の子どもたちが、園庭に集まる父母や祖父母の前で楽しく踊る。やぐらの上では伝統のある地域のお囃子の共演もある。交通安全会の人々の交通に関する支援もいただける。敬老会は5歳児に盆踊りを教えに日ごろから保育に参加しているので親しく、一緒に踊るなど、当日は地域の大勢の人たちが集まり、にぎやかに夏の夜のひとときを過ごす。

保護者会からの花火のお土産も子どもたちはごほうびとしていただく。家族で参加するなごやかな地域の夏祭り的な行事に発展している。

3歳児の生活指導の視点

自分の持ち物への意識化を1・2週ともにあげている。お昼寝の着替えどきもそうであるが、脱いだ衣服への関心が薄く、脱いですぐにかごに入れないとわからなくなってしまう子どもが多い。朝から着ていた衣服を覚えていない子どもも少なくない。

朝起きて自分で衣服を選んで着てきた子どもは、意識の中で選んでいるので衣服への記憶はあると考えられるが、家族の人が選んで着せられている子どもは着てきた衣服の記憶も薄いのであろう。個別のかごに入れないとわからなくなるのも当然のように思える。朝起きて自分で衣服を選び着るという行為を目的意識とする。

考える	選ぶ	衣服を取る	満足
知能	選択	体が動く	情緒

何を着ようかと、まずは考える。人間として生きていく過程に誰もが行う自立した行動である。3歳の誕生日を越した子どもたちは、「自分で考えて選び決めて自分で着る」力をもっているのである。

自分で考えて判断することは知能への刺激であり、自ら選ぶことで気力も育つ。自分で衣服を選び着る行為は生活習慣の自立である。満足した選択や着替えができたという成功感や達成感を味わい、心の自立につながる。また、自ら育つ力を発揮する子どもに育つ素地を培う大切な過程である。そのことを大人は忘れてはならない。

子どもたちが育ちづらい環境要件は大人側から改善をして、見守りのなかで自分でできる行為を認め、快い時間と関係を維持するよう心がけたい。子どもたちは本来は自立してほめられる生活を期待しているのである。現状のなかで生かされている子どもたちがいることを、保育者の児童観によって保護者へアドバイスすることが求められるであろう。

暑い日の過ごし方

生活の視点に3歳児と5歳児の暑い日の工夫をあげている。

3歳児の工夫は木陰や水遊びなど具体的な条件をあげていて、日誌には「雨天が多くて木陰の遊びが経験できなかった」と記されている。

5歳児の工夫は「暑さに応じた過ごし方を知る」とあげていたが、日誌には「寒い日が続いたためになかなか話題にできなかった」とある。そして、「金曜日の午後に園庭で実践することができた」とある。「シャワーの水遊びも気持ちよさを感じられた」と記録している。

7月の食事に関する視点

3歳児のクラスは暑さしのぎに食欲を話題にしている。たくさん食べてよく眠ることが夏バテにならないことを話題にして、水分のとりすぎもよくないと知らせている。

4歳児は意欲的に食べることをあげ、「食事がんばりカード」があることで、全体的にとても意欲的に食べられるようになっている。

食べることに努力することも大切であると伝えてから、食事の量も増えてきた。

次週に「お皿に手を添えて姿勢よく食べる」とあげている。配慮点に、食事の時間には大人が近くにいて、できるかぎり目を向けて、「大人と同じね」と安心できる声かけをしていくとある。

お碗やお皿の持ち方も「不自然な持ち方の子どもが目立ち、いずれ週の視点にあげる必要が見えてきた」とも生活日誌には記録してある。

保育者自身が感じた子どもたちへの配慮の視点は、現実の子どもたちの姿から改善を期待する内容であるので、意識的に子どもたちの姿をしっかり観察している保育者の力量を感じさせる。

夏季の食事には欠かせない衛生面の扱いについて、栄養士から保護者向けのプリントが配付される。食中毒などが発生しやすく、食品も腐敗しやすい時期の大人側の配慮点を保育者も新たに心得て、配膳するときの注意事項や自らの健康についても最善の生活姿勢が求められる。

7月の遊び（異年齢）

園庭遊び（バンブーダンス）

最近の子どもたちのリズム感が心配である。6月の職員会議で出た話題であり、全身で遊ぶことが大切である。リズム感覚はある程度の条件が必要である。会議で同意を得た外遊び担当の保育者は早速取り入れた。竹の棒を用意し、2人の保育者は棒を持ち、一人の子どもがリズミカルにとびだした。子どもたちが集まってきて、「やるやる」と叫んだのは5歳の女児。「どうするの？」の声は4歳児。「見てて」保育者はゆっくり動かす棒の間に足を入れる動作を実演する。子どもたちの遊びとして定着するように試みた。はじめは難しいようでもすぐにマスターする子どもたち。エネルギッシュな動きに圧倒されるような活力を見せて、次々と並んで待つようにもなった。

現時点では園庭にいる全児ではないが、冬季の体温調節の遊びとして取り入れるころには、多くの子どもが楽しめることを期待する。

室内遊び（夕涼み会の装飾作り）

配慮点に、テラスで遊びに入れない子どもに呼びかける。はさみを使うので3歳児には特に目を向けるようにする。

保育日誌から

装飾作りにクレープ紙を使って、朝顔、ハイビスカスを作った。夕涼み会の日に、テラスのところに園庭に向けて飾ることを楽しみに始めたが、少し難しかったので最後は5歳の女児のみとなってしまった。

途中から隣の粘土遊びの部屋に流れて行ったようで、保育者間の連絡で安全に午前中の遊びは終わったが、行事用の装飾作りなので最後まで参加させられなかったことについて、残念だがやむをえないものとうなずいた。

7月の年齢別保育

3歳児

　生まれてからの3年間、どのような環境やどのような人と生活をしていたかによって、指先の使い方にも微妙に個人差を見かけることになる。衣服の着脱の経験量にも考えられるように、自ら指先を使う頻度が少ない子どもの生活面の不便さを見ていると、個別指導の必要が出てくる。紐通しや折り紙などの指先に神経を集中させるチャンスをあえて計画に盛りこむ必要がある。

　保育室内に子どもの視覚に入る範囲に遊びたくなる遊具を準備して、指先の使い方が気になる子どもには登園時から誘い込むなど、おもしろさが体験できるように保育者の計らいが必要になる。作品をスクラップにするためではない。指先を使うことに夢中になり、集中して作業を楽しめる子どもに成長するための計画である。

　3歳児は特に同年のなかで発達ぐあいをていねいに観察し、未発達部分の確認と個別の指導計画が重要な課題になる。

　三角折りも「角を合わせる」ことに意識が見られるようになり、折ることが楽しめるころには、「これも折りたい」と同年の友達が折っているものを見て、同じものに次々と挑戦する姿が見られるようになる。結果的に、楽しく遊びながら未発達部分を自ら育てたことになる。同じものが作れた成功感や達成感も味わい、小さな仲間意識も見られる。

4歳児

　4歳児クラスに進級する前に経験不足は解消し、ダイナミックな育ちをみせる段階には未経験を懸念することのないように、全身の動きや対話なども試みる実践が求められる。

　羞恥心や自尊感情が現れる4歳の時期にはこのような指導方法では救えない治療的な保育である。

　4歳児が同年で集まる機会としては、夕涼み会で踊ると自分たちで決めた曲の振り付けを統一する意味での集会がある。

　遊戯には楽しく踊る部分と、全身の体の動きを子どもたちが意識して踊るという指導の視点がある。

　4歳児は、表現力も旺盛でダイナミックな動きを好む傾向がある。踊って全身で発散し満足することの大切さと、手や足の動きも意識して踊り、美しい動作も語りかけによって知りたがる。きれいに踊ることへの関心も抱き、実行してみたくなる年齢でもある。

　6月ごろから聴き慣れるように配慮するが、メロディーや曲想が子どもたちの生活のなかで音の一部になったころ、自分たちで振り付けを考え、踊ってみる段階で、手足の位置や角度を言葉にする。あるいは、担任が部分的に体で示して見せるなど、子どもたちが意識的に理解しやすい作戦を試みると、好奇心旺盛な4歳児の力が現れて見事な吸収力や表現力をみせることができる。覚えも早く、楽しむ年齢なので、一方的に遊戯を教え込もうとしないほうがよい。子どもたちの発想を取り入れ、一緒に振り付けを決めて、楽しく曲に乗れる方法で遊びが発展する。発達期の等しい同年齢の集団であるからこそできる保育方法である。当日は父母や祖父母に見てもらえるうれしい思いが重ねられて、さらに豊かな全身の表現になる。

5歳児（宿泊保育の集会）

　事前準備では、5月ごろの保護者会で宿泊保育のねらいを説明し、実施するか否かの了解を得る。保育園としては子育ての一環として考えているが、義務ではないので、保護者会と共催となる。参加は自由で、申し込み制であることなどの伝達が重要になる。

　担任の説明には、子どもたちの夜間の生活の様子を具体的に、身支度ひとつを例にあげても全部

自分で考えて行うことなど、宿泊による経験が、就学を迎える年齢の子どもたちには欠かせないよい体験になる。そして、心身共に成長した姿は本年度後半に感じるであろうことにもふれるなど、賛同を得るためには２日間の子どもたちの様子が保護者にイメージしやすいような説明内容の整理が必要である。

宿泊保育のねらいと効果

1　精神的な自立「友達と泊まる」
2　生活習慣の自立「入浴・着脱・睡眠・洗面・片付けを見守られながら自分でする」
3　体力づくり「山登り」
4　社会のルールを知る「山登りのマナーを守る、石を投げない、植物をむやみに採取しない、山荘の人への礼を表す」
5　自然に親しむ「野鳥・昆虫・珍しい植物が多く見られる」

保護者に配付するプリントには、ねらいと効果について、項目ごとにていねいな解説をする。

例１　精神的な自立

　ご両親やご家族と離れての一泊旅行、初めてのお子様も多いことと思います。お子様たちは楽しみな反面、不安や心配な気持ちももちろんあるでしょう。
　でも、いざ出発してしまえば、そんなことをくよくよ考えている余分な時間はなく、大自然の中での山登りや楽しいことですぐに一日が過ぎてしまいます。
　一日目が過ぎてしまえばもう帰るだけです。お子様たちは一人で泊まれた、何でも自分一人でできた、という充実感と満足感一杯で園に戻ります。帰ってきたときは大いにほめてあげていただきたいと思います。ご両親ご家族の皆さまにほめられて、うれしさと同時に大きな自信へとつながります。その自信は精神面で大きなステップになり、小学校という新しい環境への不安を克服する素地にもなっていくようです。

幼児が宿泊できる場所に合わせて宿泊保育のねらいも多少変わるものと考えられるが、就学前に生活行動に自信をもつことが大きなねらいである。自分の体に満足できること、２日間すべて生活に必要な動作は自分で考えてできる充実感などが確かに抱けることに行事の意味がある。

子どもたちが目的を達成するための具体例

1　グループ数に合わせて協力できる保育者を職員会議で定める。
2　グループ分け（６-８人）を担任が決め、グループ名を決めるなどの楽しい時間を確保する。日ごろの異年齢の生活のなかで多くの保育者とも親しみがあるが、より担当保育者と子どもが親密になる配慮をする。
3　７月初旬に保護者と事前打ち合わせをする。夜間の排尿や癖などもグループ担当者と話し合う。
4　担当者は実踏し、山荘内での動きなども生活の流れを追って綿密な計画表の作成と安全のための打ち合わせが重要になる。
5　宿泊保育があるからとプレッシャーにならぬように言葉づかいに注意。山道の危険箇所も言葉にせず、黙って危険な場所に保育者が立つ。風呂の準備も何々を持ってなどの言葉は使わない。風呂に入る準備をしましょうの言葉に、子どもが自分で考えて用意できるのを待つ。目は一人ひとりの子どもたちの動きをとらえて、案ずる子どもには「大丈夫」と声をかける程度。足りないものがあっても本人が大丈夫と判断する場合はそのまま風呂場に行く。その場で必要になって気づくこともあるが、あわてない。自分でできた体験が重要であるから。

保育者間の事前の打ち合わせには、就学期を迎える子どもたちのため行事の目的と保育者の役割について理解を深める意味で綿密な話し合いが肝要になる。

保護者に求める協力は、出発する１週間前から体温を測り健康カードに記録する、パジャマと翌日の着替えの準備を子どもと一緒にする、当日のおにぎりを登山の途中で食べる都合でリュックの上の方に詰める、などのことである。

〈資料〉宿泊保育にあたっての保護者へのお知らせ

宿泊保育のねらいと効果

ねらい
1. 精神的自立　　　　　ご両親やご家族の皆さまから離れ、友達と一緒に泊まる
2. 生活習慣の自立　　　入浴、着脱、片付け、洗面、睡眠を自分でする
3. 体力づくり　　　　　山登り
4. 社会のルールを守る　石を投げない、植物をむやみに採取しない、道一杯に広がって歩
　　　　　　　　　　　　かないなど、山登りをするうえでのマナーを守る
　　　　　　　　　　　　お世話になった人に感謝の気持ちを表す
5. 自然に親しむ　　　　野鳥、珍しい植物、昆虫などが多く見られる

効果
1．精神的自立
　ご両親や、ご家族の皆さまから離れての一泊旅行、初めてのお子様も多いことと思います。お子様たちは楽しみな反面、不安や心配な気持ちがもちろんあるでしょう。
　でも、いざ出発してしまえば、そんなことをくよくよ考えている余計な時間はなく、大自然の中での山登りや、楽しいことですぐに一日が過ぎてしまいます。
　一日目が過ぎてしまえば、もう帰るだけです。お子様は一人で泊まれた、何でも自分でできた、という充実感と満足感一杯で園に戻りますので、帰ってきたときには大いにほめてあげていただきたいと思います。ご両親からほめていただくことは、お子様にとっては何よりもうれしいことで、それが大きな自信へとつながっていきます。そして、さらにはその自信が心（精神面）のステップとなり、小学校という新しい環境への不安を克服する素地にもなっていくようです。

2．生活習慣の自立
　宿泊先でのお子様は、自分の持ち物の管理、身の回りの整理整頓、着替え、洗面、入浴など生活のなかで必要なことはすべて自分で考えて行動しなければなりません。もちろん、保育者は身近にいて絶えずお子様方と行動を共にしていますが、保育者がみんな世話をしていたのではお子様の生活習慣の自立は望めません。お子様方を信じて、保育者はなるべく手を出さずに見守る姿勢を取りたいと思います。

また、例年、夜間の排泄のことで心配をされる保護者が数人いらっしゃいます。寝る前にトイレに誘うことはもちろん、各部屋に一緒に泊まる保育者が、一人ひとりの状態を把握したうえで、その時間に合わせてお子様を起こすなどていねいに目を向けていますので、特にご心配はいりません。

　翌日の朝は、「一人で泊まれたじゃない！　すごいね」とほめてあげたいと思います。このことも精神面の自立と同じく、自分でできたという自信のほかに、さらにそのことをほめてもらったという二つの気持ちが心の中で結びつくことで、より強い自信になってこれからの成長に大きな助けになると思います。

3．体力づくり

　登山口から宿泊先までは歩いて登ります。道路は残念ながら舗装されていて山道という雰囲気には少し欠けるところもありますが、途中にはかなりの急勾配な部分もあり、普段の生活のなかではあまり使わない筋肉を使って登ります。

　大人の足でも2時間はかかる山登りです。宿舎までたどり着いたときには、一つのことを頑張って登りきったという充実感とともに、それが大きな自信につながっていくと思います。

4．社会のルールを守る

　登山口までは、貸し切りのマイクロバスで行きますが、そこからは各自歩いての登山です。山には我々だけでなく、一般のハイカーの方も多くいらっしゃると思います。石を下に（上にも）投げない、転がさない、道は広がって歩かない、ごみを捨てないなど、ごく当たり前のマナーではありますが、お子様たちと話をして社会のルールを守って気持ちよく登山したいと思います。

　また、「部屋をお借りしている」という感謝の気持ちを大切にして、施設を使わせていただき、宿舎の方々にも気持ちよく挨拶をする、帰るときには「ありがとうございました」ときちんと挨拶をしてから下山するなど、人への感謝の気持ちも忘れないでいきたいと思います。

5．自然に親しむ

　山には、多くの珍しい野鳥が生息していると聞いています。登山の途中にちょっと足を休めて鳥のさえずりに耳を傾けられたらと思います（早朝にはバードウォッチングもできたらと思います）。

　豊かな自然の中での宿泊保育です。いろいろな自然と十分にふれる機会を多くもちたいと思います。

3歳児　7月指導計画

		行　事	遊びの流れ	生活・遊びのねらい及び環境構成
1	火			《保育者や友達とのやりとりを楽しむ》
2	水	笹取り		・鬼ごっこや花いちもんめなど簡単な遊びを取り入れ、遊びの中で友達とのかかわりを自然にもてる機会をつくる。
3	木		楽器・遊戯／七夕飾り・夕涼み会おみやげ／プール遊び・水遊び／線遊び	・子によっては、スキンシップ遊びや少人数でのかかわりを意識的に取り入れ、保育者や友達とのかかわりを楽しめる機会をつくる。
4	金			《暑い日の過ごし方について知り、行う》
5	土			・水分のとりすぎによってどうなってしまうのかということを具体的に絵に描いて示したり、過ごし方について寸劇を見せていくことで方法を伝えていく。
⑥	㊐			・実際に生活している場を大切にし、そのつど子どもと一緒にどうしたらよいのか考えていく。
7	月	七夕集会		《プールの身支度の方法を知り、自ら行う》
8	火	身体測定・おたきあげ		・実際に方法を具体的に示し、どうしたらよいか伝えていく。また、落ちていて泣いている衣服の例などを示し、自分の物の管理の意識も促していく。
9	水			・身支度しやすいようにかごを用意したり、身支度を行いやすい環境を整えていく。
10	木	誕生会・バイキング		《楽器遊びを楽しむ》
11	金			・あらためて全員で行う機会だけでなく、カスタネットは常時用意しておき、午睡明けなどに行いたい子で楽しめる時間をつくっていく。
12	土	夕涼み会		・「ことりの歌」「おもちゃのチャチャチャ」「ふしぎなポケット」「かえるの歌」「かたたたき」など子がテンポの取りやすい曲で楽しんでいく。部分的に振りも付けて楽しんでいく。
⑬	㊐			《水遊び、プール遊びを十分に楽しむ》
14	月			・プール遊びだけに限らず、園庭やテラスでのタライなどを使った水遊びから大いに水に親しむ機会をつくっていく。水のトンネル、泥んこ遊びなどを通して自然とダイナミックな遊びへと誘っていく。
15	火			・プールでもプール遊具を多く使っていくことで自然と興味をもって楽しめるようにする。子の様子によってダイナミックな水かけっこやあざらし、プールでの顔つけなども行っていく。
16	水			
17	木			
18	金	終業式		
19	土	宿泊保育		
⑳	㊐	〃		
㉑	㊊	海の日		
22	火	夏期保育開始		
23	水			
24	木			
25	金			
26	土			
㉗	㊐			
28	月			
29	火			
30	水			
31	木			

◎基礎的事項
・室内の環境衛生に留意し、快適に生活できるようにする。(換気、除湿、汗拭き、休息)
・自分を出しきれていない子に対して、意識して目を向けていく。
◎基礎的事項への配慮
・室内の換気や風通し、隅の汚れ、子が汗をかいているときは意識して着替えを促したり、汗を拭くなどしていく。また、午睡時も子の汗に目を向け、汗拭きタオルを使用したり、掛けるものを調節していく。
・一人ひとりに目を向け、一日の中で必ずかかわる機会をつくっていく。

運　動	プール（フープくぐり・あざらし）・鉄棒（前回り）
歌・音楽	「うみ」「プールの歌」「きらきら星」「アイスクリームの歌」
遊　戯	夕涼み会の曲
お話し他	「浦島太郎」「スイミー」
折り紙	ヨット
絵　画	線遊び
恩　物	第3・4

5領域の視点	配 慮 事 項
対人・情緒 ・自分を出せているか。 ・自信をもって話せているか。（大きな声が出せているか） ・保育者や友達とのやりとりを楽しめているか。 **生活・健康** ・プールの身支度ができているか。 ・自分の持ち物を管理しようという意識があるか。 ・自分の持ち物と他人の持ち物の区別ができているか。 ・食事は十分に食べられているか。 ・十分に眠れているか。 ・暑い日の過ごし方についてわかっているか。 **言葉・理解** ・おみやげの作り方を理解できているか。 ・一斉の説明で理解できているか。 ・落ち着いて話を聞けているか。 ・恩物の方法を理解できているか。 ・約束事が理解できているか、守れているか。（楽器、プール） **運動** ・折り紙の角と角を合わせられているか。 ・プール遊びを楽しめているか。 ・「あざらし」ができているか。 ・水を怖がっていないか。 ・水に顔をつけられているか。 ・鉄棒の前回りができるか、回るさいに怖がっていないか。 **表現・感覚** ・自ら遊戯に参加して楽しめているか。 ・カスタネットに興味をもって行っているか。 ・リズムを意識してカスタネットを行っているか。 ・線遊びの様子はどうか。 ・七夕の表現にどのように楽しめているか。	**《保育者や友達とのやりとりを楽しむ》** ・自ら保育者や友達とのやりとりを楽しめている子は、見守っていき、遊びの楽しさや友達とのかかわりに対して共感していくことで雰囲気を盛り上げていく。 ・特に自分を出しきれていない子や遊びこめていない子に対しては意識して目を向けていき、毎日少しでもかかわりをもっていくことで楽しく過ごせる時間を多くしていく。また、大人を介してでも友達とのかかわりを楽しめるようにしていくことで、気の合う友達もさがしていけるようにする。 ・遊戯のなかや友達を呼ぶさい、また、飛行機に対してなど思いきり大きな声を出す機会をつくっていき、声を出すことに自信をもてるようにしていくことで、精神的にも自信をもって過ごせるように促していく。 **《暑い日の過ごし方について知り、行う》** ・過ごし方について話題にするだけでなく、食事を十分に食べられていない子、水分の少ない子、休息の不十分な子など大人が意識して目を向けていくようにし、必要に応じてしっかり促していけるようにする。子の状況に応じて保護者にも伝えていくことで、子の健康を維持していけるようにする。 ・木陰や風の気持ちよさや汗を拭いたり顔を洗ったときの爽快さなど子と一緒に体験していくことで、子も実体験を通じて感じていけるようにする。また、「〜すると気持ちいいね」などと具体的に声にしていくことで、方法を実感しやすいように促していく。 **《プールの身支度の方法を知り、自ら行う》** ・そのつど「〜はどうすればよかった？」などと身支度の方法を一つひとつ確認しながらどうすればいいのか考えていけるようにし、理解して行えるようにする。あわただしいなかでもあいまいにせず、意識の薄い子に対しては一人ひとりに方法をきちんと伝えていくようにする。しっかり行えている子は大いにほめたり、皆に見せることで全体の意識も高めていけるようにする。 **《楽器遊びを楽しむ》** ・楽器の扱いに対してはきちんと約束をしておき、乱雑な扱いにならないようにしていく。興味の薄い子に対してはどうしてなのかという理由を考えていき（そのときの気分なのか…）、すべて無理に参加を促さず、お客さんになるなどその子がどのようなかたちなら参加できるのか考えて、できるときには少しでも参加し、楽しさを経験できるようにする。 ・さまざまな曲を楽しんでいくなかで、子のテンポにあっているか、興味をもって楽しめているかなど全体に目を向けていき、一部の楽しめている子のみでの判断はしないようにする。また、曲によっては互いに見せ合いっこをしたり、他学年にも見せる機会をつくるなどして遊びを盛り上げていく。 **《水遊び、プール遊びを十分に楽しむ》** ・水に対して恐怖心の強い子に対しては一緒に遊びながら少しずつ水に慣れるようにしていく。また、プールでも様子に応じて少人数での入水をしていくなど、顔にしぶきのかからないような落ち着いた雰囲気のなかで楽しめるようにしていく。子の姿を認めたり、ほめたりしていくことでも、自信につなげていく。 ・水遊びやプール遊びでは、子の様子に応じて少しずつダイナミックな遊びへと誘っていけるようにする。大人も積極的に楽しんでいくなかで雰囲気を盛り上げていく。 ・入水している子でも唇の色や身体の震えなど体調の変化に目を向けていく。

◎特に気になる子に対しての担任側の配慮点
・A子……未だに不安定になりやすく、他児にくっついていることも多く、自ら遊べていないことが多い
　→他児と行動を共にしていることは認めつつも、様子によって大人と一緒に遊ぶ機会をもち（追いかけっこなど）、ただくっついているだけでなく、自ら楽しんで過ごせる時間をつくっていく。
・B男……自ら言い出せずにいるところがある。他児を求めているところはあるが、幼く、結局ついていけていないことが多い。
・C男……室内ではよく遊べてきているが、戸外で遊べていないことが多い。
　→大人を介して他児と一緒に楽しく遊べる経験を多くしていく。気の合う友達、相手にも本児への意識を促す。
・D子……他児とのかかわりは見られるが、遊びこめず、声も小さい。
・E男……ちびりやパンツに便をしてしまうことが多い。遊びもフラフラすることが多い。
　→お互いに友達への意識は見られるので、大人を介して友達と楽しく遊べる経験を多くしていく。

4歳児　7月指導計画

		行　事	遊びの流れ			生活・遊びのねらい及び環境構成
1	火		空や星へ関心をもつ	日本の踊りを楽しむ	全身を動かして遊ぶ、走る	《情緒・人間関係》◎人に迷惑をかけないようその場の状況を考えて行動する。・そのときどきの状況を捉え、どうしたらよいのか示していくことで状況に合わせた行動ができるようにしていく。・先を見通して行動できるように、要所要所で声かけを行い、状況判断して行動できたときにはほめていく。◎自己を主張しながらも相手の気持ちを知ろうとする。・トラブル等、原因を一緒に考えていくなかで、相手に気持ちや思いがあること知らせていく。《生活》◎自分の持ち物に意識をもつ。・プールの着替えのときなど、名前を確認することを伝える。落とし物は早期対応を心がけ、子が自ら気づけるような声かけをしていく。・かごの並べ方など工夫し、間違えにくい環境を用意しつつ見守る。◎意欲的に食べる。・栄養面などを話題にし、食事に関心を向けさせる。・スタンプカードを利用するなど、完食することへの励みにしていく。・意欲的に食べられるような雰囲気づくりや個別の働きかけを大切にしていく。◎お皿に手を添えて姿勢を正して食べる。・個別に声をかけて意識を促していく。《遊び》◎七夕行事を通して空や星に興味をもつ。・七夕の由来の話やプラネタリウムをきっかけに子どもたちが関心をもったことに十分にかかわり、興味・関心を広げていく。◎夕涼み会を通して日本の踊りを楽しむ。・盆踊りでなじみのある曲や、いろいろな曲にふれることで雰囲気を盛り上げる。また、和太鼓を叩いたり、伝統芸能にふれることで地域にも親しみをもてるようにしていく。◎全身を動かして遊ぶ、走る。・いろいろな動きを加えたサーキット遊びや巧技台などを使って動きを促していく。
2	水	プラネタリウム				
3	木					
4	金					
5	土					
⑥	㊐					
7	月	七夕集会				
8	火					
9	水					
10	木	誕生会				
11	金					
12	土	夕涼み会				
⑬	㊐					
14	月					
15	火			水遊びを楽しむ		
16	水					
17	木					
18	金	終業式				
19	土					
⑳	㊐					
㉑	㊊	海の日				
22	火	夏期保育開始				
23	水					
24	木					
25	金					
26	土					
㉗	㊐					
28	月					
29	火					
30	水					
31	木					

◎基礎的事項
・衛生管理、気温に気をつけ、清潔を心がける。
・室内での遊びを工夫し、子どもの心の安定を図る。
◎基礎的事項への配慮
・掃除や消毒など意識的に行うと同時に、メリハリのある保育展開を心がけ、身体的にも精神的にも発散できるような働きかけをする。

運　動	プール、巧技台、全身運動
歌・音楽	「プールの歌」「七夕さま」「うちゅうせんのうた」
遊　戯	「中藤音頭」「ドラえもん音頭」その他
お話し他	「スイミー」
折り紙	おばけ
絵　画	絵の具遊び
恩　物	第6

5領域の視点	配 慮 事 項
対人・情緒 ・相手の思いへの気づき、理解ができているか。 ・相手の思いを意識した言動が見られるか。 **生活・健康** ・意欲的に食べているか。 ・お皿に手を添えて食べているか。 ・持ち物の管理ができているか。 ・清潔に意識をもち、自ら気をつけているか。 **言葉・理解** ・何をしなければならないか、そのときどきの状況を理解し、先を見通した行動ができているか。 ・持ち物を管理することに意識があり、集中してできているか。 ・相手の思いを気づかう言葉が聞かれたり、自己を統制する姿があるか。 ・七夕の由来や空や星への興味・関心はあるか。 **運動** ・身体を動かす遊びに興味を示しているか。 ・担任が示すいろいろな動きを楽しみながら運動遊びができているか。 **表現・感覚** ・空や星の世界を想像し、それを言葉や絵画、身体で表現できたか。 ・盆踊りや遊戯を楽しみ、リズムを感じながら踊りを楽しめていたか。	**《情緒・人間関係》** ・子どもたちがそのときどきで見通しをもって生活できるよう、事前の説明や前もって声かけするなど、子どもたちが状況判断して動きやすいように大人が配慮する。 ・トラブルの結果に対して注意するのではなく、その原因となった双方の心の動きを互いに理解できるように考える時間をとるように配慮する。 ・前半は、梅雨期で精神的な発散ができずに不安定を起こす子もいるので、一人ひとりの状態を把握し、体を動かす、集中して遊ぶなど、精神衛生を図っていく。 **《生活》** ・梅雨の時期でもあるので室内の衛生面に十分に配慮し、清掃も意識的に行う。また、視診・触診、子どもが自ら衛生面に気をつけられるよう、そのつど手本を示し、意識を向けさせていく。 ・プールの着替えでは、持ち物管理とあわせ、衣類をたたんでしまうことや、プールカードの提出、荷物の持ち帰りなど流れを具体的に話し、自主的に行動できるように見守っていく。（個々の気づきを大切に、間接的な声かけを心がける） ・一人ひとりが持ち物管理できるような場の設定、工夫を担任間で話し合い進めていく。（スペースの確保、時間差） ・意欲的に食べるために用いるスタンプカードの使い方については子どもの反応を見ながら進めていくが、従来通り、個別のかかわりや食事への意欲がもてるように全体に働きかけていく。 ・皿に手を添えて食べることや姿勢については、よくできている子を大げさにほめることで、周囲の子の意欲にもつなげていく。 **《遊び》** ・七夕行事の由来や空や星への想像を膨らますことができるよう、雰囲気づくりや導入を大切にしていく。プラネタリウムでの経験をその後の活動につなげる。 ・子どもからの疑問や好奇心には十分に応え、一緒に考える。関心をもつことや調べることなどに楽しさを感じられるようにする。 ・全身でリズムを感じて太鼓を叩いたり、盆踊りを楽しめるよう、担任が手本を見せ、誘っていく。 ・夕涼み会では、地域のお囃子を親子で楽しみ、伝統芸能にふれる機会にする。 ・全身を使っての運動遊びでは、単に走りまわるだけでなく、ケンパ、後ろ歩き、手押し車、転がる、ほふく前進など動きに変化をもたせ、屋外、室内で楽しめるよう工夫していく。また、ごっこ遊びの要素を加えて、冒険ごっこやお話しごっことしていろいろな動きを入れていく。

◎特に気になる子に対しての担任側の配慮点
◇A男……自己を出せず、友達との遊びにも入れないことが多い。
・個別にかかわりながら表現方法を伝えていく。自己表現ができたときには大いにほめ、認めるなど自信へとつなげていく。
・担任が仲介し、自己を出しやすいような状況をつくり、そのつど自信が次の活動につながるように見守る。
◇B男……大人の反応を予測してトラブルを起こすことが目立つ。
・トラブルを起こしやすいときを見極め、事前に対応できるようにしていく。
・結果と原因の究明をするのではなく、「おかしいからやめようね」「迷惑だからやめようね」とかかわり、様子を見る。また、本児が担任に心を開くかかわりを多くもち、信頼関係を築きなおしてみる。

5歳児　7月指導計画

		行　事	遊びの流れ	生活・遊びのねらい及び環境構成
1	火	笹かざり	夕涼み会を楽しむ（うちわ作り・盆踊り）　七夕に親しむ　山の自然に興味をもつ（テーマ決め・荷物）　童具　水遊びを楽しむ（プール・泥んこ遊び）　※折り紙（さかな）、描画（あさがお）は、午後の自由遊びのなかや、時間を工夫したなかで進めていく。	《情緒》 ◎宿泊保育に向け、精神的に自立し、自分に自信をもつ。 ・宿泊保育のビデオを見せ、楽しい雰囲気を盛り上げる。 ・小さなことでもほめて自信につなげていく。 《生活》 ◎状況に応じた持ち物管理を行う。 ・宿泊保育での荷物・持ち物確認のさい、自ら考え行えるよう間接的な声かけをする。 ・プール等では着脱後、自ら確認する習慣をつけるよう伝えていく。 ◎暑さに応じる処の仕方を身につける。 ・汗をふき、顔を洗う。木陰の利用、帽子の利用など、具体的にその気持ちよさを体験できるよう大人も一緒に進めていく。 ・室内の環境（食事・午睡時の冷房使用など）に気を配る。 《遊び》 ◎山の自然に関心をもつ。 ・ビデオ・図鑑を出していく。 ・グループごとにテーマを決め、関心の動機づけをしていく。 ・宿泊保育中は子の関心に合わせて大人も一緒に共感していく。 ◎夕涼み会を楽しむ。（地域の方との交流、盆踊り、太鼓） ・地域の方に東京音頭等、盆踊りを教えていただく。大人も一緒に踊る。 ・遊びのなかに太鼓を多く出し、触れる機会を増やす。 ・地域の方に一緒に踊っていただく機会をもつ。 ◎七夕に親しみ、表現遊びを楽しむ。 ・笹かざり、七夕、プラネタリウムなどを通し、神秘さを楽しめるようにする。大人も一緒に共感していく。 ◎水遊びを楽しむ。 ・プールの水位を高くしていく。 ・天候をみて柔軟に取り入れる。
2	水	プラネタリウム		
3	木	身体測定		
4	金			
5	土			
⑥	㊐			
7	月	七夕集会		
8	火	おたきあげ、表現遊び		
9	水			
10	木	誕生会		
11	金			
12	土	夕涼み会		
⑬	㊐			
14	月			
15	火	大掃除		
16	水	〃		
17	木			
18	金	終業式		
19	土	宿泊保育		
⑳	㊐	〃		
㉑	㊊	海の日		
22	火	夏期保育開始		
23	水			
24	木			
25	金			
26	土			
㉗	㊐			
28	月			
29	火			
30	水			
31	木			

◎基礎的事項
・清潔を心がける。（湿度、皮膚のトラブルなど……）
・宿泊保育に向け、自信をもった生活ができるよう心がける。

◎基礎的事項への配慮
・その日その日の天候によって敏感に対応していく。特に蚊が多くなったので、皮膚のトラブルには注意をはらい、ひどくならないよう個々に対応していく。また、感染症は早期発見を心がける。
・小さいことでもほめ、自信につなげる。楽しい雰囲気を盛り上げていく。

運　動	はさみ遊び、プール（けのび、バタ足）
歌・音楽	「おばけなんてないさ」「森の小人」「プールのうた」
遊　戯	「東京音頭」「中藤音頭」「ドラえもん音頭」「夕涼み会の曲」
お話し他	「スイミー」「大きな木がほしい」「ずかん」
折り紙	さかな
絵　画	あさがお（水彩）
恩　物	童具（三角柱・円柱・二、三倍直方体）

5領域の視点	配慮事項
対人・情緒 ・グループ内で自己発揮はどうか。 ・宿泊保育に向けての精神面はどうか。 ・相手の意見を受け入れているか。 ・相手の意見を考えているか。 **生活・健康** ・持ち物管理の意識はどうか。 ・暑さに応じた対処を工夫しているか。 ・皮膚のトラブルなどないか。 **言葉・理解** ・体調不良や自分の不都合など言葉で伝えることができるか。 ・自分で体験した感動の言葉での言い表しはできるか。 **運動** ・登山の様子。 ・体力的な疲れぐあいはどうか。 ・笹かざり、指先の扱いはどうか。 ・プールでの楽しみ方はどうか。もぐれるか。 **表現・感覚** ・七夕表現遊びでの様子はどうか。 ・山への関心の向け方はどうか。 ・日本の伝統リズムでのリズム感はどうか。	《情緒》 ・不安になりそうな子の表情に気を配りながらも、あえてあまり意識させず、クラス内の雰囲気を盛り上げたなかで楽しみにつながるように工夫していく。 ・保護者との対応にも気をつけ、子の前で会話する内容に配慮する。 ・保護者と子どもの不安の原因をよくつかみ、安心して宿泊保育当日を迎えられるよう、ていねいに対応していく。 《生活》 ・あいまいになりやすい子に特に目を向け、タイミングよく声かけができるよう気をつける。後から直すのでなく、意識の向け方が必要なときに行うようにする。 ・子の性格により不都合の状態も体験させていくが、そのさいの心のケアに気をつける。その後の意識につながるような対応をしっかりとしていく。 ・できていることを一つひとつほめて自信につなげていく。 ・体感している思い、子が感じていそうな思いをあえて声にし、対処した後の心地よさなどを一緒に共感していきながら、子が自ら体験していくことで意識が高まるようにしていく。 ・冷房・除湿の利用は必要に応じて行うが、冷えすぎないよう温度に気をつける。あえて汗をかくことも大切なので、利用のバランスは相談して進める。 《遊び》 ・一人ひとりの関心度に目を向けていく。グループ活動のさい、意見主張の強弱に目を向け、できるだけみんなの関心が高まるよう大人も一人の仲間として意見を表明していく。また、関心に合わせ、臨機応変に対応を工夫する。（図鑑の用意など） ・グループテーマを大切にしながらも個々の関心もしっかり受けとめていく。 ・地域の方などと打ち合わせを早めに行い、ご迷惑にならないようにする。また、子どもたちにも挨拶や礼儀なども伝え、なごやかに過ごせるようにし、子どもにとっても心地よい体験として残っていくようにする。 ・日本のリズムの楽しさを大人も一緒に楽しみながら伝えていく。 ・手先の動きや足の運び方などのきれいさに共感しながら、担任も一緒に楽しんでいく。 ・子の感性を大切にし、架空の世界を楽しめるよう大人も盛り上げていく。不安がる子に目を向け、安心できるよう大人が側にいたり、それなりの参加を工夫していく。笹かざりは日ごろ指先の気になる子へのかかわりのチャンスとする。 ・水遊びをダイナミックに楽しみながら一人ひとりに目を向けていく。 ・水遊びでの危険についてあらためて話題にし、自ら約束を守って楽しめるよう見守っていく。 ・プラネタリウム等に行くさいは、実踏を行い、安全への配慮等についてしっかりと打ち合わせをしておく。子の感動に共感し、園に戻ってからの遊びに取り入れていく。

◎特に気になる子に対しての担任側の配慮点

A男・B男・C男……集中力に欠け、理解面が気になる。全体での話の前にあらかじめ見通しがつくような声かけをしたり、楽しみに聞けるような話題をあげておく。また、あとから内容を確認するようにし、具体的に理解しにくい部分をつめていく。

D子・E子・F男……宿泊保育に不安を抱きがちな子。会話のなかで自然と楽しみにつながるよう雰囲気を盛り上げる。不安原因については、あまり声に出さず、親との対応、担任間のなかで周知していく。

外遊び（異年齢）　保育日誌の例　(7月14日〜7月18日)

前週の子どもの姿	今週の遊びの内容
・夕涼み会前ということで、園庭に太鼓を出し、盆踊りを楽しんでいった。他に、虫さがしなどが盛り上がっている。 ・雨の日も、ホールで遊戯（盆踊り）を楽しんでいった。	・盆踊り ・虫さがし ・サーキット

日付	遊び			準備	配慮すること
14日（月）	盆踊り			・カセット ・デッキ ・太鼓	・どの学年の子も、入って楽しめるよう、曲をとぎれないようにかけていく。 ・太鼓は、子が親しめるようにしつつ、大人が側につき、大切に扱っていく。 ・大人も一緒になって踊りを盛り上げていく。
15日（火）	サーキット	虫さがし	固定遊具	・カラーコーン ・棒 ・図鑑 ・虫めがね	・サーキットは、3歳児のレベルに合ったものから始めていきたい。 ・虫さがしは、子の関心に合わせて、図鑑や虫めがねを用意していく。
16日（水）	サーキット	バンブーダンス	固定遊具	・カラーコーン ・竹（バンブー） ・カセット ・デッキ	・サーキットを中心に楽しんでいく。大人の人数が少ないうちは、目の配り方に気をつけていく。 ・子の動きが活発になっている。固定遊具での危険な遊びなどしてないか見ていく。
17日（木）	バンブーダンス	固定遊具	砂場遊び	・竹（バンブー） ・カセット ・デッキ ・砂場遊具	・バンブーダンスは、カセットを用意し、リズミカルに行うことを十分に楽しめるようにしていく。 ・固定遊具への目の配り方を意識していきたい。
18日（金）	バンブーダンス	固定遊具	砂場遊び・フープ	・竹（バンブー） ・カセット ・デッキ ・砂場遊具	・バンブーダンスは、決まった子ばかりでなく、いろいろな子が楽しめるよう誘っていく。 ・また、曲のテンポも遅め速めの2通りを用意し、その子に合ったものをかけていく。

うた（「森の小人」「うみ」）

環境作り	援助のポイント
・夕涼みの余韻を楽しめるよう、各学年の曲と太鼓を用意しておく。 ・虫さがしは、いままで興味の薄かった子へと関心が広がっていくよう雰囲気を盛り上げていく。 ・サーキットは、カラーコーンや棒、タイヤなどを使い、それぞれの学年が楽しめるように設定する。	・夕涼みを終え、自信をつけた子たちの動きを、大いに認めていきたい。 ・虫さがしは、子の遊びの流れを見ながら、虫めがねや図鑑などを取り入れ、さらに興味が深まるようにしていく。 ・3歳児もサーキットを楽しめるよう、わかりやすい内容にしていく。楽しい雰囲気で誘っていく。

保育経過（子どもの姿）及び反省	明日への展開
・雨だったためホールで盆踊りを行った。主に集まってくるのは、5歳の女児だったが、それぞれの学年の音楽が流れると、数人ずつ各学年の子も参加してきていた。 ・皆、自信をもって踊れていた。他に、各部屋に遊具を出し、室内遊びを行った。	・雨天の場合、子どもが気持ちを発散できるような遊びを用意しておく。
・サーキット、バンブーダンスを主に行った。参加していない子は、固定遊具、虫さがしを楽しんでいる。サーキットは、はじめのうちかかわっていたが、途中、バンブーダンスの方へ目をやっていると、子がカラーコーンなどを動かしてしまっていたので、ルールがしっかりと決まるまで、しっかりかかわっていくべきだった、と反省する。	・引き続き、バンブーダンス、サーキットを楽しんでいく。大人の目の配り方に注意する。
・とうもろこしの皮むきがあったので、サーキットは行わず、バンブーダンスのみ用意した。バンブーダンスは、カセットも用意することで、年長児を中心に、自分たちで行えるようになってきた。 ・とうもろこしの皮むきは、3・4・5歳児ともに参加する子が多く、楽しめた。口に入れるものであることを伝え、手本を示すとていねいに行える子が多かった。	・バンブーダンスを中心に行いたい。
・バンブーダンスを行った。昨日と同様、カセットを用意することで、子が自分たちで行うことができた。まだ、決まった子しか楽しめていないので、今後、他の学年の子にも広めていきたい。 ・フープを用意し、ケンパを行った。3～5歳児で差があるが、3歳児は両足でとぶなど、自分のできることを楽しんでいた。	・バンブーダンス、ケンパをいろいろな学年の子に広めていきたい。
・今日は雨のため室内遊びとなった。終業式もあったので、ホールには遊具を出さず、各部屋での遊びを楽しんだ。自分の行いたい遊びを見つけ、それぞれが楽しめていたように思う。 ・詳しい内容は部屋日誌に記入。	・絵の具遊びを楽しんでいく。

室内遊び（異年齢）　保育日誌の例　（7月7日〜7月11日）

前週の子どもの姿	今週の遊びの内容
・ドミノ、動物パズルを使って動物園を作る姿が4歳児にも浸透し、5歳児と協力して楽しむ姿が見られるようになった。 ・プラネタリウムを通して天体にも関心が広がり、星座作りやプラネタリウム作りを楽しむ姿が増えてきている。	・ブロック ・夕涼み会装飾作り ・ねんど遊び ・ドミノ積み木、動物パズル ・星遊び

日	遊び			準備	配慮すること
7日(月)	ブロック	星遊び	ドミノ	・模造紙、色画用紙 ・ブロック ・色えんぴつ ・テーブル ・ねんど、ねんど板、へら ・折り紙 ・ドミノ積み木、動物パズル	・星遊びでは、子が思い描く天体・星座の世界を十分に認めていきながら楽しめるようにしていく。また、絵本や図鑑なども用意しておく。 ・ブロックやドミノなどが散らばり、乱雑になる前に大人が気づき、きれいにしていく。 ・人数や集中力を見て、遊びを変化していく。
8日(火)	ブロック	ねんど	夕涼み会装飾作り	・ブロック ・ねんど、ねんど板、へら ・ドミノ積み木、カラードミノ ・折り紙 ・装飾用の準備 ・テーブル、色えんぴつ	・テラスや廊下で走りまわっている子に対して、集中して遊べるものをその子に問いかけていく。 ・装飾作りでは、はさみの扱い方に目を向けていき、上手に切れたことや完成したことをほめていく。 ・落ち着いて遊べるように部屋を分ける。
9日(水)	ブロック	読書コーナー	装飾作り	・ブロック ・ねんど、ねんど板、へら ・装飾用の材料 ・絵本、間仕切り ・テーブル、色えんぴつ 他	・テラスでの遊びや、集中力によって、すぐにちがう遊びを出していく。 ・4歳児にでも参加しやすいよう、大人が切ったものを渡したりして、作っていけるようにする。 ・装飾への参加がおもしろいもの…という雰囲気をつくる。
10日(木)	ブロック	ねんど	装飾作り	・ブロック ・装飾 　[接着剤、テーブル 　　はさみ、クレープ紙 他] ・ねんど、ねんど板、へら ・ドミノ積み木	・バイキングの後なので、すぐに遊べるよう準備しておく。 ・年長児に装飾作りへの参加を声かけて、くまの部屋は、それだけにして、夕涼み会が近いことの雰囲気を高めていく。
11日(金)	ブロック	ねんど	ぬり絵	・ブロック ・ぬり絵、色えんぴつ ・ねんど、ねんど板、へら ・すごろく ・ドミノ積み木 他	・集中して遊びこめるように、雰囲気をつくっていく。 ・騒がしい子には、周りにとって迷惑だということが気づけるようなかかわりをしていく。 ・遊びこめない子には、早めに声をかけ、集中できるようにしていく。

うた（「アイスクリームのうた」「森の小人」）

環境作り	援助のポイント
・落ち着いて遊びこめるように部屋を二分する。 ・人数や集中力を見て、遊びを変化させていく。 ・ブロックやドミノなどが散らばり、乱雑になる前に大人が気づき、きれいにしていく。 ・装飾作りでは、学年のレベルに合わせた設定をしていき、気軽に参加できる簡単な作り方のものも用意していく。はさみの使用については大人が意識していくが、子にも声をかけていく。	・テラスや廊下で走りまわっている子に対しては、集中して遊べるものを本児に問いかけたりしながら、遊具を出していく。 ・星遊びでは、子が思い描く天体・星座の世界を十分に認めていきながら楽しめるようにしていく。また、絵本や図鑑なども用意しておく。 ・装飾作りでは、実際に実物の見本を置いたりしながら、葉の出方や形、色まで意識できるようにしていく。

保育経過（子どもの姿）及び反省	明日への展開
・くまの部屋に、天の川（星空）作り、きりんの部屋に、ねんど、ブロック、絵合わせパズル、ドミノ積み木、動物パズルを出した。 ・星空作りでは、星形の折り紙を長くつなぎ合わせた画用紙に貼ったり、絵を描いたり、各自、今日の七夕や、プラネタリウムのことを思い出し、楽しんでいた。 ・きりんの部屋は、少し騒がしくなり、設定の仕方をもっと工夫するべきだった。	・落ち着いて遊びこめるようにする。
・夕涼み会の装飾作り、自由画、パズルをくまの部屋に、ブロック、ねんど遊び、ドミノ積み木、カラードミノをきりんの部屋に設定する。 ・装飾作りでは、クレープ紙を使っての朝顔、ハイビスカスを作った。少し難しい作業があったせいか、5歳の女児のみの参加だった。しかし、集中して楽しんでいた。 ・他は、時間が経つにつれて、テラスに出て走りまわる子が多くなり、遊びを変化させていくことをもっと早くしていけばよかった…と反省した。	・装飾作りでは、4歳児も参加しやすいよう、ある程度切っておく。
・くまの部屋に読書コーナー、自由画、夕涼み会の装飾作り、きりんの部屋にブロック、すごろく、ねんど、カルタを設定した。 ・くまの部屋は、とても落ち着いていて、装飾作りも女児を中心によく参加していた。（午後、5歳児の活動があったため、十分な時間はつくれなかった） ・4歳児が午前中、室内での遊びだったためか、テラスに出て騒ぐ子が多く、十分に遊びこめなかった。遊びをもっと工夫していく。	・一部屋を装飾作りの部屋にして、遊びを分ける。
・バイキング後、装飾作りを中心に設定した。保育者が話題にしたことで、女児の参加が多く、楽しんで行えた。昨日、4歳児が参加できなかったこともあり、あさがおの切りやすい葉を中心に参加していた。上手に切る子が多かった。 ・くまの部屋にブロック、自由画などを出したが、最近、気になる遊びこめない4歳児が今日もテラスで過ごすことが多かった。声をかけ、折り紙やパズルを出していくことで、その後は、集中して遊べていた。	・集中して遊べるように、ぬり絵など出していく。
・くまの部屋に、ぬり絵を出した（他は、きりんの部屋で、ブロック、ねんど、すごろくなど）。久しぶりのぬり絵ということもあり、4・5歳児ともに参加者がとても多かった。少し雑になる子も数人いたが、きれいな服をていねいにぬる女児が目立っていて、それをまねして、きれいに描こうとする4歳児もいた。 ・きりんの部屋は、いつもより人数が減ったことで、落ち着いて遊んでいた。	・十分に遊びこめる設定をしていく。

夏期カリキュラム指導計画

日	曜	行　事	テーマ	遊びの方法（例）	準　備	特に留意する点
7/22	火		絵の具遊び	・筆を使って描く ・フィンガーペインティング ・足あと遊び ・色水遊び	絵の具・机・筆・雑布・バケツ・ペットボトル・紙・大きな画板	・汚れてもよい服装で登園してもらえるよう掲示をする。 ・誤飲や筆の扱いには十分気をつけていく。 ・足あと遊びのときは、滑りやすいので注意する。
23	水					
24	木					
25	金					
26	土					
28	月		絵の具遊び	・石や牛乳パックに絵の具をぬり、宝物作りを行う。 ・ボディーペインティング	・石　　　・牛乳パック ・絵の具　・パレット ・筆　　　・テーブル ・ブルーシート ・シャワー ・掲示	・1週間前に衣服についての掲示を出す。 ・2歳児は、絵の具をなめてしまうことも予想される。 ・ブルーシートはすべりやすい。 ・目や耳に絵の具が入らないよう注意する。
29	火					
30	水					
31	木					
8/1	金					
2	土					
4	月		調理	・うどん ・おだんご ・ニョッキ（スープ） ・クッキー ・パン	・まないた ・包丁 ・ボウル ・コンロ	・事前にエプロン、三角巾など調理するさいに用意していただくものを掲示する。 ・火、包丁などの危険について十分に注意をする。
5	火					
6	水					
7	木					
8	金					
9	土					
11	月		シャボン玉遊び 童具（恩物）	・普通のシャボン玉→どうやったら大きくできるかなど考え、調べる→自分たちで作る。 ・童具（幼児）、恩物（乳児）に分かれ、十分に楽しむ。大きいもの、達成感が味わえるものを提供する。	・石けん ・ハチミツ ・針金 ・紙コップ他 ・童具	・シャボン水を吸わないように、事前に話題にしていく。 ・童具での約束事についてしっかり大人が見守っていく。
12	火					
13	水					
14	木	旧盆				
15	金					
16	土					
18	月		泥んこ遊び	・砂場で、バケツの水を持ってきて、泥んこ遊びをしていく。牛乳パックを準備していき、水の流れる道のようなものを作っていけるようにする。 ・スプリンクラーを使い、園庭でのびのび体を動かしながら全身で泥んこ遊びを楽しむ。	・砂場遊具　・バケツ ・牛乳パック　・はさみ ・タオル　・着替え ・水着 ・シャワー台 ・スプリンクラー	・はさみを使うとき、2・3歳児を注意して見ていく。 ・水道は指定の場所を使い、大人が近くで見ていけるようにする。 ・縦割りでの遊びとなるので、全体を見ていけるようにする。
19	火					
20	水					
21	木					
22	金					
23	土					
25	月		製作	・室内装飾（とんぼ、ぶどう等、秋にちなんだもの） ・ハンドペインティング（大きな魚にうろこをつける） ・モビール作り	・画用紙　・のり ・雑巾　　・はさみ ・絵の具　・折り紙 ・模造紙　・お花紙	・はさみを使うときは特に注意して見ていく。 ・絵の具を使うさいは服が汚れてしまう場合もあるので、事前に掲示する等、汚れてもよい服装で行う。
26	火					
27	水					
28	木					
29	金					
30	土					

備考

・誕生カードは忘れずに渡しましょう。（各担任が用意する）
・身体測定を忘れずに。（各担任が責任をもって確認する）
・保育内容によって、衣服などの準備が必要な場合は、遅くとも1週間前から掲示を出すこと。
・声をかけ合って連絡も密に取り合いましょう。

環境構成及び配慮点	
初日は、めずらしさでたくさんの子が集まることが予想される、筆等は、十分に用意する。大きな用紙に、皆で描くことを楽しむときは、まずは個人別に楽しめるよう好きな絵が描ける時間を設け、その後テーマを子と決めていき、一つの作品を描いていく。そのことに興味を示さない子（一人で作品を描きたい子）がいる場合は、別のスペースも設けていく。	連日行うなかで、フィンガーペインティング、足あと遊び、色水遊びなどに移行していく。2歳児も参加が予想される。誤飲、筆の扱いには十分目を配り、幼児自身が意識できるよう声をかけていく。
・石は、あらかじめ大人が拾ってきたものを、前日に、園庭にばらまいておく。朝、話をして石さがしから始まる。2歳児は幼児と一緒にさがしたりしていく。スペースをしっかりとり、石に色をぬっていく。ブルーシートの上に置き、名前の紙を置き、降園時に持ち帰るようにする。	・ボディーペインティングは、パンツもしくは水着になり、ダイナミックに絵の具の感触を楽しんでいく。2歳児用のブルーシートも用意し、楽しめるようにしていく。すべりやすいので、走ったり、ふざけあうことは行わず、手や足、おなかにぬる感触を楽しんでいきたい。目等に絵の具が入ってしまったときは、すみやかに洗えるよう保育者のうち1人は手をきれいにしておく。
・調理する前には消毒を行い、清潔な状態で行えるよう大人がわかりやすく伝えていく。 ・包丁や火など危険な道具を扱っていくので調理する前に話をしたり、子どもにも考えてみる機会をつくることで安全に扱っていけるようにしていく。	・作る手順や方法など、大人がわかりやすく伝えていったり、実際作っている姿を見ることで楽しみながら行えるように工夫していく。
・はじめにふつうにシャボン玉を行った後、大人が「もっと大きくできないかな？」と問いかけ、調べる方向に進めていけるようにかかわっていく。 ・あらかじめ想定できる材料は準備しておく。 ・始める前にシャボン水を飲んではいけないこと、吹き方について大人が見本を見せていく。 ・子の探求心につきあえるよう、図鑑や本・資料を用意しておく。	・混ぜる分量などは、大人が作っていく。（失敗より成功経験が得られるようにかかわっていく） 〈童具〉 ・はじめに童具についての約束事を伝える。（特に3・4歳児に意識を高めていく） ・ダイナミックに遊べるように、大人も一緒になって構成を楽しみ、遊びを盛り上げていく。
・牛乳パックの作製、テーブルを用意し、はさみを使って行っていく（4・5歳児中心で行う）。汚れてもよい服で行っていき、砂場で水を使って遊んでいく。大きな山をあらかじめ作っておくなどして、泥んこ遊びへと発展させていく。すべりやすくなるので、はじめに伝えていけるようにする。バケツで水を運ぶさい、水道の近くで大人が見ていき、トラブルになる前にかかわる体制をつくっていく。	・子からの発想を大切にし、十分に楽しめるようにしていく。小さい子などで誘われない遊びで不安定になる子は、無理のない範囲で参加していけるようにする。 ・全体の子の動きを把握できる大人がいるようにし、安全に遊べるようにしていく。
・天候により、園庭で行う日を設ける。園庭で行うさいには木陰を選び、材料、道具等きちんと準備をしておく。 ・プールに入れない子、やりたい子がいつでも楽しめるように製作コーナーを設けておく。 ・できあがった作品（さかな、モビール等）は、廊下やホールに飾ったり、2歳児も参加すると思われるので、2歳児保育室にも飾る。	・子がどんなものを作るのか見通しがもてるように、できあがり図を使っておく。 ・異年齢児同士のかかわりを大切にできるよう5歳児は小さい子を教えるように話しておく。

生活　　夏期縦割り保育日誌の例　（7月28日〜7月31日）

7月28日（月）天候　晴れ	在籍	3歳	26人	欠席	3歳	7人	出席	3歳	19人	確認印
		4歳	24人		4歳	5人		4歳	19人	
		5歳	26人		5歳	9人		5歳	17人	

保育の流れ	欠席児童及び理由	早退、遅刻
・登園　　　　・午睡 ・視触診　　　・午後食 ・身支度　　　・降園準備 ・園庭遊び　　・降園 ・（4・5歳児、原山） ・午前食	3歳　A子（熱） 4歳 5歳	3歳 4歳　B子は目やにで通院、遅刻。 5歳　C男　38.9℃　12：30早退。

健康面	食事	備考
・午前食中、C男がうとうとする。近づくと頭が痛いとのこと。身体を触ると熱く、38.9℃の熱、早退。 ・D男がスクーターに乗っていてぶつかり、鼻血をだす。 ・E男が降園前、机に頭をぶつけ、こぶ。	午前……親子丼を残す子がいた。 午後……よく食べた。	・配付物他

保育経過及び反省	
・登園時、F子、G子が不安定であったが、E子の後からG子が登園してきたことで、なんとか2人で気持ちを切りかえ、園庭に向かうことができていた。3歳児の子も朝の身支度に戸惑う様子はなかった。 ・園庭が混雑していたこともあり、1歳児や2歳児のけがが多く、ひやひやした。午前食で少し時間をかけすぎているような気がする。もう少し方法を変えていかなければと思う。降園前は人数が多かったがよく話を聞いていた。	**明日への展開** ・気温の差で体調もくずしやすいので、熱や表情に注意して見ていく。 ・園庭の使い方について職員間で打ち合わせる。

7月29日（火）天候　曇りのち雨	在籍	3歳	26人	欠席	3歳	12人	出席	3歳	14人	確認印
		4歳	24人		4歳	6人		4歳	18人	
		5歳	26人		5歳	8人		5歳	18人	

保育の流れ	欠席児童及び理由	早退、遅刻
・登園　　　　・午睡 ・視触診　　　・午後食 ・身支度　　　・降園準備 ・園庭遊び　　・降園 ・室内遊び ・午前食	3歳　H子（熱）、J子（熱） 4歳　I子（微熱） 5歳　K男（昨夜嘔吐）	3歳 4歳 5歳

健康面	食事	備考
・L男、プレイポートの途中から落ち、膝をすりむく。 ・M男、降園前、37.2℃の微熱。その後も床にゴロゴロして遊んでいる。父に伝える。	午前……なすとエリンギの酢の物の残食が多かった。 午後……よく食べた。	・配付物他

保育経過及び反省	
・登園は、昨日休んでいたN子がややぐずる。また、O子も、母にアピールするように大声で泣くが、どちらも保育者がかかわることで気持ちを切りかえ、身支度をすませていた。O子は、だいぶ、自分で気持ちの切りかえができるようになってきた。 ・午前食は、いつもよりは早く食べおわっていたが、5歳児に残している子が目立つ。 ・午睡あけ、あまり時間がかからずホールに行けるようになっている。 ・帰り前に、廊下で遊んだり、5歳児が室内で戦いごっこをしているので気をつける。	**明日への展開** ・体調をくずしている子も多いので、様子を見て早めに対応する。

7月30日（水）天候　雨のち曇り	在籍	3歳	26人	欠席	3歳	9人	出席	3歳	17人	確認印	
		4歳	24人		4歳	9人		4歳	15人		
		5歳	26人		5歳	13人		5歳	13人		

保育の流れ	欠席児童及び理由	早退、遅刻
・登園　　　・午後食 ・視触診　　・降園準備 ・身支度　　・降園 ・室内遊び ・午前食 ・午睡	3歳　P男（熱、もう一日様子見） 4歳 5歳　Q男（様子見）	3歳　R男（37.0℃）、早退。 　　　S子（37.4℃）、早退。 4歳 5歳

健康面	食事	備考
・U男…37.1℃。微熱→様子を見る。 ・V男…右頬ひっかかれる→みつろうを塗る。	午前……うどんを残す子がいた。 　　　　もずくがすすまなかった。 午後……よく食べていた。	・配付物他

保育経過及び反省	
・登園は、昨日欠席したS子が母と離れることをいやがっていたが、保育者がかかわることで気持ちを切りかえていた。他はスムーズに入室した。午前中は雨が降っていたので、ずっと室内遊びとなる。あまり身体を動かさずにいたためか、食事もダラダラ食べたり、午睡も寝つけずにいる子がとても多かった。室内でもっと発散できるような遊びを取り入れられるとよかった。	**明日への展開** ・熱をだす子が見られている。 ・気になる子はこまめに検温する等、気をつけて見ていく。

7月31日（木）天候　曇り	在籍	3歳	26人	欠席	3歳	4人	出席	3歳	22人	確認印	
		4歳	24人		4歳	4人		4歳	20人		
		5歳	26人		5歳	9人		5歳	17人		

保育の流れ	欠席児童及び理由	早退、遅刻
・登園　　　・午後食 ・視触診　　・降園準備 ・身支度　　・降園 ・園庭遊び ・午前食 ・午睡	3歳 4歳 5歳　K男（熱） 　　　T男（熱、様子見）	3歳 4歳 5歳

健康面	食事	備考
・午睡中、少し咳が出る（W子）。 ・他は良好。	午前……煮ものを残す子がいた。 午後……よく食べた。	・配付物他

保育経過及び反省	
・登園は、X子、M男が母から離れるさいに少し不安定になるが、少しすると自ら着替え始めていた。プールカードを出さずに入室する子が数人いたので、夏の間、習慣になるように声をかけていきたいと思う。 ・シャワーを3・5歳児一緒に行った。5歳児は3歳児の面倒をよく見て、身体を拭いてあげたり、ほほえましい様子だった。 ・食事どきが騒がしく気になる。午後食をいつまでもだらだらと食べている子が多い。	**明日への展開** ・週末なので、持ち帰りの荷物など、気をつける。

遊び　　夏期遊び保育日誌の例　（7月28日〜8月1日）　　遊びの内容：絵の具

	遊び	準 備	配慮すること
7月28日（月）	宝物作り（石に色をぬる）	・ピカピカ絵の具　・筆 ・パレット（または皿） ・バケツ ・長机 ・ブルーシート ・新聞紙 ・ネームペン ・雑巾	・絵の具、筆の使い方に気をつけていく。危険のないよう、そのつど声にしていく。 ・乱雑にならないよう、絵の具をぬる場所、できあがったものを置く場所などに分けていく。
7月29日（火）	フィンガーペインティング	・ブルーシート ・長机 ・絵の具 ・パレット ・画用紙 ・雑巾 ・製作棚	・画用紙は、たくさん用意しておくようにし、自由に描けるようにする。 ・大人も一緒に行い、描き方のバリエーションを増やしていく。 ・子からの表現も引き出していく。 ・目、口などに入らないよう、遊び方に目を向けていくようにする。
7月30日（水）	絵の具・自由画	・絵の具 ・筆 ・パレット ・画用紙 ・長机 ・ブルーシート ・雑巾 ・製作棚	・絵の具、筆の使い方を伝えていく。 ・3歳児は、一緒に手伝いながら、伝えていくようにする。 ・作品は汚れてしまわないよう気をつける。 ・描いたものを認め、たくさんほめて、自信につなげられるようなかかわりを心がける。
7月31日（木）	指絵	・絵の具 ・皿 ・長机 ・ブルーシート ・雑巾 ・製作棚 ・画用紙	・指や手のひらに絵の具をつけ、感触を楽しんだり、絵にしたりと楽しんでいく。 ・できた絵の形など見立てて楽しめるようにする。 ・エスカレートしすぎないよう、紙に絵を描いていくことを盛り上げていく。
8月1日（金）	ボディーペインティング	・絵の具 ・皿 ・バケツ ・長机 ・ブルーシート ・雑巾 ・タオル ・シャワー	・始める前に約束事をしっかり伝えてから行うようにする。 ・目、口に入らないよう、注意して見ていく。 ・ダイナミックに楽しめるようにするが、エスカレートしすぎないようにしていく。 ・後は、シャワーで、きれいに洗い流せるようにする。

保育経過（子どもの姿）及び反省	明日への展開
・園庭の木陰にブルーシートを敷き、絵の具遊びを設定する。石に絵を描くということが、めずらしかったからか、興味をもって行っていた。キャンバスが小さく、3歳児には難しいところもあったが、絵というよりは色をつけて楽しんでいた。全体に、「もう一つ作る！」と何個も作っている子が多くいた。数を重ねるうちに、石をいちごや車の形に見立てて、絵を描く子も見られた。2歳児も楽しめていた。 ・後半、4・5歳児の希望者で、原山まで行き、体を動かした。	・フィンガーペインティングを楽しんでいく。
・今日は、絵の具の自由画を行う。絵の具、筆の使い方だけを伝え、あとは、子にまかせていくようにしていった。5歳児は、パレットの使い方がとても上手であり、自分で色を混ぜ合わせて、色をつくっていった。太い筆、細い筆を用意しておくと、自分で考え、使っていた。3歳児は色をぬること、4歳児は自由に描くこと、5歳児は細かい動物など描き、楽しんでいた。途中、雨が降ってしまい、やりたいという子もたくさんいたが、おしまいになってしまった。室内では、巧技台、童具、自由遊びに分かれ、落ち着いて遊んでいた。	・絵の具での自由画を引き続き楽しんでいく。
・雨天のため、ぞうの部屋で絵の具遊びを行う。5歳児は、赤、黄、青、白の4色のみパレットに出し、自分たちで色をつくって楽しめるようにした。「緑はどうやってつくるの？」「肌色は？」など、聞きながら、自分でつくり、できた色を見て、喜んだり、感動する子の姿が見られた。3歳児は、たくさん色をぬることを楽しむ子が多かった。そのなかで、色を変えるときは筆を洗うこと、絵の具に水を少し入れて溶かすことなど、伝えていくようにした。 ・他の部屋では、ブロック、パズル、ぬり絵、自由画など、遊びを変えていくことで、落ち着いていた。	・指絵など楽しんでいく。
・今日は天気がよかったので、長机で指絵を行う。手首より下で絵の具をつけて遊ぶこと、顔などにつけないことなど伝えながら、進めていった。はじめは、指先につけ、点や線を描いていた。だんだんと慣れていくにつれて、手のひらに絵の具をつけたり、手の甲にぬったりと、のびのびと絵の具を楽しむ子の姿が多く見られた。指で絵を描いたり、手形を押したり、グチャグチャとたくさんぬりつぶしたりと、それぞれの楽しみ方が見られた。 ・長い時間やっていたことで、代わるがわる、たくさんの子が楽しめた。その後、汗をかいていたのでシャワーを浴びた。3歳児は5歳児とペアになることでスムーズだった。	・ボディーペインティングを楽しんでいく。
・朝、あまり気温が上がらず、ボディーペインティングは行わなかった。 ・園庭にカラーコーンを並べてラインカーでコースを引き、スクーターや三輪車で遊んだ。広いスペースで、いろいろなコースを描いておくことで複雑になり、何度も行う子の姿が見られた。 ・また、固定遊具や虫がさしなど、のびのびと遊べていた。後半、とうもろこしの皮むきを行った。一枚一枚皮をむき、とうもろこしの身が見えてくると、うれしそうにしていた。その後、3・5歳児と4歳児に分かれて身体測定を行った。	・料理など楽しんでいく。 ・エプロンなど忘れないよう声をかけていく。

7月●95

8月の生活と遊び

プール遊び

8月は、特に子どもたちの体調に配慮しながら、プール遊びや水鉄砲など夏季の遊びが豊富に体験できるよう工夫する。

年齢別に担任が計画したものを実践計画に移す段階で、夏期の出勤体制も考慮しながら、週の出勤者が中心となり遊びが展開するよう万全の配慮をする（夏期カリキュラム指導計画の表を参考）。

異年齢の生活が主になるので、遊びのリーダーがプールに入らない子どもの遊び内容を計画から準備や実践まで責任をもつ。手分けした他の出勤者がプール遊びの担当になり時間帯で年齢別にプール遊びをするが、子どもたちがもっている自らの水に浮く力がのびのび発揮できるように、遊ばせる方法の検討が重要になる。

登園と同時にプールカードを確認する。一日のその子どもの遊び内容が決まることになる。どちらの遊びに参加するにしても、子どもたちは登園時から「今日はプールに入れない」など、自らそのつもりで登園することも多い。不機嫌な表情で登園する子どももあるので、視界に入る範囲におさめつつその日の遊びの計画の準備をして、登園時から一日を楽しめるよう配慮する必要がある。

体調が悪く水遊びできない場合もあるので、室内遊びも用意する。通風のよい場所を選び、発汗も少なく、遊びを工夫して健康維持にも配慮することが肝要になる。

プールに入らない子の遊び
（8月1週目の調理保育「だんご作り」）

はかり、ボウル、湯、粉、おぼんを前日に用意する。素手でだんごを作るので衛生面での気づかいを子どもたちにていねいに説明する。手洗いと逆性石けんで消毒した手をさらに流水でよく流し、作業前の準備をする。

ボウルに粉を入れる。はじめは湯を使うので大人が菜箸などで湯を粉になじませる。我慢できる程度の温度になってから子どもたちの作業となる。よくこねないとおいしいだんごにならないなど、会話を楽しみながら作業する。子どもたちは「粘土みたい」とその感触を楽しむようである。

きれいにした手を胸の前に掲げて自分の番を待つ子どもたちも、だんごを作る段階では全員が手にして丸める。お盆の中には大きさもさまざまなだんごが盛られて、蒸し器に並べられて調理室に依頼する。

保育日誌［8月4日］

今日は天気がよく、3・4・5歳児のプールに入れない子がだんご作りを行ったが、5歳児が年下の子どもをていねいに手伝う姿があり、縦割りの遊びが自然に見られた。大人が粉を量ったり湯を入れてこねているあいだも、じっと静かに見ていた。「ボウルが動かないように押さえて」とお願いすると、一生懸命に押さえてくれた。だんごを丸めるのもとても楽しんでいた。

8月4日プール遊び。塩素を入れて整備
気温35℃、水温28℃、浸水35cm
3歳児（28人）、内容：水かけっこ

久しぶりのプールで若干緊張気味であったが、水かけっこが始まると苦手の子も逃げるなど、結果的には追いかけられて参加するなど水遊びを楽しんだ。水に顔をつけられる子どもは半数以上、1人完全に水に浮いて自由に遊んでいた。

4歳児（25人）、塩素追加、内容：あざらし

顔つけあざらしなどダイナミックに遊び始める。途中から順番にあざらし遊びをしたので、やや苦手な子も刺激されたのか、最後まで頑張っていた。

5歳児（16人）、内容：水の中でジャンケン

久しぶりのプール遊びで大喜び。苦手なA子が自分からあざらしをしたり、顔を水につけようとしていた。平泳ぎのように手をかき、足はバタ足のように泳ぐ子がいた。水の中でジャンケンをする目標の遊びは、目を開けてする子どもが多かった。B男は水を飲んでしまうので保育者がついていた。

持ち物の管理と保育者間の整備

夏季はどの年齢も夏季の遊びが中心で、健康を維持するために午前中はたくさん遊び、午後は昼寝に誘う。あるいはブロックや絵本、パズル、カルタ、トランプなど、静かな遊びで休息をとり、明日も大好きなプールに入れるように、自ら体をいたわるように語りかける。

登園も、保護者の休暇や家族の夏季の計画などで学年全員が揃うということは少ない。異年齢の遊びが自然に発展する傾向になるが、職員も交代出勤があるなどで、生活の乱れが目につく、気になる時期でもある。保育者間の連絡を密にして保護者の不信感を誘わぬよう、連絡事項を掲示できる用紙を壁に貼って、翌日の出勤者は必ず読むなど、職員会議で意識の統一が求められる。

子どもたちも緊張感が薄れるのであろう。プールの脱衣場での衣類やタオルなどの持ち物、脱いだ靴下の管理などが乱雑になりがちである。持ち物の管理に意識が向くよう働きかける必要がある。

毎日持ち帰る水着も保育者が個別に声をかけないと持ち帰れない子どもには、明日自分が困ることを具体的に示す。5歳児は困ることを体験するのも方法である。

一度プールに入れなくても人生が変わるわけではないので、安心して保護者とともに学童期に向けて意識を育てるつもりでかかわり方を工夫する必要がある。

環境整備「冷房」

冷房を使う場合、室温は外気温との差を5℃以内に保つことは原則であるが、乳児期とは異なり体力もあるので、昼寝や食事どきに気持ちよく寝つける、あるいは食欲を増す意味で食べやすい温度に調節することを考える。したがって、必要とする時間以外は使わない。

むしろ、発汗作用は自律神経が正常であることの証なので、たくさん遊んだあとの汗はシャワーを浴び、衣服を取り替えるなど、健康的な生活を送るために皮膚呼吸の大切さや皮膚をきれいに保つことの意味も伝える。そして、子どもたちの健康的な生活姿勢を育てるつもりで、そのつど、かかわる子どもの知的好奇心にふれるように話題を提供する。

体の部位などには関心が高いが、さらに、皮膚の役割にも興味を抱いて自ら衛生的にしようと考える力も備えている子どもたちである。理屈っぽい話には特に興味津々、思い出したときに心がけられる年齢でもある。

夏期カリキュラム作成時の注意

8月のカリキュラム予定表作成時の注意事項は、プール指導も遊びの内容も計画されているので、3・4・5歳児の担任の休暇が決まり出勤する保育者のなかで、4週あるいは5週間の保育内容を保育者の意向を中心に責任者を決める。

どの部分を担当しても通常、異年齢の生活が主になる形態をとっているので、すべての子どもたちと親しく遊んで信頼関係ができる利点がある。その日の記録も一緒に遊んだ保育者の観測で書くことが可能であるなど、続けて取りたい職員の夏季休暇も、保育内容を低下させることなく可能にする。夏季の特別体制を工夫している事例でもある。

3歳児　8月指導計画

子どもの姿

生活
- 園外から戻ってきたときや園庭で遊んだ後など汗をたくさんかいているようなときに、タオルで顔を拭いてあげたり、大人も一緒に顔を洗うことで気持ちよさを共感できている。顔を洗うことに関しては自ら行う子も見られるようになった。
- 特にパジャマへの着替えのときに関しては、ほぼ自分の荷物をかごやリュックにしまうことができるようになっている。また、たたむことや靴下を一つにまとめることも、話題にすることで、できる子が見られている。

遊び
- 遊戯に関しては、活動前や午睡明けなどに継続して自由に楽しめている。左右の意識までは薄い子が多いが、担任の振りを見ながらまねして行えている。
- プール遊びはまだほとんど行えていないが、水かけっこや「あざらし」など積極的に楽しめている子が多い。なかには、水の中にもぐったり、顔つけを楽しめている子も見られている。消極的でプールサイドから動けずにいる子も数人、見られた。

生活・遊び

保育の内容（ねらい）

《情緒・人間関係》
- 異年齢児やさまざまな保育者とのかかわりのなかで安心して過ごす。
- 担任以外の大人で不安がる子・同じ部屋で遊んでいる大人なら大丈夫な子等、しっかりとあげておく。（自己発揮できていない子も）
- 小さい子に対していいと思っていても、かげんができない子もいる。
  →見ていて伝えてあげる。

《生活》
- 暑い日の過ごし方について意識して行おうとする。
- 食事量や十分に眠れているか、しっかり見ていく。
  「食べなかったり眠らないと暑いのに負けちゃうよ」
- 自分の持ち物をしっかりしまう。

《遊び》
- 水遊びやプール遊びを十分に楽しむ。
- 絵の具遊びを楽しむ。

環境構成と援助のポイント

- 2歳児が2階で生活することも多くなることが予想されるので、自分より小さい子とのかかわりを遊びなどのなかで自然ともてるように促していく。そのようななかで2歳の子との容姿や情緒面の比較から自分のほうがお兄さん、お姉さんであるという意識を促し、優しくかかわったりすることを経験できるようにしていく。そのような姿は大いに認めたり、ほめたりしていくことで、個々の自信へとつなげていく。
- 汗をかいたときに顔を洗ったり、木陰で風を感じながら気持ちよさや涼しさを子と一緒に共感していくことで、実体験を通して方法を意識して行っていけるようにする。自ら行っている姿にも具体的に声にしながら大いに共感していく。また、大人が意識して目を向けていくことで、子の様子によっては気になる子に対して声をかけるなど促していけるようにする。アトピーの子や感染症に対しても配慮していく。
- 特にプール遊びのときには、そのつど、脱いだ衣類はどうすればよいのか、子が考えられるような声かけをし、方法を意識して行えるようにしていく。できている子は大いにほめたり、気になる子には事前に個々にかかわっていくことで、後から直される経験よりもほめられる経験を多くしていけるようにする。状況によっては、「落ちているものが泣いている」というようなことを全体で話題にしながら、持ち物管理への意識を高めていく。
- プール遊びでは、はじめのうちはフープなどのプール遊具も多く利用していくことで、一人ひとりに自分の好きな遊びを楽しんでいけるようにしていく。ときには、全体で「あざらし」をしたり、水かけっこなどをしながら、ダイナミックな遊びへと誘っていく。消極的な子はいやな経験をする前に無理せず少人数での入水によって安心して楽しめる機会をつくっていく。水遊びは、自由に水を使えるような遊びからダイナミックな泥んこ遊びまで、十分に楽しんでいきたい。（方法については相談）
- 絵の具を使って決められたものを描くのではなく、自分の好きなものを自由に描く経験を多くしていく。絵の具や筆の使い方については年長児の方法を見たり、そのつど伝えていくようにする。筆だけでなく指で描いてみたり、ダイナミックにボディーペインティングを楽しんだりすることで絵の具に十分親しみ、絵の具遊びの楽しさを十分感じられるようにしていく。また、大人も一緒になって描いたり楽しんだりしていくことで楽しさを共感していけるようにする。

◎基礎的事項
- 快適に生活できるようにする。
  （換気、風通し、除湿、外気温との差、発汗への配慮、水分補給…）

運　　動	プール（歩く・あざらし・顔つけ）前回り
歌・音楽	「プールの歌」「水遊び」「うみ」
遊　　戯	「南の島のハメハメハ大王」「ツッピンとびうお」
言　　語	お話し他「おふろ大好き」
造　　形	折り紙、魚
絵　　画	絵の具（指絵、ボディーペインティング、自由画）
恩　　物	第3・第4

4歳児　8月指導計画

子どもの姿

生活
- 着替えのさい、自分の物であるか名を確認し、しまう子もいるが、落とし物があっても自分の物と気づかずにいる子も見られる。靴下は、一つにまとめられず、そのままかばんにしまおうとする姿も多い。
- 帽子をかぶらず外に出たさい、頭を押さえ「暑い」と気づく子が多かった。

遊び
- プールでは顔つけが行える子も多く、積極的に遊ぶ姿が多く見られている。
- 七夕飾り等、細かな折り紙も集中して行う様子がある。
- ボールを使った集団遊びに好んで参加する子が多い。

生活・遊び

保育の内容（ねらい）

《情緒・人間関係》
- 異年齢児に親しみをもち、積極的に遊ぶ。

《生活》
- 暑さに負けず過ごす方法を知る。
- 自分の持ち物に意識をもつ。

《遊び》
- プール遊びをダイナミックに行う。
- 絵の具遊びを楽しむ。

環境構成と援助のポイント

- さまざまな学年の子と集団遊びを行っていく。大人も一緒に行い、自ら入れずにいる子は誘う等、入るきっかけをつくっていく。ゲームによってはなじみのない子同士をペアにしてみたり、いろいろと工夫して行っていく。
- 全体で集まるさい、名前あてゲームを行い、楽しんでいく。子がさまざまな子の名前を覚えられるよう、大人も「○○ちゃんて言うんだよ」と名前を伝えていく。
- 暑さに負けずに過ごすにはどうすればよいか、子と考える機会をもつ。帽子をかぶる、水分補給をする、汗を拭く、顔を洗うということのほか、食事をきちんととること、午睡を行うことも伝えていく。水分はとりすぎると食事が食べられなくなったり、おなかが痛くなることも伝えていく。帽子をかぶっていないときは頭をさわってみたり、汗をかいているときは拭いてあげる等し、やらなければならないと伝えず、実際に感じて行っていけるようにする。
- ※自分で感じる声かけが大切。
- 靴下が片方のみ落ちていることがあるので靴下のまとめ方を伝え、行っていけるようにする。靴下や女児がつけている髪かざり等細かい物まで自分が身につけているものを確認し、落としてしまっても気づけるようにする。記名をお願いし、名を確認し、しまうようにする。降園時、プールバック等も忘れることのないよう、伝えていく。失くなっても、子が困らないのかもしれない。子が身につけているものを意識できるよう劇をしたり鏡をチェックしたりと考える。
- ダイナミックに遊べる子と水しぶきをいやがる子とを分けてプールに入れる等し、どちらの子も楽しんでプールに入れるようにする。少しでも行えるようになったことを認め、子が自信がもてるようにかかわっていく。子が慣れてきたら、水の量を増やし、楽しんでいく。
- マーブリング、フィンガーペインティング、自由画等、さまざまな絵の具遊びを行い、色の変化やダイナミックに描くことを楽しんでいく。
- 園庭で自由に遊べるスペースを作って行う。

◎基礎的事項

- 皮膚のトラブルはプールに影響するので、入れない子の気持ちを考え、早めに対処していく。（着脱時によく見る）
- 気温の変化に応じて、室内の温度、子の体感温度を考えていく。
- 夏期保育の生活の変化による不安を受けとめ、個々にかかわる。

運　動	プール遊び
歌・音楽	「おばけなんてないさ」
遊　戯	今まで行ったもの
言　語	お話し他「ぐりとぐらのかいすいよく」
造　形	折り紙、ふね
絵　画	絵の具遊び
恩　物	

5歳児　8月指導計画

	生活	遊び
子どもの姿	・持ち物管理は話題にしてきたことで意識が高まりつつある。 ・カビをはやす実験を通し、清潔にしておくことの大切さと不潔にしておくことのマイナス面を認識する子が増えてきている。（個人的にはまだ不十分な子も見られる） ・暑い日の過ごし方についても皆で考えたことを実践してみる子が増えてきた。 ・食事の面では、いつも同じメンバーのおしゃべりが多く、時間がかかる姿が見られている。	・絵の具遊びは、花火を題材にして行った。筆先の扱いや描き方だけでなく、バケツの水の交換、筆の洗い方、ふきんの使い方、片付けなど意識的に声かけをしてきたことで、子が自分たちで気づき、行えるようになってきた。また、そのことで、絵の具遊びに対する関心もより高まった。 ・調理も興味・関心をもっている子が多く、園での料理を自宅でさっそく作ってみた子もいた様子である。

	保育の内容（ねらい）	環境構成と援助のポイント
生活・遊び	《情緒・人間関係》 ・異年齢児への思いやりのあるかかわりをする。 《生活》 ・状況に応じた持ち物管理を行う。 ・自ら進んで手伝いを行う。 《遊び》 ・童具を楽しむ。 　存分に時間をとり、楽しんでいくのもよい。連日続けて行う場合は、他の先生に確認をとってから行う。 ・調理保育を楽しむ。 　釜、鍋、コンロだけでなく、鉄板等も取り入れていく。 ・水遊びを十分に楽しむ。	・異年齢児に対する気づかいができる子が増えてきているが、夏期は特に異年齢児と生活する場面が増える時期なので、より相手を思いやってかかわれるよう夏期保育に入る前に話題にしていきたい。自分だったらどのような状況のときに目をかけてほしいか、立ち場を逆にして考えてみたり、表情を見ながらかかわることなどを伝えていきたい。相手を感じられることが大切である。子が自信をもてるよう励まし、ほめていく。それが心の成長につながる。 ・お泊まり保育を終えたあとは自信もついていると思われるので、よけいな声かけはせず、忘れてしまいがちな子には「大丈夫ね」と声をかけ、自分で確認をする時間をつくっていけるようにする。 ・自宅にいる子は家族のお手伝い、園にいる子は先生たちや3歳児のお手伝いなどを進んで行えるよう、手伝いをすることで今後の自分につながるメリットがあることを伝え、意欲的に手伝いを行えるようにしていく。 ・異年齢児と行うことで交流をひろげるときと、あえて5歳児だけで行い、数日継続して行って大作を作り、達成感を味わう機会をつくっていきたい。人数の調整や集中しやすい環境をつくっていくことを大切にする。 ・夏の暑さのために食欲が落ちる時期に、調理保育を通し食事に対する意欲がもてるようにしていきたい。自分たちで作った野菜も収穫し、味わっていきたい。 ・水量を増やしていき（子の様子を見て）ダイナミックに楽しんでいきたい。自信のない子に合ったかかわりをし、自信がもてるようにしていく。 ・バタ足や「けのび」にも挑戦できるよう促していく。

◎基礎的事項
・外気温と室温の差に気をつけ、快適に過ごせるようにする。
・一人ひとりが自己発揮できるようなかかわりを心がける。

運動	けのび・バタ足
歌・音楽	「おばけなんてないさ」
遊戯	盆おどり
言語	お話し他　図鑑（虫・魚など）
造形	折り紙、いか・たこ・さかな
絵画	絵の具　ひまわりの観察画
恩物	童具

プール日誌の例

平成　　年度　プール日誌　　6月20日（金）天候　くもり

早番の状況	残留塩素量　0.1以下 PPM	追加塩素量	カップ　1杯	水の汚れぐあい	ゴミが浮いている

プール遊び開始、終了時刻　及び　残留塩素量、気温、水温　　8：10すぎ1.2 PPM　心配なので9：50再度計る　0.7 PPM

	開始	10時30分	0.1PPM	気温31℃	水温27℃
	終了	12時10分	0.4PPM	気温27℃	水温27℃

入水人員と指導内容

計測時間　残留塩素（追加等）	クラス名	入水者数	遊びの内容	指導成果・その他	指導	監視
（時　分　PPM） 10：25　1/2杯 腰洗い場 25 PPM 10：30　0.1以下 　　1.5杯追加 10：35　0.5 PPM 10：47　0.4 PPM	3歳児	赤19人 白21人 （見学5人） 計40人	・自由遊び ・あざらし歩き ・フープ ・顔つけ	・本日、今期初の入水となる。4月入園のA子は怖がることなく楽しむことができた。他の子もあざらし歩きや顔つけ等、表情よく楽しんだ。 ・入水は10分ぐらいで、風が強かったため、赤チームはすぐに部屋に戻った。 ・白チームは赤チームが行っているのを少し見ていたのでよりやる気になり、一人が顔つけができ、それを声にすると他の子も行う等、水を怖がる子がいなかった。とても楽しんでいた。		
腰洗い場 50 PPM 　　1/2杯追加した 11：05　0.2 PPM 　　1杯追加 11：13　0.6 PPM	4歳児	赤18人 白19人 計37人	・自由遊び	・4歳児になり、初めての入水となる。新入園児も特に不安定になる子は見られず、笑顔が見られたのでよかった。昨年入水をいやがっていたB男、C男も、スムーズに入ることができた。 ・あざらし歩きをしたり、水をかけ合ったりして、楽しむ姿が多く見られた。顔に水がかかることがいやな子は、周りに立っていたが、その子なりに楽しんでいた。部屋に戻った後は、「気持ちよかったね！」という子が多くいた。		
11：30　0.1 PPM 腰洗い場 25 PPM ┌11：45　0.1 PPM以下 │　　1杯半追加 ロカ塩素投入 │11：52　0.6 PPM └12：08　0.4 PPM	5歳児	赤19人 白16人 計35人	・フープくぐり （顔つけ・バタ足） ・自由遊び	・今学期、初めての入水であったが（童具とプールに分かれた）、興奮する様子もなく、約束事を意識して遊べていた。 ・大人の合図によって、あざらし歩きやバタ足など一人ひとり、いまできる泳ぎを見せたが、水位が彼らにとっては低く、ものたりなさがあった。 ・昨年よりもダイナミックさが出ていて、顔つけができる子も増えていて、今後が楽しみに感じた。 ・40～50cmまで水位を上げたいと思った。		

事故とその処理

所見	濾過機の運転状況 　　時　　分　～　　時　　分 水の汚れぐあいなど （　　　　　　　　　　　　　）
プール掃除の必要性など	降園前に 投入した塩素量 及び時刻・水位	時　　分　　cm カップ　　杯　投入

8月 ● 101

9月の生活

　年間指導計画には、4・5・6月は情緒の安定に主眼をおき、7・8・9月は慣れた環境で精一杯活発に遊び、運動量を増すことにより全身の運動機能の発達を促すことを、大きなうねりとして園全体の計画は組まれている。

　9月は、その運動遊びにより育ちつつある年齢なりの発達の姿を確認していただくように運動会という行事を計画している。

　日ごろはていねいな発達の確認も難しいほど忙しい保護者にも、年度当初に子どもたちのために有給休暇の確保を依頼し、育つ過程を知り、子どもと共に成長を喜び合える保護者の心情を体感してほしいと願い、行事の案内をする。内容は、保護者や祖父母の競技も加えて、日ごろ見かけない父母の走る姿や祖父母の姿を子どもたちに見せるのも、ほほえましい家族ぐるみの運動会になる。地域の人々にも参加を呼びかけて、地域全体で秋の一日を快適に過ごせるよう計画をする。ポスターを描く子どもたちも期待が大きく広がる。

3歳児と靴（年齢別生活週案日誌から）

　年間の生活カリキュラムにも、9月は「運動と靴」とある。

　3歳児には靴の右左の区別は難しく、履いても不便を感じるほど不都合ではないようだ。しっかり覚えられるように語りかけが必要である。トイレのスリッパを動物にたとえて、左右間違えたら困る絵を描いてトイレに掲示する。あるいは、友達同士で足を見せ合い、足の指で遊び、足に関心を向けるよう試みるなど、足にも形があることに気づかせることが肝要である。

4歳児と食事

　4歳児は、食事にかかる時間を問題視して集中して食べることを求める保育者の願いがあげられている。楽しく食べる食教育のねらいも、時間がかかりすぎると友達との会話に関心が高まり、食事への感謝や素材の味にも関心が低くなると案じている。時計の針を見て時間を決めて食べてみようと約束をしたり、マンネリ化した生活に変化を加えて、意欲的に食べる4歳児の姿を求めるなど、子どもたちの意識をしっかり誘い込み、生活にメリハリをつける。

　日誌の評価反省の欄には、「苦手な食品や量についても個別に相談するシステム『ご飯の量を少なめ多めと子どもが選択する』をふたたび取り入れてみてはどうか」と、赤字で先輩保育者の指導が入っている。

　進んで食べるための食事指導の難しさは日々保育者の苦慮する問題であるが、食欲には空腹感も必要であり、食品に関心を抱くことも食欲には大きく影響する。活動的な運動遊びの後の食べぐあいなども考えて、子どもたちに求めるかかわりとは別に、運営の視点から一日の生活の流れ全般のデイリープログラムの見直しの検討も必要になる。保育内容によっては、食事時間の変更が可能であるなどの柔軟な選択は、通常、施設運営には存在する融通性であるが、半年を経過して成長した子どもたちの実情に合うプログラムを練り直す必要性も現れてくる。

　意欲的に活動する幼児期後半の遊びに合わせて、健康的な食生活姿勢を求める園全体のマンネリ化の改善も話題にする必要があるであろう。

　栄養士や調理員も交えて検討し、食材に触れる調理実習を取り入れるなど、健康に生きるための食事であることを理解できるような、子どもにとって身近な食事になるよう工夫が肝要である。

5歳児と時間の流れ

　5歳児の生活目標2週目は「時間の流れを意識して行動する」とある。計画は子どもたちの話し合いホワイトボードに書いて、いつでも見える場所に掲示している。

　配慮点には、時計も一緒に並べて時間を意識するように、そのメリットについても話題にしていくと計画している。

　評価反省の欄には、ホワイトボードに対する関

心が高い様子がうかがえた。時間を意識しようとしているが、ずれこむことが多い。区切りに対して「保育者の意識に余裕が必要であった」と反省している。

時計の針の動きは、見ているとわずかな動きである。止まらない動きが理解できないと、抽象的な時間ばかりが空間を飛んでいるように思えて、子どもたちにはその理解は難しい。はじめは子どもにも予測できる大きな区切りを話題にする。「今日は神社まで何キロメートルの道を散歩するが、どれくらいの時間がかかると思いますか？」などの時間に関する話題提供をする。時計を見てから外出すると、帰って一番に時計を見に行く。長い針が幾つで、短い針が幾つである。出かけた時間からどれくらい経ったのかわかるように説明が必要になる。

はじめて時計の見方を知らせるときは、図を描いて具体的に知らせる。1時間とは60分である。散歩に出かけたときから帰ったときの針の位置を示して、長い針がひと回りしたら1時間と読むことを伝える。また、散歩している間、時計の針は動いていたことも意識できるように話す。1時間という抽象的な時間の単位と遊んできた時間の経緯を体験的に体感しながら徐々に覚えていくようである。

9月の遊び（園庭）

サーキット、三輪車、砂場遊びが2週目に予定されている。登園と同時に遊びだせるように、トンネル、平均台の設定をするが、危険のないよう保育者は近くで見守り、すぐに介助できる位置にいるようにする。危険な遊びに発展したときは、そのつど声をかけていくと配慮点には記載されている。

遊び「室内」の2週目には、ままごと、パズル、ぽっぽランドが予定されている。ままごとには家庭の用具を意識して用意するよう声をかける。パズルは一つでも欠けると完成しない遊びであることも伝える。遊具への感謝や物の大切さを、そのつど遊びの担当者は任務として指導する。

いずれの場の遊びも自由選択の形態で遊びが設定されているので、保育者は一人ひとりの遊びのぐあいと子どもの心理的な充足感を見届けることが重要になる。

指導計画の基礎的事項にも、3歳児には、個人に目を向けながら自立していけるようにかかわっていくとある。心の内面を出しきれない状況にある子どももいるので、保育者は思いを受けとめながら、気の合う友達を見つけて友達とのかかわりから自己を発揮していけるように配慮する。

4歳児は、夏の疲れによる体調に目を向ける。情緒の安定を図り、生活リズムを整える。遊んでいる時間帯の保育者の知的活動を期待する事項として、メリハリのある言葉がけで子が自ら気持ちを切り替えて遊びに挑めるよう、各遊びの担当者に意識的な役割を求めている。

5歳児も「一人ひとりが十分に自己発揮できるよう個々の状態を把握して適切な助言をする、夏の疲れに留意する」とある。

一人ひとりの子どものよいところを十分に伸ばせるように、小さなことでもほめていく。また、「苦手な部分や発揮しきれない部分の原因をよく考えて心の支援を心がける」とある。

9月は全体的に、夏期にほとんど登園していた子どもの体調が気になる月でもある。

どの年齢児も保育者は夏季の生活と体調の関連を考えるが、体力の限界を超えた子どもに無理が現れるので、休養の大切さを8月も9月も子どもたちには伝える必要がある。

室内外いずれの場においても、子どもたちの自由選択を認める保育形態である。各保育者は目の前の子どもたちの様相をしっかり見て、多少の失敗を体験しながらでも、遊びへの意欲的な取り組みと十分に楽しめる充実度の把握が重要となる。その遊びを記載する個人記録は事実に基づく重要な資料であり、発達チェック票の記載の貴重な資料となる。

9月の年齢別保育

　夏季は保護者の休暇もあり、比較的に出席率が下がる。2学期のはじまりである9月当初は、3・4・5歳児ともに規則正しい生活に向けて学年別の対話の時間を設けている。

　3・4歳児は長期欠席だった子どもの不安定さを予想し、近くで見守り、生活の流れに戸惑うことがないよう配慮する。意欲的に遊びはじめる姿を確認するなど、子どもの心の状況を察知することが大切になる。

　5歳児は長期欠席児もいるが、登園日数の多かった子どもたちとのしばらくぶりの対面に興奮する姿を想定している。さらに夏季の家族との経験を得意気に話す会話も予想される。楽しい会話も報告的な軽いものと、全日程夏期登園していた子どもとの経験の幅の違いを不快に感じないような保育者の配慮が必要になる。一人の子どもの川遊びの体験をみんながその企画に参加したかのように、場の景色を具体的に示して、おもしろさを一人ひとり「君ならどうする」と問いかけたり、意見を取り入れるなど、想像の世界から擬似体験的な遊びも5歳児には可能である。

　川遊びは地域的に恵まれている場合はクラス全員で体験できるような展開もある。大人が心配する安全面と実現に向けての方法まで子どもたちと共に話し合い、計画する。楽しい遊びには守らなければならない約束があることも計画のなかで経験的に心得る対策である。

　このような展開には、食事はお弁当にするのか、交通は徒歩なのか貸し切りバスを利用するのか、などの問題がある。

　年度計画の時点での打ち合わせが重要な課題になる。

水遊び

　プール納めは9月の第2週にある。子どもたちは日々水着を用意している。天候が良い場合は毎日でも遊ばせたいが、他のクラスの生活の流れでプールが利用できない場合もある。予定外も想定しておく必要がある。

　室内の湿度が高く不快指数が高い日もあり、急遽変更することも考えられる。園庭に、穴のあいたホースを水道の蛇口に接続して噴水する。子どもたちは水着に着替えて裸足で飛び出し、ホースから吹き出る水道水の冷たいシャワーを浴びて、飛び交い、はしゃぎまわる。結果的には泥んこ遊びやボディーペンティングに発展することも予想し、全身で夏季ならではの遊びを楽しむ。ときには他職種の人の手を借りるなど、食事前には全身を清潔にできるようにぬるま湯の準備をするなど、手際のよい配慮が必要になる。

4歳児が誕生会にステージで（18日）

　9月の誕生集会に4歳児が出演することになっている。毎月各年齢の子どもたちが出演内容を検討し、ステージに登場している。多くは保育者の支援を得て、童話の世界を楽しむ方法で、表現活動が展開されている。

保育日誌から

〈保育者の問いかけ〉
　どんな内容で行いたいのか、子どもたちに尋ねる。子どもの案をどう進めていくか、子どもと共に考えて行う。他のクラスの友達には秘密であると伝え、団結を深める。

子どもの姿

　問いかけに対して劇と遊戯が出たが、踊りは「ちょんまげ」「鳩ポッポ体操」と具体的にあがった。どちらにするかを尋ねると「鳩ポッポ体操」が多かったので、歌いながら体操をすることになる。日ごろ聴き慣れた曲でも、ステージ化するには細かい手足の動きも気になる。運動会前の指導のチャンスであり、子どもたちも少し知っていたが、言葉を添えると全員が歌っていた。スカーフを利用することを提案すると「マント」にしたいと声があがり、スカーフをまとって行った。

自信のない姿もあったが、耳慣れた曲であり、無理がない。4回元気に練習したので2日後の当日は堂々と身体表現ができることを信じて終えた。

4歳児の言葉の発達

保護者から「髪の毛がヂリヂリ」と友達に言われたと報告がある。不快感をあらわに訴えてはいない、むしろハーフの我が子の容姿が気になっている様子がうかがえた。観察力も鋭く言葉の発達も著しい4歳児の表現力は、友達ともシビアに対話することもある。自ら気づき感じたことを素直に言葉に表すことは、語彙数を獲得して生活用語が拡大する4歳児の発達の特徴として大切にしなければならない。しかし、同時に人のなかで生きる力、社会性も著しく育つ時期でもある。「人に言われたくない」言葉もあることを教え、人間性を育むつもりで集会をもった。

人間は自分では「どうにもならない」ことがある。自分の白髪を例に「髪の毛が白いと笑われたら私は悲しい。年をとって自然に白くなってしまったので自分ではどうにもならないのよ」と話す。

ストレートの髪の子、癖毛の子を前に呼んで、「あなたは髪の毛をストレートにしたかったの」「あなたは癖の毛に自分でしたの」と聞く。二人とも「違う」と答えた。「生まれたときから今と同じ髪の毛なのよね」と話す。「それをおかしいとか格好悪いとか人に言われたらうれしいの」とも聞いた。「いやだよ」。「みんなはどう思うの」と全体の子どもたちに問いかけた。「どうにもならないことをみんなと違うとか言われたら、言われた子どもはどんな気持ちになると思う」と話しかけた。「いやだと思う」と口々に言い始めた。ハーフの子どもも目を白黒させながらうなずいていた。「人と違うと思っても言わないほうがいいこともあるということを知っててね」と笑顔で求めたら、「うん、わかった」と元気な笑顔が室内に充満した。

ヂリヂリの髪の毛は事実だから言われてもしかたがない、その子が強くなればよい、という考え方もある。素直に言葉にすることも大切である。しかし、保育は人を育てる仕事である。人間らしい心情も感じられる教育的な話も重要と考えている。好奇心旺盛に知的な感覚もダイナミックに求めてくる4歳児である。生活のなかから取り上げたい課題が頻繁に現れてくる。

プール納め

天候によってプール遊びの回数は年度ごとに異なるが、例年、プール納めのころは5歳児のほとんどの子どもが水に浮いて進めるようになっている。もちろん泳ぐ型については指導していないが、手足を伸ばして7メートルのプールの端から端まで全員が得意げに進んでいる。プール納めの日は思い残すことのないように存分に遊べる時間帯を考えておく。ビデオに収めるのは8月にも可能であるが、保護者に公開する意味では卒園する年齢の泳いでいる姿を届けたいという担任の思いもある。

7・8月のプール遊びの様子は、保護者の希望のある年は3・4・5歳児の楽しく遊んでいる様子をビデオに収めて希望者に回覧をする。注意事項としては、ビデオに収めた日を明示すること、その日に欠席した子どもは写っていないことも書き添える。初めての体験で入水を拒む子どももまれにいるが、暑さのなかの水の体感は心地よいもので、楽しい遊びの誘導に自然と親しめるようになる。そんな様子もビデオに収まることもあるので、保護者の安堵する声の連絡も入るようになる。

運動会の練習の約束

運動会でどんな活動をするのか、9月の中ごろには子どもたちが一同に集まり決めなければ練習もできないことを伝えて、一日1回は必ず集まろうと約束する。5歳児としての運動量や活動する姿を家族の方に見ていただく内容も皆で決めるが、約束時間に集まり揃って活動しないと遊戯などはきれいに揃わないことを伝える。友達と協調することの大切さも伝える。

3歳児　9月指導計画

		行　事	遊びの流れ			生活・遊びのねらい及び環境構成
1	月	始業式・慣らし保育	プール遊び・遊具	指先遊び（はさみ・粘土・折り紙）敬老の日のプレゼント作り	絵の具（自由画）	《自己発揮し、のびのびと生活する》 ・特定の玩具だけでなく、運動遊びや造形活動など新鮮な遊びを取り入れ、興味や関心を促す。 ・子の様子を見守りながら、全体だけでなく一人ひとりにも目を向ける。担任間で連携を取り合う。 《意欲的に食べる》 ・天気の良いときには外で食べるような機会もつくっていく。 ・活動によって十分に身体を動かし、食事の時間をいつもより遅くする機会をつくる。 ・子の様子に応じて、栄養士とも相談しながら食事の量を調節していく。 《シャツや前後など細かい着脱の方法を知る》 ・具体的に良い例と悪い例を比べてみる機会をつくり、子ども自身がどうするべきかを感じられるようにする。 ・廊下にある大きな鏡を使い、自分で確認していくようにする。 《足の形に関心をもち、靴に左右があることを知る》 ・足形をとってみる機会をつくり、形の違いを感じられるようにする。 ・実際に自分の靴を見てみることで、どちらが右足でどちらが左足なのか考えてみる。 ・靴を履くさいに自分で確認できるように、足の形を視覚的にわかりやすいところに貼っておく。 《全身を使って身体を動かすことを楽しむ》 ・近くのグラウンドなどに出かけ、しっぽ取りや鬼ごっこなど一斉に広いスペースで思いきり走れるようにする。 ・大人も一緒になって楽しんでいくことで雰囲気を盛り上げていく。 ・天候などによって巧技台も定期的に取り入れていく。 《指先遊びを楽しむ》 ・はさみ遊びを行うときは、特に周りの遊びや行う時間帯などにも気をつけ、落ち着いたなかで行うようにする。 ・折り紙や粘土などはステーション形式で、行いたいときに行えるようにしていく。
2	火	身体測定				
3	水	引き取り訓練				
4	木					
5	金					
6	土					
⑦	㊐					
8	月					
9	火					
10	水					
11	木					
12	金	プール納め				
13	土					
⑭	㊐					
⑮	㊊	敬老の日	縄遊び			
16	火					
17	水					
18	木	誕生会				
19	金					
20	土					
㉑	㊐					
22	月					
㉓	㊋	秋分の日	ギャロップ・かけっこ		折り紙（三角見立て遊び）	
24	水					
25	木					
26	金					
27	土					
㉘	㊐					
29	月		＊表現遊び（さるかにかっせん）＊恩物（第3・4）			
30	火					

◎基礎的事項
・一人ひとりに目を向けながら自立していけるようなかかわりをしていく。
◎基礎的事項への配慮
・心が不安定になりやすいなどまだ自分を出しきれていない子に対しては、一人ひとりの思いを受けとめながらも日々の活動や行事など楽しいことに目を向けていけるように気持ちを引っ張っていく。大人とのかかわりだけでなく、気の合う友達を見つけ、友達とのかかわりから自己を発揮していけるような場をつくっていく。生活面（排泄・着脱…）にもしっかり目を向けていき、気になる子には個々にしっかりかかわりながら意識を高めていく。

運　動	ギャロップ・縄遊び・走る
歌・音楽	「運動会のうた」「山の音楽家」「はしるの大好き」
遊　戯	運動会の曲
お話し他	「さるかにかっせん」
折り紙	三角（見立て）
絵　画	絵の具（自由画）
恩　物	第3・4

5領域の視点	配慮事項
対人・情緒 ・情緒が安定して登園できているか。 ・自己発揮できているか。（のびのびと生活できているか） ・保育園での生活を十分に楽しめているか。（遊べているか） ・友達との様子はどうか。 **生活・健康** ・意欲的に食べられているか、食事量はどうか。 ・シャツを自らズボンの中に入れられているか。 ・衣服の前後を意識できているか。 ・一人でも服装を直せているか。 ・靴の左右を意識できているか。 **言葉・理解** ・折り紙の作り方を理解できているか。 ・一斉の説明で理解できるか。 ・恩物の方法を理解できているか。 ・左右がわかっているか。 ・前後がわかっているか。 **運動** ・折り紙の角と角を合わせられているか。 ・ギャロップができるか。 ・両足ジャンプができているか。 ・はさみの使い方はどうか。（切り落とし、切り進み） ・指先の使い方はどうか。 **表現・感覚** ・自ら遊戯に参加して楽しめているか。 ・表現遊びを楽しめているか。 ・折り紙の三角の見立ての様子はどうか。 ・恩物を楽しめているか。 ・絵の具を楽しめているか。 ・歌を歌えているか。	**《自己発揮し、のびのびと生活する》** ・一人ひとりの様子を見守りながらしっかりと自己発揮できているか確認していく。自己発揮できていない子に関しては特に目を向けていくようにし、思いを受けとめたり、ときには一対一でのコミュニケーションをとったりすることで気持ちを満たせるような場をつくりながらも、あまり抱え込まずに全体での楽しいこと（日々の遊び、行事…）へと目を向けられるような声かけやかかわりを大切にしながら気持ちを引っ張っていくようにする。 ・思いきり走りまわる機会を多くつくっていくことで、身体を十分に動かし気持ちが発散できるようにし、そうすることで空腹感を感じ食事を十分に食べたり、疲れて十分に眠るなど、生理的欲求が個々に満たされていけるように心がける。 **《意欲的に食べる》** ・天気の良いときには外で食べる機会をつくり、いつもと気分を変えていくことで食欲を促していく。また、身体を十分動かす機会を多くしたり、食事の時間をいつもより遅くしたりすることで、空腹感を感じられるようにし、食欲につなげていく。大人も一緒になって「お腹空いたね〜」と気持ちを共感していくことで、より空腹感を認識できるようにしていく。 ・子の様子によって栄養士とも相談しながら食事の量を調整していき、食べきれる経験やおかわりの経験を多くしていくことでほめられる機会を多くつくり、食事への自信へとつなげていく。また、食事の席についても工夫していく。 **《シャツや前後などの細かい着脱の方法を知る》** ・全体でしっかり話題にすることで子の意識を促していくのと同時に、大人の意識も継続させていくことで声かけやかかわりがその時だけにならないようにしていく。特に目を向けていくときには毎日確認していくようにし、子の細かいところへの意識を高めていく。 **《足の形に関心をもち、靴の左右があることを知る》** ・着脱と同様に全体で話題にし、大人の意識も継続させられるように心がける。足の形を興味をもって観察する機会をつくることで（足型、実際の靴、ペープサート）意識を促していく。話題にするだけでなく、実際に子が靴を履くさいにそれを確認できるように視覚的にわかりやすいものを用意していく。（紙に描いた足型に実際に靴をのせてみるなど） **《全身を使って身体を動かすことを楽しむ》** ・広いスペースで思いっきり走りまわる機会を多くつくっていくことで、精神的に発散できるようにする。また、それによって、子の生理的欲求も十分に満たされるようにしていく。 ・巧技台や固定遊具などでは、できないことを無理にやらせていくことはせずに、子の気持ちを考えながら、できないところは個々に十分つきあっていくことで少しずつでもできる経験を多くし、大人も個々の様子を把握しながら、その子にとってのがんばりや上達をしっかり認めほめる機会を多くすることで、一人ひとりの自信につなげていく。 **《指先遊びを楽しむ》** ・はさみはまだ慣れていない子が多いことを考え、はじめのうちは少人数で取り上げ、個々の様子を把握しながら、方法があいまいな子に対しては介助しながら、しっかりと方法を伝えていく。また、はじめのうちは切り落としなどの簡単なものから始めていく。危険性に対してもしっかり伝え、髪の毛や衣類などを切らないことなど細かいことから伝えていく。 ・静と動の活動のメリハリをしっかりつけていき、集中しやすい環境で行えるようにする。 ・多角的に指先遊びを考え、取り入れていく。（手遊び、じゃんけん）

◎特に気になる子に対しての担任側の配慮点
- 長期欠席していた子……1か月以上欠席していた子もみられ、不安定になることも予想されるが、一人ひとりの気持ちを受けとめながらも、そのことばかりにならずに新学期への期待（運動会・遠足・クリスマス会…）なども含めてどんどん楽しいことに目を向けられるように気持ちを引っ張っていく。
- 自己発揮しきれていない子……A子・B男・C子
  → A子は一学期からまだまだ自分を出しきれず、保育園での生活を楽しみきれていない。B男も部分的には友達とのかかわりを楽しむなどの姿も見られているが、精神的にスッキリしないところが見られる。特に目を向けていきながら楽しいことに目を向けられるようにしたり、ときには一対一のかかわりを楽しみながら少しずつ自己発揮していける場をつくっていけるようにする。

4歳児　9月指導計画

		行　事	遊びの流れ				生活・遊びのねらい及び環境構成
1	月	始業式・慣らし保育					《情緒・人間関係》◎相手の気持ちを考え行動する。
2	火	身体測定					・人間関係のなかで、そのつど、相手にも気持ちがあることを伝えながら、人とのつきあい方を覚えていけるようにする。
3	水	引き取り訓練					
4	木						
5	金						《生活》◎時間を決めて集中して食べようとする。
6	土						・食事カードを継続的に利用していく。
⑦	㊐						・午前食は30分間、午後食は20分間程度を目安にし、子どもたちと相談しながら進めていく。
8	月						◎排泄後に手を洗う習慣を身につける。
9	火						・他クラスにも協力してもらい、幼児全体で意識を高めていく。
10	水						・「サンダルを揃える前に手洗い」など、行動をあえて言葉にして、意識を向けさせる。
11	木						
12	金	プール納め					◎朝に顔を洗うことを意識する。
13	土		ルールを守って競い合う	お年寄りへの感謝・いたわり	園外保育	遊戯・ギャロップ・スキップ	・朝起きてからの生活の流れを話題にすると同時に、なぜ顔を洗うのかを考え、意識を向けていく。
⑭	㊐						・クラス便りを通して、家庭の協力をお願いする。
⑮	㊊	敬老の日					《遊び》◎祖父母について考え、地域のお年寄りにも親しみをもってかかわる。
16	火						・日常の祖父母とのかかわり、存在について話題にし、意識を向けていく。
17	水						
18	木	誕生会					・祖父母とかかわるときの遊び方や、声のかけ方など、事前に話しておく。
19	金						・地域の老人を招いて、伝承遊びなどの機会をつくっていく。
20	土						
㉑	㊐						◎ルールを守って競い合う楽しさを知る。
22	月						・競技内容を子どもと一緒に考え、取り入れていく。
㉓	㊋	秋分の日					・勝敗を意識できるようにメリハリをつけたかかわりをしていく。
24	水						・勝敗を表にするなど目標をはっきりもたせると同時に、雰囲気を盛り上げていく。
25	木						
26	金						◎ギャロップ、スキップに関心をもち、楽しむ。
27	土						・遊戯に限らず、サーキット遊びなど全身を使ったいろいろな動きを取り入れながら楽しんでいく。
㉘	㊐						
29	月						
30	火						

◎基礎的事項
・夏の疲れに気をつけ、体調に目を向ける。
・情緒の安定を図り、生活のリズムを整える。
◎基礎的事項への配慮
・視診、触診をしっかり行う。
・「もう大丈夫でしょ」「わかるね」などメリハリのあるかかわりをしながら、子が自分で気持ちを切り替えられるようにしていく。

運　動	スキップ、ギャロップ、巧技台、プール
歌・音楽	「トンボのめがね」「運動会のうた」
遊　戯	海賊船乗りをテーマとした曲
お話し他	「かぐや姫」「海賊船乗りの話」
折り紙	構成（四角ふくろ折り）
絵　画	イメージ画、模様、絵の具遊び
恩　物	第7

5領域の視点	配慮事項
対人・情緒 ・相手を意識して行動しているか。 ・相手の気持ちを理解して、譲ったり優しく接することができたか。 ・祖父母に対して親しみをもって接することができたか。 **生活・健康** ・夏の疲れは出ていないか、生活のリズムは乱れていないか。 ・集中して食事ができているか。 ・食事時間を意識して食べているか。 ・排泄後の手洗いに対して意識をもってできているか。 ・ていねいに手洗いができているか。 ・洗顔、歯磨きなど朝の身支度を自分でしてから登園しているか。 **言葉・理解** ・相手の気持ちを理解して声かけできているか。 ・ルールを守って遊ぶことに楽しさを感じているか。 ・活動に主体的に参加、また勝敗を意識して競い合いを楽しめているか。 **運動** ・かけっこや遊技、競技など意欲的に参加しているか。 ・ギャロップ、スキップができるか。 ・遊具のサーキット遊びへの参加はできているか。 **表現・感覚** ・プレゼント製作など細かい作業に集中して取り組めたか。	**《情緒・人間関係》** ・絵本や紙芝居、日常生活のなかでの出来事などを用い、我慢する心、いたわる心、思いやる心などを具体的に話題にし、考える機会をつくっていく。 ・日々のトラブルのなかでの具体例などをあえて活用していく。 **《生活》** ・食事中のお話や、遊び食べにならないように話題にし、集中して食べるように促す。また、嫌いな食品の食べ方の工夫など例をあげて励ましていく。 ・早く食べることによってマナーや行儀が悪くなることがないようにする。 ・排泄後の手洗いについて子どもたちに話題にすることはもちろん、トイレの前で子どもたちの様子を見ながら声かけをし、意識を高めていく。また、できている子をほめることで幼児部全体で雰囲気をつくっていく。 ・顔を洗うことですっきり目覚めることや、目やになどがきれいにとれることを具体的に話題にして、意識を向けていく。また、起床時間やトイレ、歯磨き、着替えなどについても話題にする。園生活の中でもそのつど話題にして、促していく。 ・クラス便りにねらいを書き、家庭との協力体制も大切にしていく。 **《遊び》** ・勝ち負けの意識、自覚の薄い子も多いので、勝ったチームを大げさにほめたり、負けたことを悔しいと思い、次回への挑戦に向けていくなど雰囲気をつくっていく。また「勝つための作戦」などその気になるような誘いかけをしていく。 ・ゴールまで走りきる、手をつないでバトンタッチする、並んで待つなど、遊びながら、かけっこ、競技のルールを覚えられるようにする。 ・ギャロップ、スキップなどを遊戯のなかに取り入れ、曲に合わせて身体を動かすことを楽しんでいくが、ステップだけでなく、曲に合わせてリズミカルに身体を動かすことの楽しさを感じることを主に配慮していく。 ・ギャロップ、スキップのできない子へは、苦手意識をもたせないように、友達のなかで自然と経験を増やしながら取り入れていくが、朝の園庭遊びの時間などに意識的に機会をつくっていく。 ・手足の指先まで伸ばすこと、皆と揃えて踊ることの楽しさを、ビデオなど視覚的教材を用いて伝えていく。 ・祖父母とのかかわりの様子や思い出など、子どもたちの経験から話題を引き出していき、敬老の日の感謝につなげていく。 ・園外保育などで出会う地域のお年寄りにも挨拶をするように促していく。 ・老人との交流会では、挨拶をしてから遊ぶことや、自分たちだけの楽しみにならずに一緒に楽しむ機会がもてるように気配りをしながら見守る。交流会等で教えていただいたことは、その後の保育にも生かしていく。 ・伝承遊びや折り紙など、遊びのきっかけとなりやすいものを適宜用意しておく。

◎特に気になる子に対しての担任側の配慮点

・S君……遊びに集中できない。食事に時間がかかり、食事カードに関心がない。
　　　　・好きな遊びを見つけ、生活にメリハリをつける。食事は個別にかかわり、さらっと「早く食べようね」「大丈夫だよね」などとかかわる。
・H君……登園時に泣いて登園する。ささいなことで情緒を乱す。
　　　　・泣いて表現するのではなく、泣かずに言葉で意思表示することを伝えていく。
　　　　・様子を見ながらではあるが、大人の顔色をうかがう態度については担任間で打ち合わせ、対応していく。

5歳児　9月指導計画

		行　事	遊びの流れ	生活・遊びのねらい及び環境構成
1	月	始業式・慣らし保育		《情緒》◎自信をもって声を出す。
2	火	身体測定		・人前に立って話す機会を増やす。（夏の思い出発表・発表当番など）
3	水	引き取り訓練		・自分の意思・意見をはっきり声に出すことの大切さを話題にしていく。
4	木			・名前を呼んで出欠席を取ることを取り入れていく。
5	金			・園長先生に就学に向けてのお話をしていただく。
6	土			《生活》◎時間を意識して生活をする。
⑦	㊐		お年寄りの方へ感謝・いたわりの気持ち／プール遊び	・規則正しい生活の流れについて話題にする。
8	月			・生活の見通しに時間のめやすをつけたものをホワイトボードで示していく。
9	火			・○時○分から始まるなど、あえて担任が時間を声に出して知らせることで、関心を広げていく。
10	水		草花観察	◎状況に応じて排泄をすませる。
11	木			・遊びの途中、活動の途中にトイレに行くことについて考えてみる。時間をつくる。（本人の不都合・他者への迷惑）
12	金	プール納め		・活動の合間に間接的な声かけをしてみる。
13	土			・途中での排泄となった場合、そのときの気持ちを大事に話していく。
⑭	㊐			・一人ひとりに排尿間隔が違うことも声にしていく。
⑮	㊊	敬老の日		《遊び》◎お年寄りに対する感謝・いたわりの気持ちをもつ。
16	火		身体表現（音楽・太鼓・イメージに合わせて遊ぶ）	・今と昔の違いについて、園長先生や身近な方に教えていただく。
17	水			・自分の祖父母の今までの仕事など、家族から聞く時間を話題にしてみる。
18	木	誕生会		・プレゼント作りを楽しむ。
19	金			◎曲のイメージに合わせた身体表現を楽しむ。
20	土			・音楽や太鼓など、さまざまなものをちょっとした時間に使っていく。
㉑	㊐		動物への興味・関心を深める／ルールを守って競い合う楽しさを知る	・担任からの動き、子からの動きをたくさん取り入れ、楽しんでいく。
22	月			◎ルールを守って競い合う楽しさを知る。
㉓	㊋	秋分の日	園外（公園・裏山）	・ルールについては子どもと一緒に決めていく。
24	水			・不都合が起きたときには話し合いのチャンスとしていく。
25	木			◎動物への興味・関心を深める。
26	金			・本物の動物のビデオを見る機会を増やしていく。
27	土			・折り紙の動物の折り方図を用意し、出しておく。
㉘	㊐			・図鑑を出しておく。
29	月			
30	火			

◎基礎的事項
・一人ひとりが十分に自己発揮できるよう個々を把握し、適切な援助をする。
・夏の疲れに留意し、体調に気をつけてみていく。
◎基礎的事項への配慮
・一人ひとりの子どもたちのよい面を十分に伸ばせるよう小さなことでもほめていく。また、苦手な部分や発揮しきれない部分の原因をよく考え、心の援助を心がけていく。
・特に長期登園していた子や欠席していた子にしっかり目を向けていく。

運　動	ケンケンパ、巧技台、ジャングルジム、はんと棒
歌・音楽	「こおろぎ」「かめの遠足」「手のひらを太陽に」
遊　戯	「身体表現」（クラシック、民謡、太鼓など）
お話し他	長編「エルマーとりゅう」「あしたは月曜日」
折り紙	動物
絵　画	草花観察
恩　物	童具

5領域の視点	配慮事項
対人・情緒 ・自分の名前を堂々と「○○（フルネーム）です」と言えるか。 ・聞かれた質問に堂々と答えられるか。 ・就学に向けての意識はどうか。（期待？　不安？） ・友達関係で気になるところはあるか。 **生活・健康** ・夏の疲れが出ていないか。 ・生活リズムの乱れはどうか。 ・生活習慣の乱れはどうか。 ・排泄を状況に合わせて考えていけるか。 **言葉・理解** ・五十音をはっきり出せているか。 ・生活用語は使えているか。 ・ルールを守ろうとしているか。理解しているか。 ・お年寄りへの関心・理解はどうか。 **運動** ・全力で走れるか。 ・全身のバランスで気になるところは？ ・ケンケンパができるか。 ・公園のジャングルジムに登れるか。 ・プールで浮くことができるか。 **表現・感覚** ・音楽に合わせた動きの反応はどうか。 ・リズムに合わせて動けるか。 ・草花観察のとらえはどうか。よくみているか。 ・動物への関心はどうか。	《情緒》 ・自分の名前や質問されたことには堂々と答えることが素晴らしいことであり、気持ちよいことである。わからないことは「わかりません」としっかり声に出すことが悪いことではないことを、担任自らが声に出して伝えていく。 ・自信のない子には、確実に答えられる質問や毎回同じことを聞いていくなど、安心して声に出せるよう内容の工夫をしていく。場を多くもつことにより、安心して声を出せる機会を増やしていく。 《生活》 ・夏期保育中の生活リズムの乱れを考慮しながら、一学期を振り返ったり、生活時間をみんなで考えてみることで、気持ちを高めていく。 ・生活にリズムがあること、めやすになる時間があることを担任自らの生活で示し、クラスの雰囲気を盛り上げていくことで、関心の薄い子をひきつけていく。無理じいはしない。 ・家庭にも知らせ、朝の身支度など自ら意識して動く経験を大切にしていく。 ・排泄は無理にさせていくのではなく、自ら考えてできるように声かけを工夫していく。あまり神経質な子にはかえって声かけは少なくしていく。 ・状況を考え排泄に行っておいてよかったこと、行かずに困ったことを大いに話題にしていく。"行かなきゃいけない"という雰囲気にならず、自ら考えられるようにする。 《遊び》 ・遊び方、洗濯の仕方、食事面など、今と昔の違いを教えてもらい考えてみることで、お年寄りを敬う気持ちにつながるよう一緒に共感していく。 ・身近な祖父母の昔の話を聞き、自分への見返りのありがたさだけでなく、尊ぶ気持ちに気づけるよう一緒に感動しながら対応していく。 ・プレゼント作りでは、相手が喜んでくれることを楽しみにして作れるように盛り上げていく。 ・大人も一緒に楽しみながら、なかなか動きについてこれない子に楽しさが伝わるよう、雰囲気づくりを大切にする。上手・下手はないこと、のびのび楽しむことを大切に接していくよう心がけていき、10月につなげていきたい。 ・さまざまなテンポの曲を取り入れ、表現することの楽しさを味わえるようにしていく。 ・"ずるい"ということについて、子の気持ちを整理していくようにかかわっていく。準備や構成などは、子がスムーズにしやすいよう、前もってしっかり工夫しておく。 ・ルールを守って遊ぶことの楽しさ、守らないことの不快さを十分に感じていけるようにかかわっていく。 ・常に遊びのなかに動物に関するものを取り上げておき、子が関心をもったときに多く取り入れていく。ビデオは早めに用意し、さまざまなものに触れられるようにする。

◎特に気になる子に対しての担任側の配慮点
・A子……このところ不安定で泣くことが多い。家庭の事情もあるのか、夏期保育の休みの多さからくる寂しさなのか、初旬によく見ていく。気になるようであれば、保護者に状況を聞いてみる。
・B男・C子・D男・E男……夏期保育の休みが多く、慣れるまで情緒不安定が予測されるが、あえて気にせずにかかわりながら、園生活の楽しさに導いていくようにする。毎朝のさりげない会話を心がけていく。また、友達の遊びを知らせたり、友達の輪に入りやすい雰囲気をつくっていく。

外遊び（異年齢）　保育日誌の例　（9月8日～9月12日）

前週の子どもの姿	今週の遊びの内容
・三輪車、スクーターを出したり、平均台などを並べ、サーキットを設定し、楽しんでいた。 ・サッカーゴールを出すと、5歳児を中心にサッカーを楽しんでいた。	・トンネル、平均台を使ったサーキット ・砂場遊び ・遊戯 ・三輪車、スクーター ・カンポックリ

	遊び		準備	配慮すること
8（月）	カンポックリ	三輪車 砂場遊び	・カンポックリ 　　┌フープ 　　├ハードル 　　└踏み切り台 ・三輪車　・砂場遊具 ・手洗い用バケツ ・タオル	・カンポックリは、簡単なコースを作っておく。 　（フープの中を歩く、ハードルをまたぐ、踏み切り台の上を歩くなど） ・乳児が出てきたら、しまうようにする。 ・また、危険のないよう、目を向けていく。
9（火）	カンポックリ	三輪車、スクーター 砂場遊び	・カンポックリ 　　┌フープ 　　├ハードル 　　└踏み切り台 ・スクーター　・三輪車 ・砂場遊具　・手洗い用バケツ ・タオル	・カンポックリは、飼育小屋の方に設定し、いろいろな子が遊べるようにする。大人は近くにいるようにし、危険のないように目を向けていく。歩き方のこつなどを伝えていく。 ・コースを作り、そのなかでスクーターを行えるようにする。
10（水）	サーキット	三輪車 砂場遊び	・トンネル ・平均台 ・三輪車 ・砂場遊具 ・手洗い用バケツ ・タオル	・トンネル、平均台などを設定していく。危険のないよう、大人は近くで見守り、すぐに介助できるようにする。 ・危険な遊びとならないよう、そのつど声をかけていく。
11（木）	カンポックリ	スクーター 砂場遊び	・カンポックリ ・スクーター ・ラインカー ・砂場遊具 ・手洗い用バケツ ・タオル	・2日目のように、階段の近くに設定していくようにする。いろいろな子が遊べるようにする。 ・スクーターは、ラインカーでコースを描き、楽しんでいくようにする。
12（金）	フリスビー	カンポックリ 砂場遊び	・カンポックリ　・フリスビー ・ラインカー　・フープ ・踏み切り台　・砂場遊具 ・手洗い用バケツ　・タオル	・フリスビーは、スタートのラインから少し離れたところに円を描き、その円の中に入れられるように設定していく。 ・カンポックリは、危険のないよう、大人が目を向けていく。

うた（「こおろぎ」「はしるのだいすき」「山の音楽家」）

環境づくり	援助のポイント
・早めに遊びを設定しておくようにする。また、できるものは、関心のある子に手伝ってもらいながら準備していく。 ・カンポックリは、場所を決めて行っていくようにする。ただ歩くだけではなく、踏み切り台など使用し、坂道なども作っていく。	・平均台の近くには、大人がつくようにし、自信のない子に援助するなど「できた」という気持ちをもてるようにしていく。 ・子の様子に合わせ、設定の仕方、遊びを変えていくようにする。

保育経過（子どもの姿）及び反省	明日への展開
・カンポックリを出すと、目新しいものだったからか、興味をもち、行う子がいた。フープを並べたり、10cmの高さの棒を並べ、ハードルにしたり、踏み切り台を並べ、坂を作るなどしていった。はじめは、うまく歩けない子がほとんどであったが、繰り返し遊んでいるなかで、習得していた。他は、新しい三輪車など出すと、5歳児を中心に、ラインカーで描いたコースのなかを走り、楽しんでいた。	・引き続き、カンポックリを出し、楽しんでいく。
・今日はカンポックリを飼育小屋の前に設定すると、階段から下りてきた子が興味を示し、いろいろな子が体験することができた。また、反対側にコースをラインカーで描き、スクーター、三輪車を出していった。今日は、めずらしく固定遊具ではなく、設定した遊びで遊ぶ子がとても多く、うれしく感じた。 ・また、5歳児の剣道が園庭であったため、早めの片付けとなる。	・トンネル、平均台など使い、運動遊びを楽しんでいく。
・平均台、ケンケンパ、トンネルを設定し、サーキットを作る。遊び方はさまざまで、トンネルだけを何度も通ったり、サーキットを繰り返し楽しんだりする姿が見られた。トンネルは、2つつなげて長くすることで、5歳・4歳の子も楽しめていたようだ。3歳児は、担任がいることで、たくさんの子が遊んでいた。また、子どもの人数に対し、大人の数が少なく、こわいと感じたので声をかけ合っていった。大人の人数を、もう一度話し合っていきたい。	・カンポックリをやりたいという子が多くいたので取り入れていく。
・カンポックリを出す。今週、3回目ということもあり、だいぶスムーズにできるようになっていた。すぐには、うまく歩けないところに、カンポックリのおもしろさがあるのかなと思った。4歳児を中心によく挑戦していた。 ・スクーターを予定していたが、ドーナツ型のフリスビーがあったので出してみる。投げ方がわからない子は、教えていくことで、上手に飛ばせるようになっていた。5歳児の子が、よくやっていた。	・フリスビーは、設定の仕方を工夫して行う。
・今日は、プール納めがあったため、室内遊びとなる。各部屋で、ブロック、自由画などを出し、ホールでは、「フルーツバスケット」を行う。何度かやっていることもあり、ルールは、ほとんどの子がよくわかっていた。5歳児の中では、ずるさも見られたが、子同士で言い合いになったり、罰ゲームを決めたりしていた。	・外遊びでは、日射しが強いので、気をつけていく。

室内遊び（異年齢）　保育日誌の例　（9月22日〜9月26日）

	前週の子どもの姿	今週の遊びの内容
	・ぬり絵の種類を豊富に準備しておくことで、存分に楽しめていた。スペースも色えんぴつも十分にあったことで、落ち着いて行うことができた。	・ままごと ・間仕切り作り ・伝承遊び（おはじき、ケン玉、だるまおとし等）

	遊び			準備	配慮すること
22（月）	間仕切り作り	ままごと	伝承遊び	・牛乳パック ・ガムテープ ・模造紙 ・ままごと、ゴザ、布 ・けん玉、おはじき、だるまおとし	・ままごとは、乱雑にならないよう、大人がさりげなく片付けたり、遊びこめない子に、声をかけたりしていく。 ・間仕切り作りは、興味を示した子に内容を説明し、行っていく。 ・伝承遊びは、スペースを十分確保していく。
23（火）					秋分の日
24（水）	間仕切り作り	ままごと	ぬり絵、伝承遊び	・ダンボール ・ガムテープ ・模造紙 ・接着剤 ・ままごと、ござ、屋根 ・伝承遊び	・ダンボールを利用した間仕切り作りを行っていく。準備は、あらかじめしておく。 ・ままごとには、郵便ポストを取り入れたい。屋根の付け方など工夫し、子の遊びがひろがっていくよう配慮する。
25（木）	ままごと	めいろ、ぬり絵	積み木　等	・ままごと、ござ、屋根 ・ぬり絵 ・めいろ ・積み木	・ままごとは、2〜3つの区切りをつけ、いろいろなグループの子が楽しめるようにしていく。 ・ぬり絵は、子からの声も聞かれたので、めいろとあわせて用意し、どちらも楽しめるようにしておく。
26（金）	ままごと	製作コーナー	その他	・ままごと、ござ、ダンボール ・廃材、ガムテープ、のり、接着剤、紙 ・手ふき	・製作コーナーは、道具の出し入れがしやすく、遊びやすいように設定していく。 ・遊びこめないような子に対し、あらかじめ話を聞き、興味のもてる遊びを用意していく。

うた（「どんぐりころころ」「はしるのだいすき」「うんどうかいのうた」）

環境づくり	援助のポイント
・ままごとは、遊び（内容）が十分にひろがるよう、壁や屋根をダンボールや布を工夫して設定していきたい。 ・間仕切り作りは、牛乳パック、ダンボールの2種類を日替わりで作り、遊びのなかで実際に使っていきたい。 ・伝承遊びもスペースを十分に確保していく。	・ままごとは、内容に介入するよりも、壁や屋根などの準備、雰囲気づくりをしっかりと行っていきたい。 ・間仕切り作りは、材料を前もってきちんと準備し、手順を子にわかりやすく説明していく。その後、遊びに使えることを子にも伝え、楽しく作れるようにかかわる。

保育経過（子どもの姿）及び反省	明日への展開
・ままごとは、あらかじめ屋根を用意しておいたことで、子もわくわくできた様子。仕切りと屋根をうまく利用して家を作ると、その中で、ままごとがどんどん展開されていった。途中、人数が増えすぎ、家が壊れたり、物が散乱することがあったが、声をかけることで、子も片付けながら遊べていた。先週作ったポストも取り入れると、そこから郵便ごっこが始まった。スタンプやシールを用意すると、より楽しめていた様子。牛乳パックの間仕切り作りも行った。「何ができるかは、お楽しみ」にしながら作っていった。完成すると、とてもうれしそうな表情で、中に入っているだけでも満足していた。今回は時間がなくなってしまったので、今後、遊びに取り入れていきたい。	・牛乳パックの間仕切りを利用していく。遊びの枠を作ることを頭におき、環境づくりを工夫する。 ・ポストの利用など、引き続き行っていく。
・ダンボールの間仕切り作りは、5歳児が興味を示し、取り組んでくれた。仕上げに、クレパスで絵を描くことで、自分たちの作品であるという意識が高まった様子だった。今後、遊びのなかで子が利用しやすいよう、出し入れのしやすい場所に置いておきたい。 ・くまの部屋には、ままごとのコーナーと郵便ごっこのコーナーを作った。おとといから継続して行っていることで、遊びの発展も見られた。	・牛乳パック、ダンボールの間仕切りを、遊びのなかに生かしていきたい。
・きりんの部屋はぬり絵、めいろ、ブロックを、くまの部屋はままごと、テラスに積み木を用意していった。ぬり絵、めいろは、仕上がると他の遊びに移動する子が多いので、パズルや折り紙へと遊びを変化させていった。折り紙を利用し、自分たちで動物の顔を作って楽しむ子の姿が見られた。くまの部屋のままごとは、木の仕切りだけでなく、牛乳パックやダンボールの仕切りも用意することで、いろいろなスペースを利用して、楽しめていた。途中、男児で遊びこめず、走ったり、戦いごっこをする子が見られ、何度か、やりたい遊びを聞きだし、対応してみた。	・遊びこめないような子に対して、あらかじめ、どんな遊びがしたいかを聞き、用意していく。
・製作コーナーは、久しぶりということもあってか、参加する子が多かった。素材（種類）をたくさん用意することで、いろいろな発想が見られた。 ・ままごとコーナーは、1週間継続してきたことで、遊び方にひろがりが見られてきた。好きな子は長時間楽しんでいた。後半、園庭で遊んだ。久しぶりに外に出られたので、のびのびと体を動かす子が多かった。	・継続させる遊びのなかに、うまく新しい遊びを織り交ぜていく。

10月の生活

園の全体的な生活習慣の予定に、10月は「健康な体づくりと食欲」、サブタイトルに「栄養と食品、収穫物と献立」をあげている。

年齢別生活週案に、3歳児は「食べ物に興味をもち意欲的に食べる」、4歳児は「よくかんで味わって食べる」、5歳児は「時間を意識して食べる」とあげている。

食育に関する指導は10月に限ったことでないが、秋は特に収穫を身近で体験できることや庭先に柿やザクロの果物が実り、もいでその場で食べるなど、食べ物に関する知識や意欲を育てる絶好のチャンスである。

年度当初に年間の献立計画作成時に、保育内容の流れと予算的な配分とを検討するが、4月当初の食べぐあいと10月の堂々と運動するその姿とは比較できないほど、秋は旺盛な食欲を見せる子どもたちである。

月単位で予算を立てることは原則であるが、秋の成長した子どもが食欲を謳歌できる献立を用意するのも、大きくなる喜びを子どもたちと共有する意味で保育者には欠かせない計画の一つである。

食育に関する指導計画と合わせて調理に関する興味を誘う仕掛けにも、子どもたちが栽培した野菜を使って献立をする。その日の献立内容の一つを子どもたちが作ることもあるなど、栄養士との連携は調理実習を保育内容とする計画には欠かせない。

保育者が安全・衛生に十分な配慮をしつつ、子どもたちが自ら切ったり、ちぎったりして食材に触れることに意義がある。保育参観に調理実習を計画すると、保護者の大半が出席するなど好評である。試食を求められることもしばしばであるが、この計画はクラス単位の計画なので全体のバランスで考えると難しい問題にもなる。

年齢別保育日誌から

4歳児の芋掘り。5歳児が出かけて行った日にはうらやましそうな顔をしていた4歳の子どもたちであったが、今日は晴れ晴れとうれしそう。「大きな大きなおいも」の本を読み、気分を盛り上げた。畑まで裸足で向かい、ひとり1株ずつ掘っていった。なかなか掘り出せない子、次々と掘っていく子とさまざまであったが、「とれたよ」と、みんなとてもうれしそうであった。自分で掘ったお気に入りの芋を一つ家に持ち帰った。「明日への展開」の欄には、芋を使って料理保育を計画したいと記載されている。

5歳児の大根の種まき

裏山一周ハイキングのときに、豚汁の中に入れるという目標をもって大根の栽培を始めた。農家の指導に関心がもてるようにかかわっていくという配慮点、ビニールの穴に1人3、4粒ずつ種をまくだけの作業であったが、子は十分に楽しめていた。裏山一周ハイキングの豚汁の話題を取り入れることで、大根の生長を楽しめるようである。

自然界との共生を楽しむ

園外の散歩も、「自然界の景色を堪能する、長距離歩く、自然の収穫を楽しむ」など、計画の目標によって楽しみ方が異なる。

のどかな風景が期待できる地域には、実りの秋を実感できる散歩が実現する。農家の庭先に実る果物やきれいな菊の花に魅せられて庭をのぞき込むなど、子どもたちとゆったり散歩ができる季節である。色の変化や花の種類を楽しみ、黄葉・紅葉した落ち葉を拾って帰り、造形遊びに利用するなど、自然が恵んでくれる教材に感謝しながら遊ぶ。子どもたちに、自然界の豊かな恵みにまもられている事実を伝える具体的な材料が豊富にある秋こそ、その題材を並べて遊び楽しみながら、自然との共生の喜びを伝える機会ととらえている。

長距離を歩いても汗ばむ程度である。地域差もあるが、10月は季節的にも通常の散歩とは異なる散歩の充実する時期ととらえて、距離や回数を多くとるよう計画する。

体力の増進を考える意味では、日ごろの運動遊びも考えられるが、速足で一定距離を歩く遊びも4・5歳児の遊びとしては楽しめる。

　交通量の少ない安全なコースを選び、事前に準備する。長距離を短時間でという計画と、数時間かけるスケジュールで長時間の計画も考えられる。その場合は、軽い食べ物（例えばパンと飲料水）を用意するなどして秋の野山を散策することで、人としての豊かな心情を体感する。自然の恵みの恩恵を子どもたちに伝えるのどかな時間を確保することも保育の一環であり、保育者ともども楽しめる季節である。

収穫の一日を親子で楽しむ計画

　子どもたちが掘り残した芋畑に保護者が集まり、借用農地の整備を数年前に試みたのがきっかけで始まった収穫祭であるが、今年は参加者が多く、わずかな時間で畑の整備は終わった。

　園庭では、保護者が主体的に芋を洗い、ふかす芋と鉄板で焼く準備などが手際よく進み、子どもたちは待ちきれない。自主参加の保育者は子どもたちも作業を体験するように、鉄板で焼く芋を切る作業を親子でするように保護者に勧める。芋がかたくて危ないのでしっかり手を添えてと保護者にも注意を促すなど、行事が安全に行われるよう、参加した職員も気が気ではない。

　満足するまで焼いたり食べたり、9時ごろから半日かけた百余人の参加者で、なごやかな収穫祭が行われた。

遠足と子どもたち

　遠足と聞くと保護者は特別の一日ととらえる傾向がある。園としては、日ごろ遊べない、見られない、触れない、要するに園の施設内では体験できない遊びを外部に求めて園外に出かける遊びの一つと考えている。できれば通常の一日と考えているが、園で準備できないお弁当を依頼することもあり、特別の日となりうるのであろう。

　散歩にしても同じであるが、ある面では命を危険にさらす行為でもある。安易に計画は立てられないが、園内で遊ぶにはよい刺激にも限界があることを感じて、年齢にふさわしい場所を選んで安全に、しかも子どもたちのよい経験につながるように考えるのが企画の発端である。

　担任は次々と子どもたちの楽しむ光景を思い描いて計画に拍車がかかるが、安全であることを第一に優先する。そして、遠足に出かける目的は、子どもたちに楽しいものであると同時に、学習意欲を満たし、後の保育に教材としても活用できる計画であることなど、計画の段階からのヒヤリングが重要になる。

　貸し切りバス利用の場合は目的地の注意事項が主になるが、4・5歳児の遠足では路線バスの利用も担任はあげてくるので、子どもたちにも電車やバスの乗客としての礼儀作法や危険性が隣り合わせにあることもしっかり伝える。また、自ら安全に参加する心構えを育てるつもりで、計画を話し、一日の行程を予想できるような説明をする。

　保護者には、遊びが中心ととらえられやすいが、安全に実行するための配慮として、前日の欠席児の参加は難しいこと、子どもの体調が園側では確認できないなど、危ぶまれる状況には万一の事故なども想定することを伝えて、理解を求める必要がある。

　安易に保護者の希望に妥協したばかりに全体の予定が崩れて、遠足の目的が達成できない経過もあることなど経緯を説明し、一つの計画にも命を守る意味で慎重な意見の交換が求められる。

　一見、遠足は楽しむことが目的のように受け取られがちであるが、主催する側の計画の目的と目的達成のための心の準備や細心の注意事項にも理解を求める指導体制が必要であり、それは重要な課題である。

10月の年齢別保育

3歳児の気おくれ

登園が遅く、みんなが自由に遊んでいるなかに入室することが多い子は、子どもなりに気持ちが複雑になるのであろう。不快感はそのまま生活姿勢となり、活発に遊ぶ姿は見られないことが多い。保育者は仲間に入れようと誘うが、自分の言葉で意思表示も示せない状況になってしまう例がある。

原因は単純に登園の遅いことだけではなく、生活リズムそのものにもあると考えられる。保護者とも再三話し合うが、家族の生活リズムがあり、なかなか子に合わせられない実態を知らされる。働きながらの子育てを支援する役割と、子の発育発達を支援する役割との兼ね合いで、保育者として苦慮することもしばしばある。甘やかさないが、できるかぎり自立して環境に素直に順応できる明るい姿を求めて、集団のなかでも個別の保育目標に向かう保育者の姿勢が肝要になる。4歳児のダイナミックで意欲的な発達路線に乗れる姿を想定して、その土壌を培う保育観が求められる。

3歳児の園外保育「小さな動物園」

10月の後半、気温の安定するころに貸し切りバスで出かける計画がある。遠足の「ねらい」は、第一に、身辺の自立である。いつもと違う場所で一緒に歩く、一緒に食事をするなど、見守られながらも個人の判断や動きが求められて育つ機会ととらえている。日常の生活のなかで依存的な姿や持ち物の整理を苦手とする子どももいる。特に目を向けて一人でできる経験を積み重ねる場として、自立を支援するチャンスを大切にする。

第二には、動物と親しみ、心の安らぎを体験する。事前に絵本を見て、好きな動物や動物の大きさや体重なども話題にする。自分たちの何倍も重いことや、大きさ、色なども話題にして関心を誘う。遠足の体験で子どもたちの頭や体で感じた大きさの違いが、形はともあれ、ダイナミックに描けると、動物園の遠足は3歳児の発達を支えたことになる。当日は十分な休息が必要になる。翌日は楽しかった雰囲気を写真や絵本を見て具体的な回想をする。用具は用意するが、無理はしない。自発的に自由に描く機会を提供する。興味を示さない子どももいるが、描くことに不安を抱いて動けない子どももいる。保育者の描く姿を手ほどきのようにじっと眺めている子どももいる。描くことの楽しさを伝えるのも保育者に欠かせない仕事である。

4歳児の種まき「食育」

運動会が終わったら種をまこうという話題があがった。農家の指導で「ほうれん草」の種と決まる。春はピーマンやトマト、ナスなど苗から育てて楽しんできた経験があるが、種からまく葉もの野菜は初めてである。あらかじめホワイトボードを使って畑全体を描き、そのなかに畝を示して、どのように種をまいていくのかを伝えておく。まき方は農家の指導を受けるが、どんな野菜の芽が出てくるのかも伝えて、収穫の時期についても話し合い、夢を描いて子どもたちが意欲的に参加できるよう準備をする。

> **保育日誌から**
>
> 農家の人は種をまく位置や種の粒を見せて、「小さいから手からこぼれてしまう」「しっかり持っていてください」と指導する。ビニールの丸い穴の4か所の中に3個ずつ種をまくことを話して、1人に12粒ずつ渡した。まく位置を指して指導していたが、子どもたちには難しかったようで、保育者の個別の援助が必要になる。10人ずつ畑に入って指導を受けたが、4グループがそれぞれ種をまいて、土をやさしくかける指導もあったが、強く叩いてしまう子どもが多かった。収穫期を期待する気持ちで畑を去ったが、4歳児には種からまく作業は難しいように感じた。
>
> 畑は保育園の庭に近いことが幸いし、子どもたちの目に発芽や生長の様子が見届けられる日々を期待している。

5歳児の生活姿勢

あと半年で就学期を迎える。就学に向けての健康診査の日程通知の時期は各地域によって異なるが、保護者は就学を意識しはじめる。子どもたちもいささか期待と不安を感じはじめるころである。4月から5歳児として生活をしてきた過去を振り返り、同じ歳月（半年）が過ぎると学校に入学する日が来ることを図にして説明し、心の準備を誘うつもりで話題にする。

朝起きて保育園に出かけるまでの間の生活行動「習慣」を、子どもたちの生活を具体的に話題にして、生活を振り返るようにして進める。朝起きて一番先にすること。

1　トイレで排泄　　2　手と顔を洗う
3　着替え　　4　食事　　5　歯磨き　　6　排便

各家庭により順番はさまざまであるが、顔を洗わない子どもの多いことに気づく。朝の一日の流れが習慣化していない家庭は、就寝が遅く、朝の目覚めが快適ではないことにも気づかされる。

朝、大人に言われなくても自分で全部できるようになると、朝が楽しくなることを伝える。夜早く寝る。朝も早く起きる。「自分のことは自分ですべて決める」ことも話し合い、実行を誘う。小さいときは比較的に家族の生活に引きまわされて自分を発揮できないでいる子どもたちが多い。5歳児にもなると主体性がはっきり見えてくる。家族との対話があり、子どもの言葉を聞き入れられる家族であれば、自ら生活習慣の自立をしようとする力が5歳児にはある。

約束した後は、子どもの行動が目で見てわかるように表を用意するなど、参加する子どもの心の生活のメリハリを支援する。

また、保護者会では「不安を植えつけない、子どもの育ちを支援できる保護者の生活態度が必要である」ことを話題にする。

学校に関連する文字については、子ども個人が覚えたい時期がある。4歳の誕生日を過ぎるころには関心を示す子どもが多く、知的好奇心が旺盛にはたらく時期ととらえている。

幼児の生活環境には文字にふれられるように意識的な配慮がされている。個人差があり、どの子どもも4歳児期に覚えるとは限らない。関心のある子どもに個別的な日々のていねいなつきあいが求められる。異年齢の生活環境は子ども同士の遊びがのどかである。保育者は室内の遊びの空間を冷静な心で眺め、子どもの姿を感じとれることが重要になる。個別に求める子どもの姿をキャッチする力、そのチャンスも見落とさない指導姿勢が同室にいる保育者の意義となる。

一対一のかかわりが自然で、求められる内容も構えずに対応できる。集団のなかの個別指導は異年齢の生活であるからこそ無理なく可能になるし、個人の発達支援の時間が確保されることになる。担任以外の保育者も文字に関心をもつ時期の子どもに常に対応できる存在でなければ、人間性の発達の支援は期待できないことになる。

月々の指導計画作成時には参加して、すべての発達を理解している必要が出てくる。保育者の使命は、人間を人間らしく育てるための仕事である。このていねいなかかわりをはずして教育性は考えられないであろう。

5歳児の大根の種まき「食育」

チームごとに畑に行く。種のまき方については農家の説明をしっかり聞くように伝える。気になる子どもにはすばやく近くにいき、声をかける。

保育日誌から「子どもの姿」

ビニールの穴の前に一人ずつ座り、3粒の種をまく。しっかり話を聞いている子どもが多く、とてもスムーズだった。自分のまいた場所に大事そうに土をかけて楽しんでいた。この大根を裏山一周ハイキングのときに豚汁に入れて使おうと話題にする。とても喜んでいて、生長を楽しみにしているようだ。

3歳児　10月指導計画

		行　事	遊びの流れ			生活・遊びのねらい及び環境構成
1	水		運動遊び（かけっこ・ギャロップ）	秋の自然〈園外《長距離・5歳児との園外》・製作〉	絵の具・クレヨン自由画	《友達とのかかわりを広げ、遊びを充実させていく》 ・保育者も媒介となりながら、遊びを十分に楽しんでいくことで、特定の友達だけでなくさまざまな友達と自然とかかわりを楽しめる機会をつくる。 ・子ども同士の遊びを見守りながら、遊具や設定に変化をもたせるなど遊びを発展させていくことで、充実感を味わえるようにする。
2	木					
3	金					
4	土					
⑤	㊐					
6	月					
7	火	身体測定				《食べ物に興味をもち、意欲的に食べる》 ・園外に行ったさいに見つけた食べ物を実際に食べてみる体験をする。 ・芋掘りを行った経験を生かし、さつまいもに関する調理を見せてもらったり、絵画を行っていくことでさつまいもへの興味を促す。 ・皮をむいたり調理をしているところを実際に見せてもらうようにする。
8	水					
9	木					
10	金					
11	土	秋の運動会				
⑫	㊐					
⑬	㊊	体育の日				《鼻汁に気づき、自らもうとする》 ・ペープサートや実際に子が鼻汁の出ているところを見せることで、鼻汁への気づきを促す。 ・看護師に鼻汁に関する話（どうして鼻汁が出るのか）をしてもらうことで関心を高める。 ・各部屋のティッシュを十分補充しておく。
14	火					
15	水					
16	木	誕生会	楽器遊び（リズム・楽器）		折り紙（柿）	
17	金	4歳児遠足				《秋の自然に触れ楽しむ》 ・実踏に行くさいに、どこに何があるのか把握しておき、子に話題にしてから園外に出かけていくことで園外での目的意識を高める。 ・見てくるだけでなく実際に採ってきて製作につなげたり、食べてみたりと体験を楽しんでいく。 ・5歳児との園外も含めて、たくさん歩くことも体験していく。
18	土					
⑲	㊐					
20	月					
21	火					
22	水	3歳児遠足				
23	木					《身近な生活用語を知る》 ・どのような生活用語について話題にしていくか、具体的にしておく。 ・宝探しやクイズなどの体験を通して、言葉の意味を覚えていけるようにする。
24	金					
25	土					
㉖	㊐					
27	月			生活用語を知る	絵の具（自由画・柿）	
28	火					
29	水	5歳児遠足	＊表現遊び（さるかにかっせん）＊恩物（第3・4）			《楽器遊びを楽しむ》 ・カスタネットや鈴などの楽器に関してはステーション形式で身近に楽しめる機会を多くつくる。 ・楽器だけでなく、足踏みや手拍子などを通して、リズム遊びも楽しんでいく。
30	木					
31	金					

◎基礎的事項
・一人ひとりの健康状態を把握し、適切に対応する。
・全体を進めていくなかで、タイミングを見ながら気になる子に意識してかかわっていく。

◎基礎的事項への配慮
・一人ひとりの健康状態を遊びの様子、食事、睡眠などさまざまな面から把握していき、気になったときはすぐに対応できるようにする。
・意識の中に常に気になる子のことを入れておき、子の様子や全体とのタイミングを見ながらかかわれるようにしていく。

運　動	固定遊具・山の斜面・崖遊び
歌・音楽	「運動会のうた」「どんぐりころころ」「とんぼのめがね」
遊　戯	「みらいくんとゆめみちゃん」
お話し他	「さるかにかっせん」
折り紙	柿
絵　画	絵の具・クレヨン（自由画・柿）
恩　物	第3・4

5領域の視点	配慮事項
対人・情緒 ・遊びこめているか。 ・自己発揮できているか。（のびのびと生活できているか） ・友達とのかかわりはどうか。 ・大きな声を出せているか。 **生活・健康** ・意欲的に食べられているか。 ・食べ物に関して興味をもてているか。 ・鼻汁を自らふけているか。 ・鼻汁のかみかたはどうか。 ・体調はどうか。（鼻汁・咳…） **言葉・理解** ・折り紙の作り方を理解できているか。 ・一斉の説明で理解できるか。 ・恩物の方法を理解できているか。 ・生活用語をどのくらい知っているか。 ・物語の内容を理解しているか。 **運動** ・ギャロップができるか。 ・走り方はどうか。（手を振れているか、まっすぐ走れているか） ・コンビネット・忍者渡り・ちびっこ砦斜面ができるか。 ・園外（長距離・山道）での歩き方はどうか。 **表現・感覚** ・自ら遊戯に参加して楽しめているか。 ・表現遊びを楽しめているか。 ・楽器遊びを楽しめているか。 ・リズム感はどうか。 ・恩物を楽しめているか。（見立ての様子） ・絵の具・クレヨンの描き方はどうか。	《友達とのかかわりを広げ、遊びを充実させていく》 ・遊びがマンネリ化してしまっているところも見られているので、特定の遊びに頼らず製作遊びや楽器遊びなど新鮮な遊びを取り入れていくよう心がけていくことで、一人ひとりの遊びを充実させていく。遊びの内容を充実させていくことで、そのなかで自然と友達とのかかわりも楽しんでいけるようにする。 ・子が遊びこめているか目を向けていくなかで、気になる子には特に声をかけたり、そのような子が楽しめる遊びを用意していくことで自己発揮できる時間を少しずつ多くしていく。 ・活動によっては大声を出す機会もつくり（歌・遊戯・表現…）、声を出すことで気持ちに自信をもてるようにしていく。 《食べ物に興味をもち、意欲的に食べる》 ・調理などを見せてもらうさいには、火や包丁といった危険があることをしっかり伝えておく。 ・子と一緒に大人も実体験を通して共感していくことで感動を深めていく。 ・食事の量が気になる子は意識的に量を減らしていくことで、残してしまうことよりも食べきれる経験を多くしていくことで、食事への自信につなげていく。大人も意識的にほめる機会を多くもつようにする。 ・長距離の園外など思う存分歩く体験をすることで、実感として空腹感を味わえるようにし、食欲へとつなげていく。「おなかがすいた」という言葉の意味も明確にしておく。 《鼻汁に気づき、自らかもうとする》 ・具体的に鼻汁について話題にしていくことで子の意識を高めていく。話題にした後は担任間でも意識を高くもち、鼻汁が出ている子がそのままになっていることがないように、子が鼻汁に気づけるようなかかわりをしていく。個々のかかわりが中心になるが、様子を見ながらあらためて全体でも話題にし、鼻汁はどうか確認しあったり、ほめる機会をつくることで意識を継続させていく。 《秋の自然に触れ楽しむ》 ・見る、食べる、触れる、集めるなどの実体験を多く経験できるようにする。柿に関しては絵画や製作、表現遊び（「さるかにかっせん」）などさまざまな活動を通して継続して楽しんでいくなかで子の興味を深めていく。その他の採集した自然物に関しても部屋に飾ったりしていくことで、できるだけ興味を継続し深めていきたい。 ・大人も一緒になって感動したり、楽しんだりしていくことで、子の興味を促していく。 《身近な生活用語を知る》 ・上下、左右、遠近、高低など幾つか具体的に生活用語をあげておき、遊びを通して知る機会をつくっていく。 ・そのときだけでなく、日ごろの生活のなかから「それ」「あそこ」などとあいまいな言葉のつかい方はせず、「〜の上にある…」などと具体的に用いることを心がけていくことで言葉に親しんでいく。 《楽器遊びを楽しむ》 ・楽器の扱いに関しては事前にしっかり話題にしておく。 ・叩くと音の出るようなカスタネットといったわかりやすい楽器から楽しんでいき、曲のテンポなどにも気をつける。リズムばかりにならず、楽しんでいくなかで自然にリズムも意識できるようなかかわりを意識していく。

◎特に気になる子に対しての担任側の配慮点
・食事面（A男・B男・C男・D子・E子・F男・G子・H子・I子・J子）
→事前に食事の量を減らしていくことで食べきれる経験を多くしていき、一人ひとりの自信へとつなげていく。食事のメニューや子の様子によって、そのつど対応していく。
・排泄面（K子・L男・M男・N男・O子）
→気温が低くなってくると排泄の失敗が多くなってくることが予想される。一人ひとりに目を向けながら、様子に応じて個々に「大丈夫か」と声をかけたり、促したりするなど、失敗の経験が多くならないように対応する。

4歳児　10月指導計画

		行　事	遊びの流れ	生活・遊びのねらい及び環境構成
1	水			《情緒・人間関係》◎他児との生活のなかで、友達と協調することの大切さ、方法を知る。
2	木			・大人にトラブルの解決を求めるだけでなく、大人の助けを借りながらも子どもたち同士で話し合い、考えながらルールを決めたり守ることの大切さに気づくようにする。
3	金			
4	土			
⑤	㊐			
6	月			《生活》◎食事の習慣について自分で意識して生活する。（箸を正しく持つ、食器に手を添えて姿勢よく食べる、よくかんで味わって食べる）
7	火	身体測定		
8	水			
9	木			・週ごとに目標を定め、それぞれ食習慣を見直す。ポスターなど子どもと相談しながら活用していく。
10	金			・食材当てをしたり、味覚をあえて言葉にすることで味わって食べられるようにする。
11	土	秋の運動会		
⑫	㊐			◎衣服をたたんでしまう。
13	㊊	体育の日		・衣替えに伴い、衣服をたたんで片付けることや、ロッカーへのしまい方、リュックへのしまい方を見守り、適宜必要に合わせて声をかけていく。
14	火			
15	水	誕生会		《遊び》◎競い合う楽しさと、みんなで協力して勝つ楽しさを味わう。
16	木		長距離に挑戦	
17	金	4歳児遠足	秋の自然に親しむ	・子どもたちの意欲を大切に、いろいろな競技を楽しんでいく。
18	土		自分の思いを表現	・運動会後は、他のクラスの競技や遊戯なども楽しみ、余韻を楽しむ。
⑲	㊐		運動遊びを楽しむ	
20	月			◎長距離を歩くことに挑戦する。（親子ハイキング前に機会をつくる）
21	火			
22	水			・コースを子どもたちと一緒に決めて出かけるなど、長距離を歩くことに挑戦する。
23	木		崖遊び	◎崖遊びをダイナミックに楽しむ。
24	金			・存分に楽しめるように、着替えの用意を保護者にお願いする。
25	土	親子ハイキング		◎秋の自然への興味・関心を広げる。
㉖	㊐			・親子ハイキング、山遊びや長距離園外に出かけたときに子どもの気づきを大切に興味・関心を広げていく。
27	月			
28	火			◎自分の言葉で思いを表現する。
29	水			・皆の前で発表する機会をもち、自信につなげる。
30	木			・担任の思ったことをそのときどきであえて言葉にすることで、表現方法や言葉のつかい方を知る機会を増やしていく。
31	金			

◎基礎的事項
・一人ひとりの興味・関心に十分対応していけるよう見守っていく。
・気温の変化、子の体調の変化に気を配る。
◎基礎的事項への配慮
・子どもからの声に敏感に対応すると同時に、自然の変化などを話題にし、意識が向くような声かけをしていく。
・視診、触診をしっかり行う。

運　動	スキップ、ギャロップ、長距離園外、崖遊び
歌・音楽	「どんぐりころころ」「まつぼっくり」「楽しいね」
遊　戯	「ちびっこ船乗り」「黒ひげ海賊団」
お話他	「大きなおいも」「おしゃべりな玉子焼き」
折り紙	木の実
絵　画	絵の具遊び、さつまいも
恩　物	第7

5領域の視点	配 慮 事 項
対人・情緒 ・友達の意見を受け入れたり、思いをわかり、譲り合うなど協調して遊べているか。 ・自分たちで決めた約束を守れるか。 **生活・健康** ・箸の持ち方、食器に手を添える、姿勢よく食べる等ができているか。 ・自分の苦手な食習慣の意識をもって改善しようとしているか。 **言葉・理解** ・相手の気持ちを理解し、自分から声をかけられているか。 ・集中して話を聞いたり、話し合いで友達の意見を聞くことができるか。 ・秋の自然の変化に気づき、興味をもったり、探求心を抱いたりしたか。 **運動** ・何でも挑戦の気持ちで運動遊びに取り組めたか。 ・友達と協調したり、ルールを守って参加できたか。 ・「疲れた」「のどが渇いた」など言わずに長距離歩きに挑戦できたか。 ・汚れを気にすることなくダイナミックに崖遊びができるか。 **表現・感覚** ・自然の変化に気づいたり、身近なものに関心を広げたことを言葉等で表現できているか。 ・自分の気持ちを皆の前で堂々と発表できたか。	《情緒・人間関係》 ・運動遊びなどを通して、友達と協力することや、協調することの大切さを感じられるようにしていく。 ・自分勝手なことをしたり、主張が強いと仲良くできないこと、相手の意見を聞いて受け入れながら楽しく遊ぶ方法など、具体的に話題にして自覚を促していく。 《生活》 ・箸の持ち方、手を添えて食べるなど、上手にできている子をほめたり、生活のなかで具体的に食器を使って手本を示す等、視覚的に訴えていく。 ・日々の食事メニューの中に含まれている食材に意識を向けられるよう食事前に問いかけをしてみる。また、野菜、肉、魚、穀類など食品の分類、栄養にも興味を向けられるようにする。 ・衣服をたたむことについては、できていても雑になりがちな子や、やろうとする意欲に欠ける子など、個別の子の様子を見ながら対応を変えていく。 ・冬用など衣類が厚くなり、片付けにくかったり、たたみにくいものなどは、大人が手伝うなどし、気持ちよく片付けた喜びを味わうようにする。 《遊び》 ・運動会を楽しみ、さまざまな運動遊びを楽しんでいく。そのなかで、約束を守ること、揃えること、協調することなど、集団活動のなかで身につけることを促していく。 ・ルールを守ること、協力するということがどのようなことなのか、担任がやってみせるなど視覚的に訴え、理解させていく。 ・園外保育では、実踏をしっかりとし、安全面には十分に配慮して出かける。また、コースの途中、目的地に子どもたちが楽しみにできるような目標を設けたり、海賊ごっこの延長で雰囲気を盛り上げながら探険ごっこにしてみるのもよい。 ・崖すべりでは、ルールを守りながらダイナミックに遊べるように準備（保護者へ衣類の着替えのお願い等）する。怖がってできない子には、無理はしないが、周囲の雰囲気で誘い入れていくようにする。 ・親子ハイキングでは、秋の自然を感じながら歩けるように、事前の保育のなかで草花の名前や、木々の葉などを見せるなど、関心を高めておく。 ・当日は、親子で安全に歩けるように見守るが、図鑑や絵本などを持参し、知的好奇心や関心を広げられるようにする。また、悪路を工夫して歩いたり、最後まで完歩できるよう励ます。 ・なるべく多く皆の前で発表する機会をつくり、生活全般での自信につなげていく。 ・皆の前で話すことの喜びを感じられるようにていねいにかかわっていく。

◎特に気になる子に対しての担任側の配慮点
・A子……集中が持続せず、話を聞くときにも姿勢を維持することが難しい。
　　　　　最前列に座るようにして、そのつど、表情を確かめながら話をするなど配慮する。「○○だよね」など一つひとつの動作を確認し、自信をもってできるようにする。いじけさせないようにしながらも、一貫した対応を取っていく。
・K君……肥満傾向にあり、運動面で気になる面が目立つ。また、何事にも意欲に欠ける面がある。
　　　　　座り込まないで立って着替えるよう声をかけていく。生活経験の不足から意欲的にできないことについては様子を見ながら進めていく。

5歳児　10月指導計画

		行　事	遊びの流れ	生活・遊びのねらい及び環境構成
1	水		運動会に向けて身体を動かす ↓	《情緒》◎自己発揮しながら他児と協力し、達成する喜びを味わう。
2	木			・運動会に向けて集団で協調しあう場面を見守る。
3	金			・見通しがもちやすいようルール等も子と一緒に相談して進める。
4	土			
⑤	㊐			《生活》◎時間を意識し、行動する。
6	月			・ホワイトボードの予定表を引き続き取り入れていく。
7	火	身体測定		・時計の見方（針）を話題にし、生活のなかで使っていく。
8	水			・生活の流れに余裕をもたせていく。
9	木			
10	金			◎身だしなみを整えることを意識する。
11	土	秋の運動会		・担任が具体的に見せる機会をもつ。（身だしなみ、薄着）
⑫	㊐			・気になる子には間接的な声かけ、鏡を使用していく。
⑬	㊊	体育の日		《遊び》◎ルールのある遊びを楽しむ。
14	火		秋の自然を楽しむ（裏山での遊び）／数に親しむ／ルールのある遊び	・運動会種目（リレー、つなひき競技など…）をたくさん取り入れていく。
15	水	誕生会		・ルールに関してのずるさ等はあえて子同士にまかせてみる。
16	木			・状況に合わせて大人はヒントを与えていくような声かけをしていく。
17	金	4歳児遠足		◎秋の自然に親しむ。
18	土			・園外保育をたくさん取り入れていく。
⑲	㊐			・園外マップを利用していく。
20	月			・自然物を取り入れた遊びにつなげていく。（観察画、ままごとなど）
21	火			・芋掘り、芋味くらべ、芋を使った遊びなどを取り入れる。
22	水	3歳児遠足	芋遊び／食に関する興味を広げる（調理等）／動物に関する遊びを楽しむ	
23	木			◎食に関する興味を広げる。
24	金			・調理保育を多く取り入れる。
25	土	親子ハイキング		・みその種類のちがいによる味くらべ等、いままで意識したことのないことをあえて取り入れてみる。
㉖	㊐			◎動物に関する遊びを楽しむ。
27	月			・折り方図を用意し、自由に折っていく。
28	火			・ビデオを見せていく。
29	水	5歳児遠足 "動物園"		・予想で絵を描いてみる。
30	木			◎数に親しんでいく。
31	金		↓	・生活のなかでさまざまな数え方を大人が使用していく。
				・「いっぽんでもにんじん」の歌を歌う。

運　動	リレー、障害物、かけっこ、園外（裏山の遊び）
歌・音楽	「小さい秋」「夕やけ小やけ」「あかとんぼ」「いっぽんでもにんじん」「うんどうかいのうた」
遊　戯	身体表現（「三味線」「白鳥の湖」「カルメン」）
お話し他	「ライオンキング」
折り紙	動物、折り方図での自由折り
絵　画	観察画
恩　物	童具

◎基礎的事項
・薄着、衣服の調節、換気など健康に過ごせるよう配慮する。
・十分に自己発揮できるよう環境を整える。

◎基礎的事項への配慮
・気温差が激しい時季なので、その日の気温により臨機応変に環境に気をつけていく。また、薄着の必要性を声に出し、自らが心がけられるような対応をしていく。そのさい、体調との調整も考えていくようにする。
・一人ひとりの自己発揮しやすい場面を工夫し、豊富な遊びの内容に心がける。

5領域の視点	配慮事項
対人・情緒 ・他児への迷惑を意識できるか。 ・集団での動きに添えるか。 ・体調の不調を自ら感じられるか。 ・十分に自己発揮できるか。 ・一生懸命がんばれるか。 **生活・健康** ・時間を意識できるか。 ・身だしなみは整っているか。 ・身だしなみについて意識があるか。 ・体調面はどうか。 ・薄着で生活できているか。 **言葉・理解** ・ルールの理解はできているか。 ・生活用語は十分に使えているか。 ・数え方のちがいに関心はあるか。 ・食に関しての興味のもち方はどうか。 **運動** ・思いきり走れるか。 ・全身の使い方で気になるところはないか。 ・敏速な動きがとれるか。 ・全身でころがれるか。(崖遊び) ・たくさん歩けるか。 **表現・感覚** ・身体表現を自ら楽しめるか。 ・動物の予想画の取り組みはどうか。 ・秋の自然への関心はどうか。 **その他** ・就学時健診への緊張、意欲はどうか。	《情緒》 ・一人ひとりの子どもの心の動きを敏感にとらえ、見守ったり、子同士のやりとりを見守るなど、できるかぎり子どもが自ら判断できるようにしていく。 ・とまどう様子が見られたときには、子どもの立場に立ち、一人の意見として入って仲介していく。 ・協調しあって、がんばった喜びを一緒に共感していく。 《生活》 ・子自身が見通しをもちやすいようなホワイトボード、時計の使い方をしていく。気になる子にはときおり「大丈夫？」「ボードみてごらん。時計みて」など意識が向くような声かけをしていく。大人があわてた生活にならないようにする。 ・流れの節目ごとに時間と照らし合わせていくことでつなげていく。 ・就学時健診など緊張感をうまく利用して身だしなみの大切さを話題にしていくことで、自ら考えて行えるように働きかけていくようにする。 ・気になる子は着脱時に意識できるようタイミングを心がけていく。 ・お手紙などで保護者にも伝え、意識する機会を多くもつ。 《遊び》 ・できるかぎり見守る姿勢をとっていくが、子同士では難しい状況やケガ、他者への迷惑などはタイミングをみて大人がかかわるようにしていく。そのときの入り方に気をつけ、子たちで考えてよい体験までつなげられるようにする。中途半端なかかわりに気をつけていく。 ・ルールを守って遊ぶ楽しさを共感していく。 ・天候に合わせて柔軟に園外へ出かけられるようカリキュラムの構成に敏感でいるようにしていく。また、そのさい、出かける目的を明確にし、さまざまな体験となるように考えすすめていく。実踏をしっかりと行い、秋の自然を十分味わえるようにしておく。 ・子の関心に合わせて十分楽しめるよう、臨機応変に計画を立てられるよう工夫をしておく。 ・芋の生長を共に喜び、育てたこと、その後の発展まで子と共に相談していく。 ・園外に出るときは体調への留意に気を向け、保護者とのコンタクト、職員間の連携を大切にする。 ・調理だけでなく秋の自然などにも目を向け、食との関係、食欲とのつながりなど、子と共感していきながら進める。栄養士との打ち合わせをしっかりと行い、衛生面には十分に配慮していく。 ・調理の楽しさ、食の喜びを実感できるよう、子どもたちと期待をもって取り組める計画を心がけていく。 ・遠足前には今回見る動物についてふれていくなかで、絵を描いたり、ビデオ、図鑑などで雰囲気を盛り上げていく。コーナー的に取り入れ、徐々に広がるようにする。 ・自然につかいながら関心をもったときに数のちがいを説明していく。広がり方によってはじっくり時間をとったり、気になる子にはあえて考えてみるようにかかわっていく。 ・遊びや生活の中で数える機会を多くもち、経験を増やしていく。

◎特に気になる子に対しての担任側の配慮点
・A男……集中しない。友達関係など、ときには大人も入り、子ども同士でかかわれるよう仲介していく。自信がもてるものを見つけていく。
・B子……情緒不安定な日がまだある。安心できるよう話を聞いてあげたり、必要に応じて家庭の様子を聞いてみる。
・C男……何でもあきらめがちだが、運動が好きなので今月あえて意識してがんばれるようにかかわっていく。少しでもがんばれたらほめていく。
・D子・E男・F男……個別のかかわりを増やし、つまずきやすい理解力の面を見つけていく。

外遊び（異年齢）　保育日誌の例　（10月20日～10月24日）

前週の子どもの姿	今週の遊びの内容
・運動会明けの週であり、かけっこのラインを再び走って楽しんだり、各学年の遊戯を、行進も含め、楽しんでいた。 ・4・5歳児を中心にサッカーを楽しみ、全身を動かして遊ぶ子、園庭の隅で葉や虫など自然物に触れ、楽しむ子が見られる。	・砂場遊び　　　・遊戯 ・かけっこ　　　・サッカー ・サーキット　　・なわとび ・三輪車　　　　・スクーター

	遊び		準備	配慮すること
20（月）	砂場遊び	三輪車（スクーター）／フープ	・砂場遊具 ・手洗い用バケツ、タオル ・三輪車（大・小） ・ラインカー ・とび箱の踏み切り台 ・カラーコーン	・三輪車はコースをラインカーで描き、山を作ったり、カーブするところを作り、サーキットのようにする。順番を抜かしたり、猛スピードで走ると危険なので、しっかり見守っていく。 ・休み明けで、遊びだせない子もいると考えられるので、どんどん遊びに誘っていく。
21（火）	砂場遊び	遊戯／三輪車	・砂場遊具 ・手洗い用バケツ、タオル ・サッカーボール ・サッカーゴール ・CD、MDデッキ ・CD、MD	・早い時間帯のうちはボール遊びを楽しむ。子が増えてきたら様子を見て危険のないよう配慮する。遊戯は運動会の入場から楽しんでいき、以前から楽しんできている踊りの曲も流し、反応を見ていく。
22（水）	遊戯	サッカー／かけっこ	・CD、MDデッキ ・CD、MD ・サッカーゴール ・サッカーボール ・ラインカー	・遊戯は大人も一緒に楽しんでいくことで、踊りだせずにいる子も参加しやすい雰囲気をつくっていく。 ・3歳児遠足のため、晴れたらのびのびとサッカーやかけっこを楽しんでいく。
23（木）	サッカーボール	砂場遊び／カンポックリ	・サッカーゴール ・サッカーボール ・砂場遊具 ・手洗い用バケツ、タオル ・カンポックリ ・ラインカー	・前半はサッカーを行う。工事の方にボールが行かぬようゴールの向きを工夫する。 ・乳児の動きが出てきたら片付け、遊びを変えていく。 ・カンポックリはラインを引き、コーナーを決める。
24（金）	大なわとび	フープ／砂場遊び	・大なわとび ・鉄棒（支えのため） ・ラインカー ・フープ ・砂場遊具 ・手洗いバケツ、タオル	・大なわとびは5歳児が中心になると思われるが、3・4歳児にも順番が回ってくるようにする。 ・遊ぶ場所を決めたら、ラインカー、カラーコーンでコーナーを設ける。

うた（「さんぽ」「世界中の子どもたちが」）

環境づくり	援助のポイント
・砂場はあらかじめ大きく深い穴を掘っておいたり、高い山を作っておく日もつくり、そこから遊びが発展していく様子を見ていく。 ・なわとびは、コーナーを設け、他の遊びと交じったり、危険が生じないようにする。 ・遊戯、運動会だけでなく、1学期から楽しんできた曲も取り入れて楽しむ。	・登園後は肌寒い日も増えてくる。年齢や子に応じて衣服調節を行う声かけをしていく。 ・時間帯を気にして、乳児に危険がないような遊び方、スペースの取り方も配慮していく。 ・4歳児の中に、三輪車やフープなど、小さい子に貸さず夢中になって独占している子がまだ見られるので、譲ったり貸してあげたりして、優しく接する経験もできるよう見守る。

保育経過（子どもの姿）及び反省	明日への展開
・ラインカーでコースを描き、スクーター、三輪車を楽しんだ。「駅」を1か所作り、大きく1周したら並んでいる人と交代するような流れとなるよう、最初は見守っていた。子が自ら気づき、待っている子に「乗る？」と尋ねたり、待っている子も「ありがとう」と言って、お互いに気持ちよく借りたり、貸すことができており、うれしく思った。週のはじめで、3歳児もたくさん遊びだせていた。	・砂場遊びでは、山や穴を大きめに作っておき、子の遊びの展開を見守っていく。 ・雨天の場合、ホールで遊戯を楽しむ。
・今日は、園庭で遊戯、砂場遊びを中心に行った。遊戯は、入場の曲からかけると、先生役になる子もいて、「赤チームこっち、白チームこっち」と並べ、円のように入場していた。踊りも、他学年のものまで、とてもよく覚えていた。何度も運動会の遊戯を行ったので、春にやったものや、夕涼みの曲も流すと、とてもよく踊っていた。砂場では、落ち葉等も使って、料理をしたり、落ち着いていた。	・遊戯を楽しむ。各学年の踊りを楽しんでいく。
・雨天のため、ホールにて遊戯を行う。3歳児も、4・5歳児の運動会の曲に興味をもって、見てまねしながらよく楽しんでいた。今日は、子にとって初めての曲をかけ、大人がリードして踊っていると、皆、興味を示し、一緒に楽しむことができた。今後も楽しい曲を見つけ、子と動きを考えながら取り入れたい。	・晴れたらサッカーを行う。その他、十分に身体を動かして楽しむ。
・早い時間帯にサッカーゴールを2つ出し、ラインカーで園庭の半分くらいのスペースでコーナーを作った。4・5歳の男児を中心に十分に楽しめた。砂場は山や穴を作っておいたところ、山に道を作り、穴につなげて楽しんでいた。また、フープを出したところ、一人の子が立てかけ、それを他の子がジャンプする遊びに発展し、楽しめた。	・大なわとびを楽しむ。危険のないようにスペースを決めて行う。
・園庭の2分の1になわとびコーナーを作り、大なわとびと、一人で行うなわとびを用意した。4・5歳児中心に大なわとびを楽しんだ。気候も、ちょうど動きやすい時季に入ってきたので、たくさん楽しんでいきたいと思う。3歳児は、興味があるものの入れないという状態になってしまったので、大なわで「ヘビ」をして遊ぶ等、もうひとつ配慮するとよかった。	・引き続き、大なわとびを楽しんでいきたい。

室内遊び（異年齢）　保育日誌の例　（10月27日〜10月31日）

前週の子どもの姿	今週の遊びの内容
・ぬり絵は、4・5歳児とも落ち着いて楽しんでいた。 ・あらかじめ、ぬった後の紙も大切に扱うことを約束することで、一人ひとりに管理していた。 ・工作は、それぞれの子が工夫したものを作って、楽しんでいた。	・箸遊び ・折り紙（パッチンカメラ等） ・ままごと ・図書コーナー ・いもばん　等

	遊び		準備	配慮すること
27（月）	箸遊び	折り紙／図書コーナー　等	・箸遊びセット ・ままごとの皿 ・折り紙 ・折り方図 ・間仕切り ・図書	・箸遊びは、小豆や小さな消しゴムを失くしやすいので、下にマットを敷き、落ち着いて楽しめるような環境をつくる。 ・図書コーナーは、本を大切に扱うことを約束してから読むようにする。
28（火）	工作	トランプ／積み木　等	・セロハンテープ ・はさみ ・厚紙 ・スズランテープ ・トランプ ・積み木　等	・工作は、はさみの管理に気をつけながら行う。大人も側にいて一緒に作り、遊びを見守っていく。 ・トランプは、何か所かにコーナーを設けて、4歳児も気軽に遊べるようにする。
29（水）	ぬり絵	工作／ブロック	・ぬり絵 ・色えんぴつ ・はさみ ・セロハンテープ	・くまの部屋は、5歳児がきのう作ったキングブロックの動物があるので、それにちなんで、ブロック、ドミノ、動物パズルで動物園作りを楽しむ。 ・きりんの部屋は、ぬり絵、工作等、机の上で遊ぶものを用意する。
30（木）	箸遊び	工作／表現遊び	・CDデッキ ・CD ・箸遊びセット ・はさみ ・のり ・セロハンテープ ・紙	・くまの部屋で、オペレッタやジャズの曲などをCDで流し、十分に楽しめるようにする。 ・大人は一緒に動いたり、様子を見守る。 ・工作は、厚紙、スズランテープなどで、表現遊びにつながるようにしていく。
31（金）	ままごと	ねんど遊び／表現遊び	・ままごと ・間仕切り ・鏡、ブラシ、リボン ・ねんど、ねんどベラ ・CDデッキ ・CD	・ままごとは、鏡やブラシを用意し、自分たちの姿も見ながら楽しめるコーナーを設ける。 ・表現遊びは、5歳児の人数も考慮してスペースを作っていく。 ・テラスのスペースも利用し、遊びこめない子の様子を見ながら、遊びを変えていく。

うた（「世界中のこどもたちが」「さんぽ」「もみじ」）

環境づくり	援助のポイント
・折り紙は、4歳の子もわかりやすいように折り方図を作り、貼っておく。 ・折り紙コーナーは、静かで落ち着いた雰囲気をつくる。（間仕切りの使用） ・箸遊びは、大人が側について、持ち方を伝えていく。また、持ち方の図も掲示し、わかりやすくする。	・折り紙は、むだに使わないことを始める前に約束し、大人も側にいて、折り方を伝えていく等しながら、きれいに仕上げることの楽しさを味わえるようにする。 ・ままごとは、片付けまできちんと行う。「片付け」の声がかかると、どこかへ行ってしまう子が目立つので、あいまいにせず、きちんと片付け、気持ちよいことを共感したい。

保育経過（子どもの姿）及び反省	明日への展開
・今日は箸遊びは行わず、折り紙、パズル、積み木などで遊んだ。折り紙は、4歳児が七五三で予定している、やっこさんのベースであるパッチンカメラの折り図を掲示したところ、今日で折り方を理解した子も多く、よかったと思う。ただ、むだ使いも気になったので、声をかけていった。後半は、園庭でサッカー、大なわとびを楽しんだ。	・工作を楽しむ。さまざまな素材を工夫して作っていく。
・工作は、厚紙、空箱、色画用紙、スズランテープを使って、好きなものを作っていく。5歳児は、途中で料理に行ったため、ほとんど4歳児が中心だったが、とてもゆったりと楽しめた。今、ピーターパンごっこ遊びが盛り上がっているので、身につけるものを作って楽しむ子が多かった。片付けは、分別が正しくできるよう、時間をかけ、大人もしっかり見ていくことができた。	・ぬり絵、工作、ブロック遊びを楽しむ。
・ぬり絵は、大人が側について、ていねいできれいに塗って仕上げることで、5歳の女児を中心に美しく仕上げることを楽しめていた。くまの部屋では、最初、動物をテーマに作って楽しんでいたが、しだいに、それぞれ好きなものを作って楽しんでいた。テラスのスペースを利用し、トランプ、ブロックなど、遊びを変えていった。最後に、片付けをした。	・5歳児が遠足のため、一室は表現遊びを楽しんでいく。
・今日は、くまの部屋で、ジャズ、エアロビクス調の曲、ピーターパン（オペレッタ）のCDを流した。子から動きが見られ、大人もその動きを取り入れながら、一緒に楽しんだ。5歳児が遠足でいなかったため、とてもゆとりがあって、それぞれの子がそれぞれの遊びをゆったりと楽しむことができた。工作で作った飾りを身につけて、表現遊びに取り入れる子が多かった。トランプはルールを守り、楽しめるようになってきている。	・4歳児が描画のあいだ、一室を使って表現遊びを楽しむ。大人も、子の動きを取り入れて、動いてみる。
・テラスで、四ツ切りの4分の1の小さい紙で、絵の具の自由画を行った。4・5歳児共に、ガーベラの花を見ながら描いたり、5歳児は昨日の動物園を思い出して、動物を描いた。大きな色画用紙に貼り付けて、くまの部屋に貼ると、皆、喜んで見ていた。ままごとは、鏡の前で「とこやさんごっこ」をして楽しんでいた。	・絵の具の使い方を知り、楽しんでいきたい。

11月の生活

気温と生活指導「年齢別生活週案」

3歳児

シャツの始末、シャツの上下の衣服の間が開いていると腹部に風が入って寒さを増して風邪をひいてしまう心配から衣服の始末を伝えている。3歳児には難しい作業かもしれないが、意識的に着ようとする姿は現れる。そのつど保育者のていねいな指導が重要である。排泄時あるいは昼寝の着替えどきなど、日々、欠かさず目を向ける保育者の姿勢が、望ましい身支度の作業が定着する素地になることを忘れてはならない。

4歳児

手洗いやうがいをていねいに行う。手の細菌も目で見てわかるものではない。衛生的な感覚は難しいようであるが、色素を交えた検査液を看護師が用意して具体的な指導を試みると理解するようである。もともと細菌は人の目には見えない。顕微鏡のような道具を通して見えるものであることを伝えるのも方法である。興味津々、手洗いの意味も理解し、実行もする。

うがいも同様に、濡れていて細菌が付着しやすい箇所を問うと、「口の中全部」と答えるなど、理屈で理解しようとするのが4歳児である。具体的な指導は一緒に生活する保育者の実行力にもかかわる。日々ともに励行することに習慣化は課せられていると心得る。細菌を体内に侵入させないための方法も、図を見せるなど具体的な指導方法を生み出す努力や、教材の少ない指導に困窮する部分の開拓も必要であろう。

5歳児

第1週目には、うがいの励行がある。どうしたら風邪をひかないのかを再び確認する。子も意識が高まったと感じているが、ていねいな子といいかげんに済ませてしまう子の差が見られる。今後は個別なかかわりが必要なようである。

2週目は、衣服の調節と身だしなみをあげている。結果としては、日誌には「暖冬で暖かい日が多く、ほとんどの子どもが半袖で生活している。薄着でよくがんばって、長袖を着ている子どもは見られなかったが、身だしなみについては二、三の男児が気になる」とある。

年齢別保育課題「低体温と排泄」

3歳児の排泄の自立

本来は腹部の尿意を意識して自ら排泄と判断し、排泄を一人で済ませる姿が自立した子どもとみることができる。紙オムツの悪影響を受けた子どもであっても、3歳児の後半はほとんど自立した姿を想定する。しかし11月から12月は気温の影響で体温調節が難しいのであろう。自立していた子どもも失敗することがある。

遊びに夢中になって失敗する例はよくあることだが、低体温児つまり平均体温が低く外部の気温に影響されやすい体質の子どもが失敗を重ねることが多い。排尿間隔も短く、落ち着かない様相があるので、重ね着をする、あるいは温かい食事を提供するなど、保温を考える必要がある。

3歳児全員の排尿感覚に再意識化を働きかける。巧妙な話術で「おなかがおしっこ出るよと教えてくれる？」と問いかけてみる。真剣に体と相談する子どもの表情から「教えてくれたらトイレに行くんだねっ」と遊びの途中でも自ら考えて動き出すことを求めて尿意の再意識化を試みる。

日ごろは排泄について内臓の変化など考えたこともなかったように驚くが、話題にすることにより「みんな同じ人間であり、大人も同じようにトイレに行く」ことを知り、安心すると同時に、成長した自分に誇りを抱き、成功することの喜びを味わう瞬間でもある。

冬季の遊びと気温計

目にとまる高さに大きな気温計をかけておくと、子どもたちは自然に興味を示して集まってくる。「今日は雪が降る？」と子どもが尋ねてくる。

「どれどれ、見に行こう」と一緒に気温計の赤い水銀の目盛りをのぞき込み、「今、□□度だから今日は降らないかもね」「赤い線がどこになったら雪が降るの？」興味のある子どもは真剣な眼差しで聞いてくる。「これから毎日見てみようよ、楽しみね」。わざわざ子どもたちを集めて指導しなくても、関心のある子どもから自然に認識として覚える方法もある。

気温計を見て園庭遊びの内容を選択したり相談したりすると、保育者が気温計を利用する姿を見て、気温の変化に関心を示す子どもも現れる。自然界の気象に興味を誘う配慮である。

5歳児「道徳『よい心 悪い心』」

最近、言葉の活発な女児のなかに相手が傷つく言葉を平気で使う姿がある。心に訴える内容を準備する。

静かな部屋に全員で座る。突然子どもたちの姿を具体的に言葉にすると、よくない言葉と感じている例が多く、心を閉ざしてしまう心配もある。どの子どもにも不安感を抱かせないように善悪の判断が子どもたちにも可能な童話を利用する。

「かちかち山」の絵本を、じっくり時間をかけて読み聞かせる。タヌキのずるい悪い心を話題にした後に、自由に自分の考えを発言する機会を設ける。身近な話題になると各自が自分のことを振り返り、友達に対していやなこと、ずるいことをしていないか、生活を考えるようになる。

人は誰でも、言われたらいやな言葉がある。自分が言われるといやな言葉を子どもたちが拾いあげ、見えるところに大きく書く。そして使わないように約束をする。

さらに、人間は誰でも良い心と悪い心をもっている。気づかずに悪い心が大きくなると人にいやなことをしてしまう。人にいやなことをたくさんすると、最後は自分が人に嫌われる人間になってしまい、誰にも遊んでもらえなくなることを話す。

幼児期は人のなかで生きる力をしっかり蓄える時期にある。5歳児は善悪の判断や状況判断もすみやかに決められる年頃である。さまざまな童話などを取り入れ、考えるチャンスを豊富に準備して、思考力や自我に対する自制力を培う話題の提供を心がける必要がある。

異年齢の自主選択の遊び

園庭の遊びには、園内の落ち葉遊びや大なわとびの遊びが準備されている。3歳児ははじめなわ遊びに入れない。4・5歳児の遊び方がおもしろいらしく、周りをとびまわってしっかり見ている様子である。

落ち葉集めをしている5歳児の周りに、「何するの」と集まる3歳児たち。そんななかに構成遊びに使う画用紙やのりを持っている子どもがいる。「どうするの」と小さい子に聞かれて、「見てて」と落ち葉を並べてみせる。「おもしろい」とまねる子どもも現れる。子どもたちが始めた構成遊びは自然に広がり、保育者はあわてて保存ケースを用意するほど作品がたくさんできた。

黒いビニール袋に落ち葉を貼り付けて表現遊びの衣服を作る4歳児は、のりではくっつかないことがわかり、セロハンテープを持ち出してきた。終わったら片付けるようにと指導されているが、聞こえない様子である。何回も言われて「わかった」と答えている。

室内では落ち葉のすり絵遊びが始まっている。軟らかい紙の下に落ち葉を置いて、クレヨンでこすり、落ち葉の形が紙に現れる遊びを楽しんでいる。壁にたくさん作品が展示されているが、全児童が公平に経験しているとは限らない。遊びが偏らないよう、日々の保育者の遊びへの誘いがカギになっていることを忘れてはならない。

11月の年齢別保育

3歳児の排泄

気温が下がる11月中旬ごろから排尿の失敗が目立つようになる。低体温の子や体温調節とその

維持が難しい子どももいる。この時期まで育ってくると、遊びに夢中になり尿意を軽んじる姿も見られてくるが、失敗のかかわりには身体的な配慮が必要な場合もある。頻繁に失敗する子どもの場合は、保護者と話し合い、原因を探ってみる必要がある。

しつけの範囲であれば容易にその失敗の回数も減り、消えていくが、原因が保護者のかかわりによる心因性のものである場合もある。保護者自身が気にして執拗に子どもに言葉をかけており、子どもは神経質になって排尿に自信をなくしているケースもある。

低体温児の場合は、食生活の内容に配慮が必要になる。衣服の調節もその子どもに必要な保温性のある衣服を選ぶ。頻繁に失敗する子どもは尿意感覚を疑う必要がある場合もある。

保護者には、個人差を認めながらも、自立して天真爛漫に遊ぶ子ども本来の元気な姿を求めて、双方の協力体制で支援しようともちかける。一般的には、保育観で自立を助けられるケースは多いが、まれに医療的な治療が必要になる場合もある。保護者は不安を抱えることになるので、子どもを思う真剣な姿勢が求められる。

ときには、受診する医院の紹介が必要になる場合もある。あらかじめ園医に相談するか、医療機関のネットワークを頼るなどの対策も求められる。

子どもたちには集会をもち、尿意と排泄行動の接点を意識化する。幼児用の人体模型を使って膀胱の位置と大きさも見せる。脳が腹部の感覚「陰部神経層」の尿意を受け取り、排泄行動に結びつく。視覚を通して、膀胱が一杯になると尿がこぼれて失敗することになることを、理屈で覚えて自分の判断で自立への行動を促す対策である。

「みんなもうオムツはいらないね」と集会の終わりに声をかけるとうれしそうにほほえんでいた。その後の失敗の件数は大幅に減った。

4歳児の芋掘り

5歳児の芋掘りを見ていて「やりたい」と盛り上がる。収穫の芋をテーマに料理や芋版作りなどの遊びへの展開を話し合い、掘るおもしろさに加えて遊びの想像を促しておく。

畑は近い距離なので裸足で行く。安全な道路の利用方法と足の裏の痛さも感じるであろうこともあらかじめ伝えて準備をする。各自1株ずつ掘る。家族へのお土産にもなるので袋の用意もしておく。

保育日誌から

園を出る前に「大きな大きなお芋」の本を読み、気分を盛り上げた。実際にはつるの株を引っ張らずに大切に掘ることを伝えたが、なかなか掘り出せない子、次々と掘っていく子とさまざまであった。「とれたよ」とみんなうれしそうに自分で掘った芋のなかから、気に入ったものを家に持ち帰った。

表現遊び「ピーターパン」

夕涼み会で海賊の遊戯を踊ってから4歳児は海賊に凝っている。海賊船の絵を見たり、画用紙に描いたり、海賊の話題が続いている。

12月のステージでの表現遊びに向けて、劇遊びへの発展をねらいピーターパンのCDを流し、興味がもてるようにする。どんな登場人物がいるのか、ピーターパンの劇遊びにはどんな道具が必要になるかを子どもたちが考えられるように、絵本を見ながら再度CDを聴く。あらすじがわかると、自ら演じたい役柄を主張する子ども、小道具の心配をする子ども、と保育室は活気づく。音楽の部分は保育者も手伝う、小道具はみんなで作る、と話が進むと、さっそく子どもたちは動き出す。セリフも決めず、登場人物がそれぞれ自在に進める。内容が大きくそれないかぎり、自由な発想を認める遊び方である。

各自の選択で役柄を決め、自発的に遊ぶことが

堂々と役柄を演じる源である。役柄も自然に交代して遊べることが望ましい。

> **保育日誌から**
> 「ピーターパンだー」とCDに反応した子どもは多かった。その後、CDを聴きながらストーリーと共に登場人物を話題にすると、絵本を取り出してきて、それぞれ自分がなってみたい役柄を口々に言い出した。
> 役を決めるわけでもなく、CDに合わせて身振り手振りで踊り出し雰囲気を楽しんでいたが、興味のない子もいた。とっぷり楽しんでいる子どもは、ままごとの衣装を持ち込んで身にまとっていた。

5歳児「勤労感謝の導入」

近隣の新築家屋の工事現場を散歩で見かけている。毎日食べられる食事の材料を作っている農家の人々の仕事ぶりを見かける。家庭の話では、毎日食べる食材を買う、衣服を買うお金は誰が働いて得ているのか。汚れた衣服の洗濯は誰が洗ってくれているのか。食事は誰が作ってくれるのか。

自分たちの周りのいろいろな人の仕事があって生活が成り立っていることを伝え、日々の生活を振り返る。考えて理解できる範囲の事例をあげて考える機会をもつ。

なかには抽象的になりがちな保護者の仕事を知っている子どももいる。会社の業務内容まで知っていて、保護者が会社で働いて人々が助かっていることまで聞き及んでいる子どももいる。5歳児には感謝の思いが子どもたちから自然に湧き出るような話題の提供が必要になる。

> **保育日誌から**
> 「風邪をひいたとき治してくれる人は」などと仕事の内容を問いかけて、職業を当てる遊びから始めたことで、全体的に集中して聞いていたように思う。園舎も建設業者が造ってくれた話をすると驚いて、プレゼントを作りたいと言い出す。午後の遊び時間をプレゼント作りにあてた。保育園でお世話になっている人々にもプレゼントを考えた。日々食事を作ってくれる調理の人たちには、自分たちで料理をして食べていただく計画になる。
> 保育園の周辺にも足を伸ばして考えたので1週間かかる計画になったが、意欲的な感謝の思いが現れて、5歳児は毎日午後に集まることになった。

日舞を楽しむ

地域の舞踊家や老人会の人々が園に遊びにみえる。日本の伝統的な遊びのお手玉や、折り紙、竹馬に乗るなどの遊びの指導を老人会の人たちに依頼し、楽しんでいる。お昼の食事も一緒に食べるなどなごやかに過ごしているが、子どもたちから12月のステージで日舞を踊りたいと希望が出る。

7月の夕涼み会で踊る曲の「東京音頭」を近隣の老人会の指導を受けて、きれいに踊れた経験があり、老人会の人々と遊んでいる間に話題になったようである。

担任は選曲にとまどったが、夕涼み会での成功もあり、可能と考えるようになった。

> **保育日誌から**
> 踊ることを楽しみ、目で見て意識する部分を覚えて、上手に踊れる子どもが増えてきている。独特の間や動きに戸惑う子どももいるが、大人がわきについてかかわるようにしたのでスムーズにできた。礼儀正しく行えるように、一つひとつの動作を大切にしていくよう見守った。集まってきた女児は扇を持って足の送りや首の動きを中心に行った。独特の足や首の動きにはじめは戸惑う子が多かった。ふだんから踊りの好きな子どもは遊戯のようなリズミカルな動きになりがちだった。逆におとなしい子どものほうがすぐに理解してスムーズな動きだった。男児はきびきびとした振りを中心に行った。決めのポーズを格好よく行う子どもが多く、とても楽しめていた。

3歳児 　11月指導計画

		行　事	遊びの流れ	生活・遊びのねらい及び環境構成
1	土			《細かい汚れを意識して手洗い・うがいを行う》 ・手や口の中の汚れ（ばい菌）について視覚的にわかりやすいようにわざと汚した手をタオルで拭いてみたり、ペープサートを用いたりする。 ・看護師に話をしていただく機会をもつ。 ・テラスの水道のところに手洗い・うがいのポスターを貼っておく。 《シャツのしまい方を知り、意識して行う》 ・シャツについてしっかりしまっている例としまっていない例を具体的に比較する機会をもつ。 ・しまう方法については具体的に伝え、皆でやってみる。 《食事のマナーについて意識して食べようとする》 ・食べる前に具体的に姿勢や食器をもつことなど伝えてから食べる。 ・正しい姿勢の人形をいすに座らせておき、子の意識を促す。ときには人形の姿勢が乱れているときのものも作ることでマンネリ化を防ぎ、意識を高めていく。 《七五三の由来を知り、ふくろ作りを楽しむ》 ・由来は紙芝居などを用いて簡単に伝える。 ・乳児の生活（排泄・食事面）を見せてもらう機会をつくり、お兄（姉）さんである意識を促す。身長なども比べてみる。 《さまざまな表現遊びや遊戯を楽しむ》 ・一つのかたちにとらわれず、さまざまなかたちで楽しむ。衣装や巧技台などで作った台を効果的に用いていく。 ・遊戯では手に目印などを付けることで、左右やしっかり伸ばす意識を促す。 《身近な人の仕事を知る》 ・絵カードを用いたりしながら、自分の両親の仕事や保育園の中で働いてくれている人について考えてみる。 ・保育園内の仕事について実際に見せてもらい、感謝の気持ちを促す。（給食室・事務所・用務さん） 《秋の自然に触れて楽しむ》 ・子の体調や機会をみて園外に出かける機会をもつ。 ・落ち葉遊びや木の実拾いなど自然に直接触れて楽しむ機会をつくる。
②	㊐		遊戯・表現遊び（「さるかにかっせん」） ／ 七五三行事（ふくろ作り） → 勤労感謝の日（プレゼント作り） → 観察画・人物画 ／ 秋の自然を楽しむ（園外）	
③	㊊	文化の日		
4	火	身体測定		
5	水			
6	木			
7	金			
8	土	講演会		
⑨	㊐			
10	月			
11	火			
12	水			
13	木	七五三行事		
14	金			
15	土			
⑯	㊐			
17	月			
18	火	健康診断		
19	水			
20	木	誕生会		
21	金			
22	土			
㉓	㊐	勤労感謝の日		
㉔	㊊	振替休日		
25	火			
26	水	クリスマス園内発表会		
27	木			
28	金			
29	土			
㉚	㊐			

◯基礎的事項
・健康に過ごせるように室内の環境を整える。（換気・空気殺菌器・加湿器・ティッシュ）
・情緒の発散を促し、のびのびと過ごせるようにする。
◯基礎的事項への配慮
・日々の生活に流されず、意識を高くもっていく。子が外に出たときに機会をみて換気するなど、担任間でも声にしていく。
・活動に静と動のメリハリをつけていくよう心がけ、情緒の発散を促していく。発散しきれていない子に対してはしっかり目を向けていく。

運　動	長距離園外・崖遊び・巧技台
歌・音楽	「やきいもグーチョキパー」「きく」「もみじ」
遊　戯	クリスマス会の曲
お話し他	「さるかにかっせん」
折り紙	七五三のふくろ作り
絵　画	観察画・人物画
恩　物	第3・4

5領域の視点	配慮事項
対人・情緒 ・のびのびと過ごせているか。 ・自分の思いを言葉で伝えられているか。 ・活動に興味をもって参加できているか。 ・友達との関係はできているか。 **生活・健康** ・手洗いを自ら行っているか。 ・汚れを意識しているか。 ・うがいを行っているか。（ていねいさ） ・シャツをしまえているか。 ・食事のさいの姿勢はどうか。 ・食器を持っているか。 ・箸の持ち方はどうか。 **言葉・理解** ・物語を興味をもって聞けているか。 ・物語の内容を理解しているか。 ・折り紙を一斉の説明で理解できるか。 ・自分の両親の仕事を知っているか。 ・恩物の方法を理解できるか。 **運動** ・園外（長距離・山道）での歩き方はどうか。 ・意欲的に歩けているか。 ・崖遊びの様子はどうか。 ・巧技台の様子（高さに対して・渡り方・よじ登り・飛び降り…） **表現・感覚** ・自ら遊戯に参加して楽しめているか。 ・表現遊びを楽しめているか。 ・どのくらいなりきれているか。 ・リズム感はどうか。 ・恩物を楽しめているか。（見立ての様子） ・特徴をとらえられているか。（観察画） ・人物の特徴を理解して描けているか。	**《自分の思いを言葉で伝える》** ・遊戯や表現遊び・園外など日々の遊びを充実させていくことで自然と情緒の発散を促し、気持ちに自信をもてるようにしていく。そのようにしていくなかで自然と子の言葉を引き出していけるようにする。 ・日々の生活のなかで自分の思いを言葉で伝えられたことに大いに共感し、自信につなげていく。特に気になる子に対しては、言葉で伝えてくれなくてはわからないことや乳児との比較などによって意識を促していく。すぐにこちらから声をかけてしまうのではなく、声に出せるまで待つなどのかかわりをもっていく。 **《細かい方法を意識して手洗い・うがいを行う》** ・具体的に子の意識を促していく。話題にした後はそのつどしっかり確認し、個々にできていることに対してしっかり認めていけるようにする。大人の配置も声に出し合っていき、継続してかかわっていくことで意識を高めていく。 ・子の様子によっては行った後にシールを貼るなど、具体的に意欲につなげられるような方法も考えていく。 **《シャツのしまい方を知り、意識して行う》** ・全体で集まったときなどに確認する機会をつくり意識を高めていく。また、日々の生活のなかでも気になったときはそのままにせず、声をかけ、なおしていけるようにする。 ・しまっていないことがいけないことではなく、子の意識のなかで「かっこ悪い」と感じられるようなかかわりをしていくことで、自然と自ら意識して行えるようにしていく。 **《七五三の由来を知り、ふくろ作りを楽しむ》** ・乳児などとの比較を通して自分たちの成長を感じられるようにしていき、その意識が今後の活動に生かされるようなかかわりを心がけていく。 ・ふくろ作りもただ作るだけにならず、いままでの活動や秋の自然からの子の興味を継続していくことで、意欲的に楽しめるように工夫していく。 **《さまざまな表現遊びや遊戯を楽しむ》** ・遊戯は子の動きを考えて一緒に楽しんでいくなかで子の言葉や動きを引き出していく。大人の言葉や動きではなく、子から出たものを臨機応変に取り入れていく。 **《身近な人の仕事を知る》** ・自分の身の回りにはどのような仕事があるのか、わかりやすいところから考えていく。また、逆にそのような仕事をしてくれる人がいなかったら自分たちはどうなってしまうのか考えてみることで感謝の気持ちを促し、プレゼント作りにつなげていく。 **《秋の自然に触れて楽しむ》** ・園外を通して見る、触れる、集めるなどの実体験を多く経験できるようにしていくことで大いに楽しんでいく。崖遊びでは安全面を確保したうえで大人も一緒に楽しみながらダイナミックな遊びへと誘っていけるようにしていく。消極的な子も上り下りを通して十分に体を動かし、気持ちの発散を促していく。 ・園庭などの身近な自然の変化や気温の変化なども話題にしていくことで、季節の変化を感じられるようにする。

◎特に気になる子に対しての担任側の配慮点
・A男……言動が落ち着かず自分勝手な行動が多い。他児とトラブルになることも多い。
　　→頭ごなしに注意するのではなく、一つひとつそのときの状況や相手の気持ちを伝え、どうすればよかったのか一緒に考えていくことで意識を促していく。少しのことでも皆の前でほめる機会をつくり、自信につなげていけるようにする。
・B子・C男・D子……自分の思いをなかなか言い出せずにいることが多い。
　　→一人ひとりに目を向けていくことで遊びでも十分に発散していけるようにし言葉を引き出していく。声に出せたことは大いに共感し自信につながる。ときには乳児との比較から自ら伝えようとする意識を促し、すぐに声をかけず、声に出せるまで待つようなかかわりをする。

4歳児　11月指導計画

		行　事	遊びの流れ	生活・遊びのねらい及び環境構成
1	土		↓ 七五三行事に親しむ　　↓ 長距離に挑戦　　　　　↓ 勤労感謝の日に向けて身近な仕事に興味をもつ　　↓ 折り紙　　　↓ 恩物　　　表現遊び　　　　　↓ 絵画　　↓	《情緒・人間関係》 ◎自分が友達に親切にすること、また友達に親切にされることの喜び、感謝の気持ちを知る。 ・日ごろの生活のなかでの具体的な場面をとらえて話題にする。 ・親切にされる気持ちだけでなく、親切にする喜び、気持ちよさを感じ、「ありがとう」と自然と言えるように見守っていく。 《生活》 ◎手洗い、うがいをていねいに行う。 ・手洗いのポスターを作成するなどして意識を高めたり、手洗いができているかを大人が確認するなどしていく。 ◎気温や活動に合わせた衣服調節を自分でする。 ・気温計を用意し目安となる印をもとに、自分たちで衣服の調節を意識できるようにする。 ・自分で気づけるように、体感温度に合わせて「今日は寒いね」「動くと暑くなるね」など大人があえて言葉にして共感していく。 《遊び》 ◎七五三の由来を知り、成長を喜ぶ。 ・自分の成長を実感できるようになったことなど具体的に話していく。 ・行事本来の由来について話を聞く。 ・両親や家族への感謝の気持ちをもてるようにかかわっていく。 ◎身近な人の仕事に興味をもつ。（勤労感謝） ・食材を届けてくれている業者や地域のお店を見学するなど身近な仕事の関心をもたせる。 ・園内の身近な仕事内容から、社会にはさまざまな職種があることを絵本等を通して知る。 ・お店屋さん見学の機会も様子をみて考えていく。 ◎表現遊びを楽しむ。 ・ピーターパンの海賊ごっこの延長で表現遊びに発展させていく。 ・イメージが描きやすいような具体的な工夫をしていく。（衣装、かぶり物、絵本など）
②	㊐			
③	㊊	文化の日		
4	火	身体測定		
5	水			
6	木			
7	金			
8	土			
⑨	㊐			
10	月			
11	火	保育参観		
12	水	〃		
13	木	七五三行事		
14	金			
15	土			
⑯	㊐			
17	月			
18	火	健康診断		
19	水			
20	木	誕生会		
21	金			
22	土			
㉓	㊐	勤労感謝の日		
㉔	㊊	振替休日		
25	火			
26	水	クリスマス園内発表会		
27	木			
28	金			
29	土			
㉚	㊐			

◎基礎的事項		
・一人ひとりの興味・関心に十分対応していけるよう見守っていく。	運　動	指先遊び、長距離園外、崖、マラソン
・気温の変化、子の体調の変化に気を配る。	歌・音楽	「真っ赤な秋」「きくの花」「あの青い空のように」
◎基礎的事項への配慮	遊　戯	クリスマスの曲、ピーターパン
・子どもからの声に敏感に対応すると同時に、自然の変化などを話題にし、意識が向くような声かけをしていく。	お話し他	「ダンプ園長やっつけた」「大きくなると言うことは」
	折り紙	七五三のふくろ作り
	絵　画	イメージ画
・視診、触診をしっかり行う。	恩　物	童具

5領域の視点	配慮事項
対人・情緒 ・友達に対して気づかったり、優しくかかわる場面があるか。 ・「ありがとう」など、感謝する言葉や思いを相手に伝えているか。 **生活・健康** ・手洗い・うがいの意味をわかって実行しているか。 ・気温の変化や皮膚感覚を意識して生活しているか。 ・自分で衣服調節を行い、衣服の管理ができているか。 ・「寒いから一枚着よう」など子どもから声が聞かれるか。 **言葉・理解** ・相手の気持ちを察して自分から声をかけられるか。 ・七五三の行事の由来を理解し、成長の喜びと両親への感謝の気持ちをもてたか。 ・身近な社会に関心をもち、感謝の気持ちをもつことができたか。 ・互いに助け合いながら生活していることを知ることができたか。 **運動** ・全身を使っての運動遊びを楽しめているか。また、意欲的に身体を動かして遊んでいるか。 **表現・感覚** ・ごっこ遊びを楽しみ、自己表現できているか。	《情緒・人間関係》 ・自分の思いの押しつけではなく、相手が困っているときはどんなときなのか。また、そのようなときに、どんな声かけ、手助けをされたらうれしいかなど、具体的な場面を描きながら話題にし、子どもたちから意見を引き出してみる。 ・困っているとき「手伝って」「助けて」、うれしいとき「ありがとう」など自分の気持ちの伝え方について一緒に考え、気持ちを言葉にできるように促す。 《生活》 ・手洗い・うがいなどを促すだけでなく、子どもたち自身のなかから自覚を引き出せるように風邪などの具体例をあげて話すなど、根気よくかかわっていく。また、直接的な声かけではなく、間接的にそのことに気づかせるような声かけをし、気づいたときにはほめて自信とする。 ・手洗いやうがいが気持ちよくできるような環境づくりを大人もあらためて見直し、いつも気持ちよく手洗い、タオル、コップが使えるような配慮をしていく。 ・気温計など子の目につきやすい場所に用意し、日々の気温の変化に興味が向けられるようにする。また、太陽が出ているときと曇りのときの気温の違いや、体感温度の違いなど、知的好奇心を刺激し、科学的な興味を広げていく。 ・気温計の見方を教えると同時に、身体の温度感覚と衣服調節の関係について経験から理解できるようにしていく。 ・「寒い」「暖かい」「冷たい」など気温の変化とともに生活用語の幅を広げ、手をこすり合わせる、太陽に身体を向けるなど冬の生活の工夫を考えて行えるきっかけをつくる。 《遊び》 ・七五三行事では、飴を入れるふくろ作りで年齢ごとの発達を押さえる内容とする。 ・成長の振り返りと同時に、両親や家族への感謝の気持ちをもち、言葉でお礼が言えるとよい。 ・勤労感謝に向けて、身近な社会、お店屋さんの見学などに関心を向けていく。また、給食室の調理現場や用務さんの仕事の内容を聞くなどして身近な勤労感謝についても話題にしていく。そのなかでは自分たちでできることや協力できること、気をつけなければならないことなどを話題にする。 ・海賊ごっこの展開を工夫しながら、表現遊びにつなげていく。また、絵本、紙芝居など視覚的な教材を使うことで、子どもたちが共通したイメージがもてるようにする。 ・みんなで交代し、いろいろな役を楽しみながらごっこ遊びができるように配慮して行っていく。言葉も子どもたちから出てくるものを大切に引き出していく。

◎特に気になる子に対しての担任側の配慮点
◇A男、B子、C子、D子、E子
・集中力に欠ける面があり、話をしているときにも姿勢が崩れやすい。
　前の方に座らせたり、ふざけにつながるような友達と近くにならないように配慮する。
　また、姿勢が乱れることについては、様子を見ながら、ときには厳しくかかわりながら、きちんとできたときにはほめていく。
◇F子、G子
・一斉で話を聞く時間や、製作活動など理解に時間を要する面があり、集中できない。
　個別にかかわり、理解の程度を確認するなどしていく。

5歳児　11月指導計画

		行　事	遊びの流れ	生活・遊びのねらい及び環境構成
1	土			**《情緒・人間関係》** ◎周囲の状況や相手の気持ちを考えて行動する。 ・グループ・少人数での活動を多く取り入れる。 ・就学に向けての話題も取り上げていく。 ・周囲の大人は間接的な声かけを多くしていく。 **《生活》** ◎意欲的に食べる。 ・運動遊びをたくさん取り入れる。 ・食事時間をあえて遅くする。 ・調理・素材に対する話（栄養士）、調理保育を取り入れる。 ◎健康管理について考え、自ら行おうとする。 ・子と一緒に相談しながら週ごとに目標を決める。（鼻汁、衣服調節、うがい、手洗い、身だしなみ） **《遊び》** ◎表現遊びを楽しむ。 ・喜怒哀楽の気持ちを表現しやすいお話をたくさん取り入れる。（特に哀しみの気持ち） ・さまざまな音楽にふれ、身体を動かしていく。 ・発表への構成は子と一緒につくりあげていく。 ・楽器遊びも取り入れていく。「チキチキバンバン」のフレーズになれていく。 ◎動物に関する遊びを楽しむ。 ・遠足後の子の関心に十分つきあえるよう、午後の時間など図鑑や絵本、製作素材、描画など自由に楽しめる用意をしておく。 ・紙ねんど遊びを行う。 ◎秋の自然を楽しむ。 ・天候の良い日には臨機応変に園外保育を取り入れていく。（崖遊びを含める） ・どんぐり、木の実、落ち葉などの製作遊びをたくさん行う。図鑑も用意する。 ◎数字遊びを楽しむ。 ・生活のなかでの数え方、時計の読み方をあえて取り上げていく。 ◎七五三の行事を通し、成長を喜ぶ。 ・園長先生に昔と今の七五三行事について話してもらう。ふくろ作りをし、お参りをする。 ※勤労感謝の日に関心をもつ……午後の遊びのなかでプレゼント作りをする。
②	㊐		七五三の行事に親しむ ／ 勤労感謝の日に向けて祝日に親しむ ／ 表現遊び・リズム遊びを楽しむ ／ 自然を楽しむ ／ 動物に関する遊びを楽しむ（絵→製作→ねんど→紙ねんど） ／ 数字遊びを楽しむ	
③	㊊	文化の日		
4	火	身体測定		
5	水			
6	木			
7	金			
8	土			
⑨	㊐			
10	月			
11	火	保育参観		
12	水	〃		
13	木	七五三行事		
14	金			
15	土			
⑯	㊐			
17	月	総合訓練		
18	火	健康診断		
19	水			
20	木	誕生会		
21	金			
22	土			
㉓	㊐	勤労感謝の日		
㉔	㊊	振替休日		
25	火			
26	水	クリスマス会園内発表		
27	木			
28	金			
29	土			
㉚	㊐			

◎基礎的事項
・衛生管理を徹底する。（換気、うがい、手洗い、室内衛生）
・自信をもって行動し、判断できるよう子の姿を認め、大いにほめていく。
◎基礎的事項への配慮
・空気が冷たくなり室内を閉めきることが多くなるので、保育室があくときには意識的に換気をしたり、空気のこまめな入れ換えを心がける。
・就学を意識するように声をかけながら、一人ひとりの良いところをこまめに見つけ、ほめていく。自信につながるまで見届ける。担任間の連携を大切にする。

運　動	縄とび、大縄とび、長距離園外、のぼり棒、鉄棒、崖遊び
歌・音楽	「わらべうた」「ちいさい秋」手話つきのうた
遊　戯	クラシック、日舞、民俗音楽
お話し他	「モチモチの木」「ごんぎつね」動物と人間の話、人権の話
折り紙	動物
絵　画	観察画
恩　物	童具

5領域の視点	配慮事項
対人・情緒 ・周囲の状況を自ら感じて動けるか。 ・相手の気持ちが考えられるか。 ・感じたことを声に出しているか。 ・就学への不安、気になる様子はないか。 **生活・健康** ・健康管理への意識はどうか。 ・週ごとのねらいへの関心はどうか。 　（鼻汁、手洗い、うがい、衣服調節、身だしなみ） ・自分の体調の変化が伝えられるか。 ・意欲的に食べているか。 **言葉・理解** ・物の数え方の違いがわかるか。 ・時計の読み方はどうか。 ・数え唄をどこまで歌えるか。 　（1〜30番まではできるか） **運動** ・全身で転がって遊べるか。（崖遊び） ・たくさん歩けるか。 ・全身バランスで気になるところはあるか。 ・指先の扱いで気になるところはあるか。（ねんど遊び） **表現・感覚** ・喜怒哀楽の表現遊びを楽しめるか。 ・動物への関心、表現はどうか。 ・曲に合わせた楽器遊びができるか。 ・リズムに合わせた身のこなしはどうか。	**《情緒・人間関係》** ・不安やプレッシャーとなるような声かけはしない。周囲の状況に意識が向くように「あれっ？見て」など間接的に声かけしていく。 ・相手の気持ちに意識が向くように自然に気づきやすいような話し方を工夫していく。 ・自己中心的になりやすい子にはあえて周囲の子の気持ちに共感していく。 ・子が自ら気づき行動できているときには大いにほめる。 **《生活》** ・天気の良い日はできるかぎり、園外・外遊びを大いに取り入れたカリキュラムを優先していく。十分に身体を動かし空腹を実感できるようにしていく。 ・調理等は子の関心に十分につきあい、食事時までその意識をつなげていく。味について共感しあい楽しんでいく。あまり気になる子は保護者とも相談する。 ・目標にあげた週にはしっかりと大人が意識し、みんなで気持ちを高めていく。自分の体調の変化などを何らかの方法で考えてきたときにその伝え方をほめたり、もう少し深く考えてみたりしながら、いつもとの自分の身体の違いについてふれていく。 **《遊び》** ・題材選びは早めに行い、多くふれていけるようにする。そのなかから子どもたちの心を動かしているものをつかんでいく。 ・なかなか表現しにくい子には無理じいせず、原因を考えながら雰囲気を盛り上げることを主にする。 ・動物に関する子の興味・関心にしっかりと目を向けていく。自由に製作を楽しめるよう準備をしっかりと行う。 ・紙ねんどはねんど遊びで創作する楽しさを十分楽しめた後に行う。方法に戸惑う子には一緒に考えていき、ヒントとなるかかわりをしていく。 ・天候に合わせてカリキュラムを臨機応変にする。実踏は早めに行うが、急なときには子にもしっかり伝え、みんなで一緒に気をつけながら歩いてくることもよい。 ・生活と数字について大人がしっかり意識した生活をしていく。生活のなかでの数え方を中心に取り入れていくので、大人の意識が薄れないよう担任間で声を出し合っていく。 ・数字への関心が薄い子どもについては、遊びのなかに自然と取り入れていく。 ・ふくろ作りは早めに用意する。子の祝いを一緒に喜び合っていくようにする。 ・行事の由来を伝え、成長のありがたさを感じていけるようにする。 ・成長を実感するために小さいころのビデオや写真などと比べてみる機会をもつ。 ・「勤労感謝の日」について自分の生活と身近な人たちの仕事に関して早めに話題にし、仕事してくれる人へのありがたさからプレゼント作りにつなげる。いままで作って遊んできたものを何でも作っていく。

◎特に気になる子に対しての担任側の配慮点

・A子……以前は自分の思いをなかなか声に出せなかったが、いまは逆に感情をあらわにしすぎるところがある。A子なりの成長を見守りつつも周囲の子の表情に気づかせたり、考えていけるよう声をかけていく。

・B男・C子・D男・E男・F子・G男・H男……やや興奮しすぎなところがある。周囲のことを感じとれるよう、気づけるように声かけもしていくが、もっと遊びのなかで集中できるように、黙々と集中して満足した遊びの経験を増やしていく。（ブロック・童具・製作遊びなど……）

外遊び（異年齢）　保育日誌の例　（11月4日〜11月7日）

前週の子どもの姿			今週の遊びの内容	
・5歳児は、親子ハイキングをきっかけに、大なわとびに関心をもつようになってきた。4歳児で入っていく子も多くなった。 ・砂山を作っておくと、トンネルを作ったり、落ち葉を使って遊ぶ子もいた。			・大なわとび ・三輪車	

	遊び		準備	配慮すること
3（月）				文化の日
4（火）	大なわとび	三輪車	・大なわ ・三輪車 ・ラインカー ・鉄棒	・三輪車の道を描き、スペースを作っておく。 ・大なわは、全体が見えるところに出し、また、子どもが走ってとびこんでこない位置にするよう配慮する。
5（水）	大なわとび	三輪車　葉っぱ遊び	・接着剤 ・のり ・三輪車 ・大なわ ・ラインカー ・画用紙	・朝の落ち葉のちりぐあいにより、構成遊びを取り入れる。 ・風で毛虫が落ちている可能性もあるので、気をつける。 ・大なわを出すときには、引っぱり合ったりすることのないようにする。
6（木）	葉っぱ遊び	大なわとび　三輪車	・三輪車　・大なわ ・鉄棒　・接着剤 ・画用紙　・お手拭き ・のり　・ラインカー	・朝のうちは落ち葉の構成遊びを出しておく。葉っぱをくっつけて何かの形を作り、紙に貼っていく。できあがったものを即、飼育小屋のところに貼り、目でも楽しめるようにしていく。全体にはしっかり目を向ける。
7（金）	葉っぱ遊び	大なわとび　三輪車	・三輪車　・大なわ ・鉄棒　・接着剤 ・のり　・画用紙 ・お手拭き　・ラインカー	・子どもが少ないうちに、葉っぱの構成遊びを出しておき、方法を伝えていく。 ・三輪車と大なわとびは、スペースを考え、区切っておく。 ・接着剤やのりを、あちらこちらにつけないように気をつける。

うた(「まっかな秋」「きくの花」「もみじ」)

環境づくり	援助のポイント
・全体を見やすい位置に大なわを出す。 ・大なわとびの立ってとぶ位置に印をつけておく。 ・入るタイミングを声かけていく。 ・三輪車は道を確保し、スペースを作っておく。	・大なわとびは、子どもに入るタイミングを伝えながら、なわも(まわし方も)調整していく。 ・なわを置きっぱなしにして、引っぱって遊んだりすることのないよう、大人の気の配り方も考えていく。やらないときはしっかり片付ける。 ・三輪車の取り合いなどで、ケガなどしないよう、子どもとどうしたらよいか、話し合っていく。

保育経過(子どもの姿)及び反省	明日への展開
・三輪車の道を少し複雑に作ってみた。子どもたちは「すごーい!」といって喜んでいたが、そのなかに踏み切りを作ったり、障害物を作ると、もっと発展していったのかなとも思う。 ・大なわとびを出そうと思ったが、今朝の風で枯れ葉がたくさん落ちていたので、その葉で遊ぶことにした。たくさんの枯れ葉を、子どもたちがうれしそうにまいたり、集めたりしていた。きれいに集めている子もいたので、輪ゴムを出して留められるようにした。	・枯れ葉(落ち葉)がたくさんあるようなら、画用紙を用意し、構成遊びをしてみる。
・あまり落ち葉がなかったので、三輪車、大なわを出す。三輪車は昨日よりも複雑な道にし、そこにコーナーポストを2つ置き、棒で踏み切りを作った。踏み切りの開け閉めは、子どもたちにまかせてみた。5歳児にお願いすると上手に行い、そのなかで3・4歳児との会話も見られた。大なわとびは、毎回行う子はタイミングもつかめ、とべるようになってきた。5歳児のなかでは、1人がとんでいる中に入っていき、2人、3人と入って、一緒にとぶことを楽しむ姿があった。	・明日は、構成遊び、三輪車を中心に行い、大人の数が増えたら、大なわを出していく。
・雨天のため室内遊びとなる。ハンカチ落としを始めると、3歳児も数人参加する。5歳児が中心になって、子どもたち同士でいろいろとルールを決め、間違えると指摘する姿も見られた。A子が自分の思うように進めようとすると、まわりの子が「ずるいよ!」と言い、A子も「じゃあいいよ」と引く姿が見られた。3～5歳児が一緒になってそれぞれ楽しんで行っていた。	・天気が良ければ、葉っぱを使っての構成遊びを行う。
・落ち葉を使っての構成遊びを行う。5歳児が関心をもって参加してきた。葉っぱ1枚だけで表現した子もいたが、何枚も使って、うさぎ、かに、ねこ、いぬなど、いろいろと作っていた。 ・葉のまわりをいろいろな形に切り抜き、飼育小屋に貼っていった。子どもたちにも活動が見えてきたようで、自ら参加したいと言ってきて、構成を考えていた。 ・もう少し長くできたらと思う。	・来週も、葉っぱを使っての遊びを取り入れる。

室内遊び（異年齢）　保育日誌の例　（11月17日〜11月21日）

前週の子どもの姿	今週の遊びの内容
・学年で分かれて勤労感謝の日に向けて、プレゼント作りを行うことが多かった。それぞれ楽しみながら、ていねいに作っていた。ブロックも落ち着いて行っていた。 ・また、郵便ごっこも5歳児を中心に楽しんでいた。	・パズル ・ブロック ・トランプ ・三ツ編み ・じゃばら折り ・ぬり絵 ・折り紙

	遊び			準備	配慮すること
17 (月)	パズル	ブロック	トランプ	・パズル ・ブロック ・トランプ	・パズルはなくすことのないよう、大人もこまめに見て気にしていく。 ・ブロックはちらばりやすいので、じゅうたんから出ているものは、子に声をかけたり、むだに出ていることのないようにする。 ・トランプは使用前と使用後に、大人も一緒に、枚数を確認する。
18 (火)	三ツ編み	ブロック	パズル	・平テープ ・セロハンテープ ・机 ・ブロック ・パズル	・三ツ編みは、方法がわからない子には、三色ちがう色を使って、順に編んでいくことを、わかりやすく伝えていく。 ・ブロックは、大人もちらばりには気をつけ、乱雑な遊び方にならないようにする。 ・パズルも、すべてあるものを出し、すべてのピースがはまったことを確かめてから、しまう。
19 (水)	じゃばら折り	ブロック	パズル	・紙テープ ・セロハンテープ ・ブロック ・パズル ・机	・じゃばら折りも、方法がわからない子は大人の側に座るようにし、わかりやすく伝えていく。 ・5歳児の子にも、わからない子に教えてあげるよう、促してみる。 ・パズル、トランプは、なくならないよう、大人が最後まで見守る。
20 (木)	じゃばら折り、三ツ編み	ブロック	トランプ	・平テープ ・紙テープ ・セロハンテープ ・机 ・ブロック ・トランプ	・平テープと紙テープは、別の机に用意し、扱いが乱雑にならないようにする。 ・トランプは、大人も入りながら、遊びをひろげていく。 ・子に合わせ、遊びを変えていく。 ・ブロックも、さまざまなところへちらばらないようにする。
21 (金)	ぬり絵	トランプ	ブロック	・ぬり絵 ・色えんぴつ ・トランプ ・ブロック	・ぬり絵は、1枚ずつぬり終えてから、行うことを促す。 ・トランプは、大人も一緒に行い、ルールを伝えていく。 ・テラスも大いに利用していく。

うた（「まっかな秋」「きくのはな」「あきのこ」）

環境づくり	援助のポイント
・パズル、トランプ等、数が決まっているものは、出すとき、しまうときに必ず大人が確認をし、他のときに失って遊べないということがないようにする。子どもも一緒に考えながら行う。三ツ編み、じゃばら折りは、テラス等の落ち着いてできる場所に用意して行っていく。 ・子にもやりたいものを尋ね、全体が落ち着いた雰囲気となるようにする。	・トランプの数え方は、大人が見本を見せて一緒に行っていき、覚えられるようにする。 ・三ツ編みは、ちがう色の平テープを使い、順に編んでいくことをわかりやすく伝えていく。 ・遊具のちらばりを大人が気にして、子に声をかけたり、大人も気づいたら片付けるようにする。

保育経過（子どもの姿）及び反省	明日への展開
・今日は、総合訓練時から「消防車を描きたい」という声があったので、画用紙と画板を用意しておくと、消防士さんや消防車の色や形等を細かく思い出して、とてもていねいに描く姿が見られた。他はパズル、トランプを出しておいたが、5歳の男児が数人室内で走りだしてしまったので、「何がしたいの？」と尋ねると、「ブロック」と答えたので出すように促すと、落ち着いて遊び始めることができていた。テラスが暖かく、のんびりする子もいた。	・明日もトランプ、パズルはなくならないよう、よく見て行っていく。
・今日は、子からトランプとパズルをやりたいという声が出たので、用意した。他はブロックと三ツ編みを用意した。三ツ編みは久しぶりであった。とても落ち着いて行っていた。4歳児は、ほとんどの子がはじめてで、色を見ながら伝えていくと、できるようになる子がたくさんいた。パズルもトランプも、数人で楽しんでいた。ブロックは、行う子が少なかったが、行う子は集中して組み立てていた。	・じゃばら折りも、方法を伝えながら行っていく。
・今日は、パズル、トランプ、ブロック、じゃばら折りを行った。平テープを用意しておくと、「何につかうの？」と尋ねてきて、じゃばら折りの方法を知らない子が多かった。一度伝えると、すぐに行えるようになっていた。 ・パズル、トランプは昨日同様、落ち着いて行えていた。5歳児が数人走ってしまい、子に何がしたいのか尋ねて、ビー玉転がし、ブロックを出した。	・明日は平テープ、紙テープを用意し、三ツ編み、じゃばら折りが自由に行えるようにする。
・今日は、平テープと紙テープを用意してみると、どちらもやり方を覚えて楽しむ姿があった。一つだけでなく、両方のテープで何回も行い、わからない子がいると、自然と教える姿があった。 ・トランプは、子が行うとルールがあいまいになり、最後まで続かない様子があるので、大人が入ってみると楽しめていた。 ・新しいカーペットの上で顔をつけ、喜ぶ姿があった。	・明日はぬり絵を行っていく。
・今日はぬり絵を行った。テラスに机を用意すると、すぐに多くの子が始めていた。大人が側で行うと、きれいにぬろうとしたり、むだにせず、端から端までぬる姿があった。とても静かであった。他はトランプ、ブロックを用意した。ブロックは、4歳児が数人で高く積むことを楽しんで行う姿が見られている。	・晴れている日は、外に出て身体を十分に動かしていきたい。 ・テラスは落ち着くので、大いに利用していく。

12月の生活

「新しい年を迎える」

年の終わりは、カレンダーを使って説明する。新しい年を迎える準備として、まずは年賀状の製作をする。お正月の楽しい親子の時間を想定してお雑煮や正月料理を話題にするなど、新しい年への切り替えを印象づけて気分を誘う。

年間生活カリキュラムにもあげてあるが、12月は「年末と清掃」、サブタイトルに「部屋の清掃、用品の清掃、手伝い」がある。

保育室内、道具、靴箱などをきれいにして新年を迎えるよう、日ごろ使ってきた道具や保育室にも感謝の気持ちを語りかけ、自らの思いも込めて清掃ができる姿を求めて語りあう。雑巾をしっかりゆすいで絞るのは保育者の役割。子どもたちには力を入れて床拭きを頼む。ドアやロッカーにある道具類の掃除も楽しんで掃除ごっこが弾む。

学期のくくりとして行事がある。年間の行事のなかでも運動とは異なる身体表現の部分を、発育発達の面から保護者の確認を求めることと、子どもたちの育ちを素直に公開して、励ます絶好の機会としてとらえている。

秋の自然界の移りぐあいや、食欲を感じて食べることへの関心から、心も体も大きくなる喜びを秘めて遊んできた。数々の遊びのなかで自信を得てきた子どもたちは、保護者に育ちを認めてほしい思いがある。11月ごろから表現遊びが盛んになり、年齢を問わず楽しめていた遊びが豊富にあるなかで、父母や祖父母に見てほしいと自ら役柄を選ぶ。ときには身長からみても役のふさわしさに欠ける場合も出てくるが、そこは子どもたちの世界で、自分のなりたい役になりきって、のびのびと自己を表現できるところに行事の意味がある。

日ごろ忙しい保護者も、楽しい遊びの表現から人としての育ちをあらゆる角度から感じて、子どもの育ちを認められたら、子どもの基本的な欲求を満たすステップアップを心がけるよう依頼する。

バイキング

3か月に1回の割でバイキング形式の食事会がある。子どもたちの好きなメニューを主に栄養士が献立をつくる。子どもたちが一堂に集まり会食するので、騒々しい雰囲気も考えられるが、レストランのイメージで用意すると、いつもと違う雰囲気に子どもたちも自然に静かに参加する。自分の好きなメニューを言葉で近くの保育者に求める。

自由に発言する子どもは食事を楽しめるが、メニューがわからない、自信がないなど日ごろから会話に消極的な子どもは、あたりをモジモジしていて食べられない。保育者はすかさず声をかけて何が食べたいのかを問うが、そのような子どもにかぎって料理名もはっきり言えない。幼児期の発達チェックの題材にもなる具体的な貴重な姿にもなる反面、自分を素直に出せない子どもの様相として、日ごろの保育者の細かい配慮に問題を残す事例にもなる。

通常の食事時間より少しゆったりと食べるが、最後にアイスクリームが出る。みんな満腹でも食べられる食品である。なごやかな食事会も通常の1.3倍の量を食べつくし、楽しい会を終わる。

年齢別生活週案の目標

3・4歳児「鼻汁を自らかむ」

12月に限らず、子どもの様子から冬季には常に週の目標にあげられる題材である。鼻汁が出ている子どもには自分の顔は見えない。自分で不快な思いを感じないかぎり自らかむ行為は現れない。鏡を見せて、きれいになるまでかむ行為を見届ける。きれいになると気持ちがよいなど、ていねいなかかわりが求められる。

ひどく続く場合は蓄膿症の疑いもあるので、保護者と相談する必要がある。

5歳児「衣服の調節」

朝夕の寒暖の差が激しくなり、重ね着をする子どもも増えている。しかし、日中の陽だまりなど

は上着を脱ぎたくなるほど暖かい日もある。温度差に気を使わない子どももいるので、具体的な例を示して声にする。

太陽に背を向けて綾取りをしている友達を見て、「Eさん暖かそうね」と、その隣の友達に声をかける。「ここも暖かいよ」と暖かさを感じている様子。「たくさん着ているけど暑くないの？」と問うと、「うん脱ぐ」という。

皮膚の鍛錬のために薄着で寒さに耐えることは教えられているが、暖かさを感じて自ら衣服の調節をするところまでは育っていない子どももいる。冬季は体温を暖めるために走るマラソン、追いかけっこ、縄とびなど、汗をにじませるほど動くこともある。自分の体の状態を感じて衣服調節を考える機会を増やす必要がある。

尿意の感覚と同じように、体調が悪いことを訴えることができる5歳児である。気温の変化も自ら感じて環境になじむ判断ができる。自ら健康に生きる感性を育てることも5歳児には求められるであろう。

年齢別の遊び

12月には日々の遊びの発表になる行事として「クリスマス子ども会」がある。この12月中旬の行事に、どんな内容で遊ぶのか、それぞれの担任は11月ごろから子どもたちと相談を始める。徐々に表現遊びを取り入れ始めて、12月は月初めからごっこ遊びが盛り上がる。次々と子どもたちの要求で遊びを展開する日々になり、劇ごっこ、遊戯、楽器遊びと自分たちの役割も決まり、遊びに余念がない。学年で取り上げた内容があるので自然と行事の前後は同年齢児との遊び時間が多くなる。

異年齢の保育室で計画した3・4・5歳児の劇「七匹の子やぎ」も5歳児が中心となり、小さな友達をいたわるように教えながら遊ぶ。その姿はステージに上がってもまったく同じで、ほほえましい。

ステージ用の衣装は、普段着を中心に白のブラウス、動物になって遊ぶのでできれば茶色のズボンという程度に色を統一して、保護者に依頼することもある。あるいは、サテンやゴースの生地を求めて遊戯や劇に登場する動物や人物に合わせて仕立てるなど、当日の子どもたちが輝くように洋裁の好きな友達を連れてきて、残業もいとわず一緒にミシンを踏む光景も見られる。

人を育てる保育者の仕事に限界はないが、仕事冥利を感じさせる仕事ぶりに、湧き出る人間の尊い慈愛心を感じて、同僚の保育者への感謝や尊敬をあらためて覚える時期でもある。

異年齢で遊ぶステーションの計画には、あえて発散も含む全身運動を考える。全身で走りまわる集団遊びに異年齢児が入ることは、遊びの伝承と相手の動きを予測してかげんする能力も育つ貴重な遊びになる。発達上の力の違う子どもたちが一緒に遊ぶ。あえて危険性に挑むことも5歳児には伝える。保育者の慎重な見守りにより、計り知れない育ちを子どもたちは体験する。

幼児期の音楽

幼児期の音楽は、全身で受けとめられるリズム感が備わるような環境を用意する。リズミカルなテンポ、全身で楽しめる単調なリズム、子どもたちに理解できる歌詞で声に出して歌いたくなるような曲を選ぶ必要がある。歌いながら踊れる曲には、子どもの発想で感情表現が豊かに現れるので自然な動きが振り付けられる。見栄えなど大人が気になる部分がある場合は、子どもの動きをベースに手や足の止める箇所を整えると年齢に合う遊戯が可能になる。

合唱も子どもの声の音域に合う曲を選ぶ。大きな声を求めない。小さくてもていねいな発声できれいな声を聴き落とさない。静かな雰囲気で声を引き出す努力を求めたい。きれいな声を聴くコーラスは、子どもたちに自然な歌い方を定着させる。

12月の年齢別保育

「表現遊び」では、3歳児は子どもの育ちぐあいで例年多少の変化はあるが、多くはかわいい女児の遊戯と、異年齢児のなかに仲間入りして劇に参加することが多くなる。

市民会館での大きな行事が終わり、ほめられた喜びも聞かれないと自己を表現できない年齢であるが、保育者の期待もあってしばらくは話題になる。

調理保育「クッキー作り」(140分)

材料：小麦粉 2 kg、バター 1 kg、
　　　砂糖 700g、卵 10個、エッセンス少々

調理保育は危険が伴うので年齢別に計画をすることになる。3歳児は初めての体験であるが、4・5歳児の調理の様子は見てきたので意欲は高まる気配になる。

ねらいは食べる物を作る体験にある。子どもにとってはすべてが遊びであるが、衛生的な準備段階も経験する。作る喜び、食べる喜び、子どもなりに感ずるものがある。

配慮点としては、材料の準備や打ち合わせは事前に十分に行う。開始後は子どもたちを待たせないことが成功の秘訣である。

子どもたちの準備は三角巾で髪をまとめ、エプロンを付ける。準備ができた子から材料のある場所に移動する。

こね鉢に材料を入れていくが、子どもたちにわかるように材料名を言いながら手際よくこねる。

ボウルにバターと砂糖を入れて白っぽくなるまでかき混ぜ、そこへ卵を一つずつ割って入れ、さらにかき混ぜ、エッセンスを数滴垂らして混ぜ、小麦粉を加えてしっとりするまでこねる。少し生地が軟らかいので、打ち粉をした台にのせる。

次に子どもたちは石けんで手をよく洗い、流水できれいに流す。続いて弱性石けん水に手をひたす。作業が始まるまで手を汚さぬように伝える。

台の上の生地を麺棒で伸ばす作業を子どもたちが交代で行い、伸ばした生地に型押しで形を抜く。子どもたちの作業はここまでで、オーブンで焼くのは調理室に依頼する。

焼き上げたクッキーはおやつバイキングの日に子ども全員でいただく予定になっている。

> **保育日誌から「子どもの姿」**
>
> 一つの部屋に集合して説明をした。エプロンを付けてやる気は満々だったが、手の消毒に時間がかかってしまった。その後は興味津々、ふざける子どももなく、クッキー作りを楽しんだ。自分たちが実践した型抜きがおもしろかったようで、粘土のように楽しんでいる子もいた。機会をみて、調理保育をもっと取り入れたいと思った。

4歳児の言葉遊び

生活のなかで質問が頻繁に飛び出し、聞いているなかで発音の不自然さの残る子どもに気づくことがある。耳で聞いて模倣するかたちで発語してきた子どもたちである。身体的に案ずる支障がないかぎり、羞恥心や自尊感情を傷つけない配慮は求められるが、本児の意識を誘う方法で不自然な発音を自ら治すきっかけを考える。

全体の集会で言葉遊びを取り入れる。周囲の事物の名称や動詞や花の名前など何でもよい。子どもたちが使っている言葉を文字で書き、本児が気づき、意識的に違いを発見する遊びである。個人を指摘しない全体のなかで目の合図で気づく程度にする。

「ください……くらさい」のように日ごろの会話をよく聞いていると発見できる。不自然さはできるかぎり治して、5歳児が豊かな会話を楽しむことができ、言語理解力に富む生活に自信をもって進級できるように、見通しのある児童観や個別の支援が必要になる。

人前で不自然さを指摘することは、4歳児の発達特性にもあるように、心に負担を負わせる心配がある。全体的な対策で無理なときは人目につか

ない場所が望ましく、保護者に依頼するのも一つの方法である。風呂で向き合って温まっているときなどは格好の場である。一対一の間柄で保護者の口元を見せる。舌の働きによって発音が変わることも具体的に示して知らせる。保護者に文字で遊んでもらうと子どもは喜んで聞き入れる。しかし、叱るのは禁物。落ち込んで話さない子どもになってしまう心配がある。

学期末の集会

日ごろは誕生会以外に年齢別に並んで一つの部屋に集まることは少ない。カレンダーの最後の週であり、次の週には新しい年を迎える。

行く年来る年のカレンダーの用意をして、年末年始の休暇の過ごし方などを一緒に聞く。日々忙しい家族も比較的に子どもたちと一緒にいられる時間も考えられる。親族と楽しめる予想にふれる。迷子や交通事故にもあわないよう具体的な例をあげて話す。

3・4・5歳が一同に集まると騒々しくなりがちである。「人の話は静かに聞く」。自分を制する力を培う意味で、聞く姿勢についてあらかじめ伝えておく。

5歳児の話「よい心　悪い心」

特定の子どもであるが、相手が傷つく言葉を平気で言う姿がある。

心の話に何度でも挑戦する。集中して園長先生の話が聞けるように静かな部屋を選ぶ。特に今回気になる子を担任の目の届くところに座るようにと伝え聞いている様子を確認する。落ち着いて話を聞けないと予想される子どもも身近に座らせる。

導入では「カチカチ山」の昔話の本を再度読んで聞かせる。タヌキの悪い心が子どもたちにも理解できる段階で、本読みは途中で止める。タヌキの悪い心について話題にし、「自分だったらどうするだろう」と問い返す。

「人間もね、誰でもよい心と悪い心をもっているの。悪い心が大きいときに人に悪いことをしてしまうらしいの。だからみんな悪い心は小さいほうがいいね」と伝えてから日ごろの反省に入る。

「言葉もね、人に言われるといやな気分になる言葉があるの、知ってるかい」「知っている」と子どもたちの声は大きい。「どんな言葉があるのか言ってごらん」「遊ばない、嫌い、きもい、臭い、汚い」などの言葉を並べ始めた。「言われたことがあるの」「ある」子どもたちは日々の体験を思い出したかのように心の響きを感じさせる発言状況である。「言われたらいやよね。心が痛いって、大人は言うのよ。そんな言葉を使うときの心はよい心でしょうか、悪い心でしょうか？」「悪い心」と反応がある。担任が心配していた子どもにも目を向けてみた。子どもたちは理解できたようである。友達と仲良く遊ぶために言葉にもルールがあること、日ごろ使ってよい言葉とよくない言葉があること、学校に行っても同じであることも伝える。

子どもを問い詰めるより、考える力もある5歳児である。就学前は道徳的に考えてみる機会をすべての子どもたちに提供し、人の中で生きる力を培う計画も必要になる。

保育日誌から

25人ずつの赤白のチームが「象の部屋」に集まる。はじめに「カチカチ山」の絵本を見せてから、タヌキのずるい悪い心についての園長先生のお話を聞いた後に黙想の時間をつくった。自分のことを振り返り、同じように友達に対してずるい悪いことをしていないかを考える時間である。

「子どものときは間違えることもある。聞かされて覚えていくのであるから今度しなければよいのです」と話し、「わかった人」と尋ねると全員が手をあげ、心配していた子どもも手をあげていたのでホッとした。子どもたちの心の純粋さ、素直さにひかれた一日であった。担任もこれからは人の心に関する話や絵本をたくさん読んであげたい。

3歳児　12月指導計画

		行　事	遊びの流れ				生活・遊びのねらい及び環境構成
1	月						《自分の思いを言葉で伝える》
2	火	身体測定					・遊びの様子に応じた寸劇などを見せることで、具体的に「どうしなければならないのか」「どうすることで思いを伝えられるのか」などを考える機会をつくる。
3	水						
4	木						
5	金						・トラブルのさいには、どうするのか見守りながら、手出しする前に言葉で伝えられるようにかかわる。
6	土						
⑦	㊐		ルールのある遊び（ハンカチ落とし・フルーツバスケット・いす取りゲーム…）	運動遊び（大縄とび・巧技台・追いかけっこ）	遊戯・表現遊び	絵画（サンタさんの絵）	年末年始（正月遊び・年賀状作り・大掃除）	《自らトイレで排泄する》
8	月						・園長先生に排泄について話をしていただく。
9	火						・特に気になる子に対しては一人ひとりに声をかけていく。全体でも排泄に対する意識が薄れないように、様子によって話題にしたり、ほめる機会をつくり、意識を継続させていく。
10	水						
11	木						
12	金	クリスマス会リハーサル					《自ら片付けを行い、きれいになったことの喜びを味わう》
13	土	クリスマス子ども会					・遊んだ後の部屋の様子（遊具の散らかりぐあい…）を見ておき、その後に片付けを行うことで、きれいになったということを子が感じられるようにする。
⑭	㊐						
15	月						
16	火	誕生会・バイキング					・競争などもしながら片付けへの意欲を高める。
17	水	大掃除					《遊戯や表現遊びを楽しんで行う》
18	木	〃					・他の遊戯をやっている子や他学年の子に見せる機会をつくり、皆の前で行うことを楽しめるようにする。
19	金	クリスマスパーティー					
20	土						・遊びを行うたびに衣装や小道具を使っていく。
㉑	㊐						・様子によってビデオで撮り、自分たちが行っている姿を見る機会をつくる。
22	月	終業式					《年末年始の風習について知る》
㉓	㊋	天皇誕生日					・カルタやコマなどを遊びの中に取り入れていく。また、福笑いを作り、遊ぶ機会もつくっていく。
24	水						
25	木						・大掃除や年賀状については具体的に話題にしていく。年賀状に関しては自分の家に届くことを楽しみにできるように作った後も話題にする。
26	金						
27	土	御用納め					《簡単なルールのある遊びを楽しむ》
㉘	㊐	冬休み					・遊戯などを行う機会が多くなるので、子の様子や時間を見ながら、行いたい子だけからでも取り入れていく。
29	月						
30	火						・広いスペースで十分に楽しめるようにしていく。負けて外れてしまっても、他児の応援などをしながら参加できるようにする。
31	水						

◎基礎的事項
・室内の湿度・換気・温度に気をつけ、健康に過ごせるようにする。
・活動に静と動のメリハリをもつ。
◎基礎的事項への配慮
・温度計や子の様子を見ながら適宜換気をしていくようにする（子が戸外にいるときに開けておくなど）。加湿器も意識してつけるようにしていき、手入れもしっかりする。
・遊戯など行うことが多くなっても、行わないときは戸外で追いかけっこなどを行い、思いきり走りまわれる機会をつくり、精神的にも発散できるようにしていく。

運　動	巧技台・追いかけっこ・大縄とび
歌・音楽	「赤鼻のトナカイ」「北の国から」「お正月」
遊　戯	クリスマス会遊戯
お話し他	「あのね、サンタの国ではね」
折り紙	年賀状作り
絵　画	サンタ
恩　物	第3・4

5領域の視点	配慮事項
対人・情緒 ・自分の思いを言葉にできているか。（友達に対して、大人に対して） ・相手から言われたことに対して受け入れられているか。 ・集団遊びでの様子（他児との協調性、リーダーシップ、トラブルになったときの様子、ルールを守れているか） **生活・健康** ・子の健康状態はどうか。（風邪、感染症） ・適宜トイレに行けているか。 ・我慢していないか。 ・意欲的に片付けられているか。（自分で遊んだ物、他の物も含めて…） ・きれいになったことを感じられているか。（子からの発言など） ・大掃除への参加姿勢 **言葉・理解** ・集団遊びでのルールの理解はどうか。 ・年賀状作りでの理解 ・恩物での様子 ・色、数字、形への理解（12色、1～10の数、まる、三角、四角） **運動** ・大縄とび（動いている縄をとべるか、大波小波、郵便屋さんの落し物） ・巧技台での様子 ・身体を動かすことを積極的に楽しめているか。 **表現・感覚** ・遊戯、表現遊びの様子（堂々と行っているか、自分なりの表現が出ているか、左右の意識…） ・歌を覚えて歌えているか。 ・サンタさんへの手紙での発言	《自分の思いを言葉で伝える》 ・子の様子を見ながら、具体的に子の様子の例をあげながら話題にしていく。話題にするさいも、言えずにモジモジしているだけでは相手には何も伝わらないということや、大人にも子どもにも言うことで自分の気持ちが伝わるということをはっきり伝えていく。実際の場面では子の様子を見守りながら、様子に応じてかかわっていき、相手に言える経験をつくり自信につなげていく。特に気になる子に対しては、目で訴えている様子を感じながらあえて言い出しやすいように側に行ってあげたり、ときには「どうしたの？」と声をかけてあげたりしながら雰囲気づくりを大切にし、言えたことに対しても大いに共感していく。 《自らトイレで排泄する》 ・園長先生の話を受け、その後も子に継続して話題にしていくことで意識を高めていく。全体では「大丈夫かな？」などと声をかけながら自分でおなかと相談できる機会をつくり、気になる子に対しては個々に声をかけたり、子が自ら行うと思えるようなかかわりをしていくことで促していく。遊びから気持ちが切れない子も多いので、続きにしておけるようにとっておいてあげるなど工夫していく。一人ひとりにも全体にもしっかりトイレに行ったことを大いに認める機会もつくっていき、今後につなげていく。 《自ら片付けを行い、きれいになったことの喜びを味わう》 ・大掃除も含め、なぜ片付けが必要なのか、具体的に乱雑な状態ときれいな状態を比べながら考えてみる機会をつくる。日々行うことなので、そのときだけでなく、毎日のかかわりをあいまいにせず、しっかり行っていくことで意識を促していく。また、子に任せるだけでなく、大人も一緒に楽しく片付けをすることで全体の雰囲気を高め、きれいになったことを声に出しながら共感していくことで、子もその喜びを味わえるようにしていく。 《遊戯や表現遊びを楽しんで行う》 ・遊戯や表現遊びを行うことが多くなることが予想されるが、子の様子を見ながら、ときには全く行わずに園外に出かけるなど、間隔をあけることで活動に新鮮さがなくならないようにしていく。言葉や動きなどの細かいことをしっかり伝えていく時期からほぼ動けるようになったときには、あまり細かいことは言い過ぎず、子の表現を大切にして大いに認めていく。一人ひとりの子にも「～とっても上手だったね」などと具体的にほめていくことで自信につなげ、堂々と楽しんで行えるようにしていく。子の前ではゆったりと構え、あせらないようにする。 《年末年始の風習について知る》 ・カレンダーを用いて具体的に伝えていく。年賀状を出す意味や大掃除を行う意味なども3歳児なりにわかりやすく伝え、活動につなげていく。また、各家庭に届くことも楽しみに思いながら製作できるように声かけも工夫していく。 《簡単なルールのある遊びを楽しむ》 ・いす取りゲームやフルーツバスケット、ハンカチ落とし、花いちもんめ、あぶくたった、など楽しんでいく。 ・最低限のルールは事前に伝えておくが、後はトラブルになったときや子が不都合を感じたときなど子の様子に応じて一緒に考えていき、ルールを守らせるのではなく、子が必要性を感じて守っていけるようなかかわりをしていく。そのためには、ルールを守って遊んだら楽しかったという経験と理解が必要。

◎特に気になる子に対しての担任側の配慮点
・A子・B子・C男……友達同士では表情豊かに遊べていることも多いが、まだまだ自分の気持ちを言い出せずにいる姿が見られている。言いにくそうにしているときは、大人も少し側に行ったり、子が言いやすいような雰囲気やかかわりをしていくことで、言えるきっかけをつくっていく。少しでも言えたときには大いに共感し、声にすることへの自信にもつなげていく。
・D子……登園時まだ泣くことが多く、自由遊びのときも自ら遊べていないことが多い。泣かないで来たときには皆で大いにほめたり、遊びのときでも様子によってかかわっていくようにし、遊びのきっかけをつくっていく。ずっと一緒に遊ぶのではなく、友達も誘いながら様子によって離れていくようにする。

4歳児　12月指導計画

日	曜日	行事	遊びの流れ	生活・遊びのねらい及び環境構成
1	月			《情緒・人間関係》
2	火	身体測定		◎自己主張だけでなく相手の気持ちを考えてみる。
3	水			・自己主張を強くする場面を逃さず、そのつど、相手の思いを考えられるような声かけをする。
4	木			《生活》
5	金			◎自ら進んで大人の手伝いや室内の整備をし、手伝うこと、きれいになることの喜びを味わう。
6	土			・あえて手伝いの経験ができるように声をかけたり、「ありがとう、助かったよ」など喜びと充実感が味わえるようにかかわる。
⑦	㊐			
8	月			
9	火			・ささいなことでも日ごろの生活のなかでの場面をとらえて話題にし、整理整頓の心地よさを感じられるようにあえて言葉にしていく。
10	水			
11	木			◎清潔を意識し自ら気づいて鼻汁をかむ。
12	金	クリスマス会リハーサル	堂々と演じる楽しさ	・自覚していても面倒くさがって拭かない子もいるので、子が使いやすいようにちり紙の置き場所を工夫し、保育者が持ち歩くなど環境を整える。
13	土	クリスマス子ども会		
⑭	㊐		色・数・言葉遊び	◎薄着の大切さの意味を知る。
15	月			・薄着でいると肌が強くなることを伝えたり、自分で身体を暖める方法を伝えていく。また、気温や活動に合わせた衣服調節を自分でする。
16	火	誕生会・バイキング		
17	水	大掃除	年末年始の風習	◎ロッカーや道具箱をきれいに使う。
18	木	〃		・降園前に各自が引き出しやロッカーを確認するように声をかけていく。また、マークシールを利用する等、子が自ら意識できるような工夫をする。
19	金	クリスマスパーティー		
20	土			《遊び》
㉑	㊐			◎年末年始の風習を知り、さまざまな遊びを楽しむ。
22	月	終業式		・大掃除、年賀状作り、干支、お正月の伝承遊びを通し、年末年始の風習を具体的に知らせる。
㉓	㊋	天皇誕生日		◎恥ずかしがらず堂々と演じる楽しさを味わう。
24	水			・ささいな表現でもほめる、具体的な表現方法を知らせて励ますなど、個々によってかかわりはさまざまであるが、表現することを楽しめるよう進め方を工夫していく。
25	木			
26	金			
27	土	御用納め		◎数、色、言葉遊びを楽しむ。
㉘	㊐	冬休み		・カルタ、トランプ、カードなどを使い、触れる機会を多くつくっていく。また、文字スタンプを使ってお手紙を作ったり、言葉づくりを楽しめるよう、室内にある物に名称をつけ、子が文字にふれやすい環境を意識的に整える。
29	月			
30	火			
31	水			

◎基礎的事項
・換気、空気殺菌器・加湿器の利用、室内の清掃を心がけ、室内を清潔に保つ。
・一人ひとりに応じたかかわりをしていく。
◎基礎的事項への配慮
・寒さとともに風邪やインフルエンザの発生が心配されるので、こまめに換気、殺菌を行うことと同時に、日々のぞうきんがけなど清潔を心がける。

運　動	大縄とび、マラソン、サッカー、ドッジボール
歌・音楽	「お正月」「赤鼻のトナカイ」「サンタクロースはどこ」「あわてんぼうのサンタクロース」
遊　戯	ピーターパン、アンダーザシー
お話し他	「あなたのサンタの国でね」「ことばあそびさる・るるる」
折り紙	年賀状作り
絵　画	サンタクロース
恩　物	童具

5領域の視点	配慮事項
対人・情緒 ・相手の表情やしぐさから気持ちや思いを感じ取ろうとしているか。 ・相手を思いやる言葉が聞かれるか。 **生活・健康** ・鼻汁が出ていることに気づき、ちり紙で拭き取っているか。 ・鼻汁を気持ち悪いと感じているか。 ・薄着で過ごし、自ら身体を暖める工夫をしたり、運動するなどしているか。 ・身の回りをきれいにすることに関心をもっているか。 ・ぞうきんを絞ることができるか。 **言葉・理解** ・挨拶、「ありがとう」など自分から言葉を発し意思を相手に伝えているか。 ・年末年始の風習を知り、挨拶や言葉が言えるか。 ・文字読みや、色、数などに関心を示し、遊びのなかで親しんでいるか。 ・文字スタンプに興味を示し遊んでいるか。 ・色、数量をどの程度理解しているか。 ・トランプ、カルタなどルールを理解し、守って遊べるか。 **運動** ・寒さに負けず全身を使って遊んでいるか。 **表現・感覚** ・のびのびと自己表現ができているか。 ・全身でリズムをとって踊ったり、表現を楽しむことができたか。	**《情緒・人間関係》** ・自分勝手な行為が目立っているが、自分の言葉や行いが相手を傷つけたり、いやな思いをさせることがあり、相手の表情を見て自分の言葉や行動がよかったのかを考えられるように具体例を通してそのつど話題にし、考えられるようにする。 **《生活》** ・鼻汁については、言われれば拭き取れるが、最後までかみきることができない子が多いため、かみきることを意識できるような声かけをしていく。 ・ちり紙を渡すだけでなく、そのつどていねいにかかわり、最後までかみきれているか見ていく。そして、気持ちよさを共感する声かけをし、ほめる。ゴミの扱いも知らせていく。 ・衣類の厚着をしていると身体を動かしにくいため、薄着をすすめていくが、子の体調、活動によってこまめに衣服調節をできることが大切であるため、子が気づいて調節できるような声かけをしていく。 ・手をこすりあわせる、手で体をこする、体を動かして暖まるなど寒さとのつきあい方について実際にやってみせ、子が実感できるように声をかける。 ・子の体調をみながら薄着をすすめていき、無理はしない。特に鼻汁が出ていたり、せきなどがみられるときには室内で遊ぶなど配慮をしていく。 **《遊び》** ◎表現遊び ・言葉をはっきり大きな声で言うことや、大きな身振りで全身で表すなど、表現方法を具体的に伝えながら促していく。お話のイメージをふくらませることで、表現を誘い出していく。 ・一人ひとりの表現を認めながら、それぞれの自己表現への自信につなげる。 ◎クリスマス会 ・楽しみに遊びながら行ってきた劇やお遊戯を、保護者に見てもらうことを楽しみに、さらに工夫していく。 ・サンタさんへの手紙を書くなど、クリスマス会を楽しみに待てるように、室内の装飾をしたり、クリスマスの歌を歌うなどして雰囲気を盛り上げていく。 ・市民会館の利用にあたっては、約束事を事前に伝え、事故やケガのないように配慮する。また、日ごろから落ち着かないなど、個別に配慮の必要な場合には、担任間で打ち合わせておく。 ◎知的関心の遊び ・文字の読みに対する関心が薄い子に対しては、意図的に文字への関心を深められるよう、室内環境や文字スタンプの利用など教材を工夫していく。 ・お正月の遊びを家庭で楽しむときに、ものおじせずにできるように、12月のうちから遊びのなかに出しておき、親しめるようにしておく。

◎特に気になる子に対しての担任側の配慮点
◇A男・B男・C男
・お互いに相手に対するライバル意識が強いためか、大人への言いつけや、相手への批判、指摘などが気になる。そのつど友達のことを批判しても意味がないことを伝え、自分に自信がもてるように、よいところをほめて伸ばしていく。
・C男の幼さをA男やB男がからかうことが見られるため注意してみていく。
◇D男
・自慰行為が見られるときはさりげなく手を取り除きながら、遊びこめるように誘っていく。
・無意識の時間がないように見守り、そのつど声をかけ、活動に誘っていく。

5歳児　12月指導計画

		行　事	遊びの流れ	生活・遊びのねらい及び環境構成
1	月			《情緒》 ◎自らを律する気持ちをもつ。 ・状況の判断を考えられやすいような声かけ、雰囲気づくりをする。 ・しっかりできている子をほめる。意識の高いときをほめる。 ・気持ちの切り替えの時間を見守る。 《生活》 ◎生活面の見直しを行う。 ・1週目……手洗い、排泄面 ・2週目……食事時間 ・3週目……着替え、身辺整理 以上、具体的に自ら振り返る週目標を取り上げる。 ・自分で振り返り、意識できるよう大人が見守れる位置にいる。 ◎大掃除を通して物の大切さを知る。 ・大掃除を行う。遊具等を片付けながら、汚れ、壊れそうなものなどあえて声に出し、日ごろの扱いについて考える時間としていく。 ・物にも心があることを話題にしていく。 《遊び》 ◎自信をもち、のびのびと表現することを楽しむ。 ・劇、日舞、太鼓ともに細かなアイディア、表現力を大いにほめていく。 ・多くの人の前で演じていく経験を多くつくっていく。 ・クラス、園内の盛り上がる雰囲気を大切にしていく。 ・指先の動きなどあえて意識して行ってみるよう声かけをしていく。 ◎年末年始の風習を楽しむ。 ・年賀状作り、お正月遊び（コマ、すごろく、トランプ、カルタなど）を行う。 ・日本の風習について話題にする時間をつくる。 ・グループ別遊び（トランプ、カルタなど…）を行う。 ◎寒さに負けず元気に遊ぶ。 ・縄とび、マラソン等を取り入れていく。（マラソンは遊歩道を利用し、公園まで行ってみる） ・外遊びに出たくなるような朝の遊びの工夫をする。（サーキット、遊戯、すもうごっこ、おしくらまんじゅうなど…）
2	火	身体測定		
3	水			
4	木			
5	金			
6	土			
⑦	㊐		表現遊び	
8	月			
9	火			
10	水			
11	木			
12	金	クリスマス会リハーサル		
13	土	クリスマス子ども会		
⑭	㊐			
15	月		年末年始の風習を楽しむ	寒さに負けず元気に遊ぶ
16	火	誕生会・バイキング		
17	水	大掃除		
18	木	〃		
19	金	クリスマスパーティー		
20	土			
㉑	㊐			
22	月	終業式		
㉓	㊋	天皇誕生日		
24	水			
25	木			
26	金			
27	土	御用納め		
㉘	㊐	冬休み		
29	月			
30	火			
31	水			

◎基礎的事項
・室内の衛生を保ち、過ごしやすい環境を整える。
　（外気温との差を5℃以内に保ち、換気を心がける。空気殺菌器・加湿器の使用）
◎基礎的事項への配慮
・寒くなり室内を閉めて過ごすことが多くなる。こまめに換気を心がけたり、空気殺菌器のスイッチを入れるなど、大人が意識的に行うようにする。
・子の変化なども敏感に受けとめていく。（体調面）
・暖房のさいは、子が汗ばむことのないよう外気温との差に気を配る。

運　動	縄とび、大縄とび、マラソン
歌・音楽	「北の国から」「赤鼻のトナカイ」「お正月」
遊　戯	日舞（おやまのお里）、カノン、など…
お話し他	日本昔話
折り紙	動物
絵　画	観察画（クリスマスツリー）
恩　物	童具

5領域の視点	配 慮 事 項
対人・情緒 ・堂々と表現する安心感があるか。 ・周囲の状況を感じ、自ら考えて行動ができているか。 **生活・健康** ・体調の変化はどうか。 ・体調の変化を自ら伝えられるか。 ・手洗い、排泄、食事マナー、着脱。 ・身辺整理、身についていないところはどこか。 **言葉・理解** ・自分の思いを言葉で考えて伝えているか。 ・カルタ・すごろく・トランプ等の理解はどうか。 ・年賀状の文字書きはどうか。 **運動** ・マラソンでの持久力はどうか。 ・縄とびをとべているか。 ・大縄とびをとべているか。 ・全身の動きで気になるところはないか。 **表現・感覚** ・汚い、きれいの感覚はどうか。 ・のびのび表現を楽しめているか。 ・自らの創造力はどうか。	《情緒》 ・自ら判断していきやすいよう、特に間接的な働きかけを多く心がけていく。具体的に気持ちを切り替えられたことを声にし、状況を考えたこと、気持ちを切り替えたことをほめ、自信につなげていく。大人もそうしている人間社会の大切さとして伝えていく。 《生活》 ・もうすぐ小学生になることをときおり話題にしながら、自ら気をつける気持ちをもてるよう一緒にがんばって意識していこうという、5歳児全体の雰囲気づくりをしていく。手紙などで保護者にも伝え、一緒に見直していく。 ・気になる子にも叱ったりほめたりではなく、意識することが必要なときに思い出せるような声かけをし、大人の位置を心がけていく。担任間で統一した意識をもつ。 ・年末の風習も伝えながら、きれいになっていく気持ちよさ、日ごろの扱いのことなど話題にし、子と一緒に感じ取っていく心を大切に行っていく。単に掃除、片付けだけとならないよう、意識を高くもってすすめていく。 ・子にわかりやすい"物にも心がある"の精神を大人も大切にしていくようにする。 《遊び》 ・緊張感や羞恥心等は気持ちを受けとめつつも堂々と行っている子を見て、雰囲気を盛り上げたり、楽しい雰囲気のなかで行っていける勇気を大切にしてかかわる。 ・安心して表現を楽しんでいけるよう大人は常に笑顔で見守っていく。 ・自信のない子にはその原因となるものを見つけ、やる気につながるまで一人ひとりていねいに見ていく。 ・カレンダー等を利用して、日本の年末年始についての話をわかりやすく伝えていく。 ・昨年のことなど思い出したり、なぜそうするのか考えてみることで意識を高める。 ・お正月遊びのなかには知的に気になる子と個々にかかわれるチャンスともなるため意識して接していくようにする。保護者にも伝え、年末年始を家庭でも楽しめるようにする。 ・年賀状作りでは、家庭に届くことを楽しみにしながらていねいに仕上げていくことを大切にする。 ・体調の悪い子への配慮はしっかりと行う。(保護者との連絡、医師との相談) ・体を動かすことで暖まること、体を動かす気持ちよさを大人が大いに声にしていく。 ・汗をかいた後の着替えなどを敏感に心がけ、外気温との関連に心を配る。

◎特に気になる子に対しての担任側の配慮点
・A男……表情があまりよくない。要因を考え、保護者とも相談しながら自信をもった生活となるよう、かかわりを工夫していく。心の中にマイナス的な気持ちがはたらく前にかかわり、明るい雰囲気をほめ、大切にする。
・B子……家庭の事情もあるが、安心したかかわりを心がけるとともに、周囲の子の気持ちを声にしてみたり、状況に気づけるよう伝えていく。あまり気になるようであれば面談してもらう。
・C男・D男・E男……遊びこめていない。ある意味、自分を出してきた良い面と受けとめながらも、集中できる遊びを個々に見つけていく。少人数の落ち着いた時間をつくる。(童具など)

外遊び（異年齢） 保育日誌の例 （12月8日〜12月12日）

前週の子どもの姿	今週の遊びの内容
・前半は、イチョウの葉で遊んだりしたが、後半から、中あてなどボール遊びを行う。 ・日中は乳児が出ていて、あまり出せないので、子どもたちは外遊びを楽しんで行っていたようである。	・中あて ・ドッジボール ・ゴム段 ・ケンケンパ ・あんたがたどこさ

	遊び		準備	配慮すること
8（月）	中あて	ケンケンパ／あんたがたどこさ	・ラインカー ・石灰 ・ボール	・中あてとケンケンパは、場所を離し、危険のないようにして行う。 ・ケンケンパなどは、子どもの足を考えて円を描く。また、2〜3個、円を描いておき、子どもたちが待ちすぎていやにならないようにする。 ・固定遊具にも目を向ける。
9（火）	中あて	ハードル／十字鬼	・ラインカー ・石灰 ・ボール ・コーナーポスト ・棒	・はじめに線を描いておき、すぐ始められるようにする。 ・コーナーポストを使ってのハードルは、子どもの歩幅などに合わせながら置く。 ・十字鬼は広めに描き、子どもがたくさん走れるようにする。
10（水）	中あて	十字鬼／あんたがたどこさ	・ラインカー ・ボール ・石灰	・昨日も行っているので、子どもたちで始められるよう、ラインも引いておく。 ・ボールが飛んでこない位置で安全に遊べるようにする。 ・固定遊具にも目を向けていく。
11（木）	中あて	かかし（とぶ遊び）／大なわとび	・大なわ ・ラインカー ・ボール ・石灰	・はじめは、身体を暖めるように鬼ごっこやかかしを行っていき、最後に大なわとびを出していく。 ・出す位置を考えて出す。
12（金）				・クリスマス会のリハーサルのため、室内で準備をして待つ。

うた（「赤鼻のトナカイ」「北の国から」「ママと二人のクリスマス」「あわてんぼうのサンタクロース」）

環境づくり	援助のポイント
・中あては、送迎の方にボールがいかないよう、飼育小屋の方に設定する。 ・ケンケンパやあんたがたどこさの足遊びを入り口側に描いておき、いつでも遊べるようにしておく。 ・ゴム段は大人の人数が増えたら、出していく。	・中あては、ボールを1つ出し、みんなで遊べるよう5歳児にも声をかけておく。 ・ボールが2歳児の方に行かないよう、サッカーゴールなどで囲いを作ってみる。 ・ゴム段が子どもだけでできるようになってきたら、まかせていくが、まかせっきりになったり、首にまいたり、危険な遊びにならないよう、目はしっかりと向けていく。 ・子どもが楽しいと思えるように、大人も入って遊びを伝えていく。

保育経過（子どもの姿）及び反省	明日への展開
・砂場遊具を出さず（寒いので、身体を動かすほうを主にしたくて）、身体を動かすものを主にして行った。中あては、先週から行っているということもあり、5歳児が中心になり行っていた。あんたがたどこさでは、「さ」のところで前に出る動きがなかなかうまくいかず、そこだけ歌がゆっくりになっていた。ケンケンパ、ドン・じゃんけんなどは、線を描いておくだけで、子どもたちが自分たちで遊びを進めていた。	・朝は寒いので、砂場遊具はしばらく出さず、身体を動かす遊びを多くしていく。
・昨日に引き続き十字鬼を出した。子どもたちはルールも覚え、自分たちで進めていたが、5歳児の中で鬼になりたくなくてタッチをされても知らんふりをしてしまう子もいた。そこでトラブルになり、4歳児は言いつけに来ていたが、5歳児はケンカになり泣きながらも自分たちで解決しようとする姿が見られ、年齢の違いを感じた。 ・中あては、5歳児中心になりやすい。	・十字鬼のルールがわかりはじめてきたので、このまま続け、子どもたちで遊びを進めていかれるようにする。
・十字鬼は4歳児の参加が多くなってきた。5歳児は中あての方に行き、そのなかで「あたったのに出ない」「ずるい」などの声があがり、自分たちで話し合っていたが、手を出したりというところもあった。 ・あんたがたどこさは、B男がリズムに合わせて動いている。難しいながらも挑戦していく子が何人もいた。はじめは砂場遊具を出さなかったが、3歳児が入りきれずにいたので出した。砂場は日陰になりやすく寒いので、できるだけ考えていきたい。	・十字鬼は飽きはじめているので、石けり遊びや、身体が暖まってきたら、大なわとびに変えていく。
・中あても飽きはじめてきたので、サッカーに変えてみた。5歳児が喜んで参加していた。まだ、トラブルで泣いたり、怒ったりということが多く、様子を見ていた。自分の言い分を言いながら解決しようとしていた。 ・ドン・じゃんけんを入れ、大人も入って遊んでみた。道を複雑にして遊んでみたが、5歳児は複雑にしても対応できたが、4歳児は難しくて戸惑っていた。年齢の差を感じた。寒かったので走るようにしたが、気温が低いままなので、早めに室内に入った。	・明日はクリスマス会リハーサルなので、室内で待つようにする。
	・来週も身体を動かす遊びを取り入れていく。

室内遊び（異年齢） 保育日誌の例 （12月1日～12月5日）

前週の子どもの姿	今週の遊びの内容
・クリスマス子ども会の練習の関係上、きりんの部屋での遊びが中心となっているが、食べ終わった子の人数が多くなってくると、窮屈に遊ぶ子の姿が見られる。 ・遊んでいる子が入れ替わったりすることで、遊びが中断することが多い。	・ブロック ・自由製作（ケーキ作り） ・ぬり絵 ・トランプ ・パズル ・風船バレー（くまの部屋） ・すごろく

	遊び		準備	配慮すること
1（月）	折り紙	ぬり絵 / ブロック	・ブロック ・ぬり絵、色えんぴつ、えんぴつ削り ・テーブル、間仕切り ・パズル、トランプ ・ドミノ積み木 ほか	・コーナーを小さくしていき、子どもが遊びたい遊びを出して、集中できるようにしていく。 ・クリスマス会の活動でくまの部屋を使用する場合は、簡単に片付けられる遊びを出していく。 ・クリスマス会の練習で子を入れ替えたことで遊びが途切れることを予想して、その雰囲気・集中の度合で臨機応変に対応していく。
2（火）	折り紙	サンタへの手紙 / 指コマ	・テーブル、折り紙、色えんぴつ ・指コマ ・トランプ、ブロック ・パターンブロック など	・コマは、個数の確認と扱い方について、全体でも話題にしておく。広いスペースで行えるようにしていく。 ・サンタへの手紙では、子どものイメージがふくらむような問いかけをして書けるようにする。
3（水）	折り紙	自由製作 / 指コマ	・折り紙、テーブル、折り方図 ・指コマ ・パズル、トランプ ・パターンブロック ・パズル積み木 など	・落ち着いて遊びこめるように部屋を二分していく。また、出入りのさい（クリスマス会）は、自分が使ったものだけは片付けるよう、声をかけていく。 ・指コマは、床に転がりっぱなしにならないよう、大人が気にして見ていく。
4（木）	折り紙	パズル、トランプ / 指コマ	・指コマ ・パズル、トランプ ・折り紙、折り方図 ・テーブル、紙、色えんぴつ ・ブロック など	・子自身が遊びたい遊具を自由に出せるスペースをつくり、遊びこめるよう工夫していく。 ・いつものブロック以外では遊びこめない子の姿を把握して、気にして声をかけていく。
5（金）	トンカチ	パズル、トランプ / 指コマ	・指コマ ・パズル、トランプ ・テーブル、オセロ ・パズル積み木 ・トンカチ、ブロック など	・指コマは、後半になるにつれて扱いが雑になってくるので、気になる行動が見られた場合、流さずに声にしていくようにする。 ・落ち着いて遊べるよう部屋を二分していく。

うた（「北の国から」「さんぽ」「あわてんぼうのサンタクロース」）

環境づくり	援助のポイント
・落ち着いて遊びこめるように遊びを考えて、気温の高い日はテラスを有効に使う。 ・コーナーを小さくしていき、子どもが遊びたい遊具を出して集中できるようにしていく。 ・クリスマス会の活動でくまの部屋を使用する場合は、簡単に片付けられる遊びを出していく。 ・室内の換気にも配慮する。 ・雑然としないように大人が気を配っていく。	・なぜ遊びこめないのか原因を考えて、集中できる遊びを考えていく。 ・遊びで人数が少なくなってきたら、そのままにせず、縮小したり、違う遊具を出すなど、マンネリ化しないように全体を見ていく。 ・クリスマス会の練習で子を入れ替えたことで遊びが途切れることを予想して、その雰囲気・集中の度合で臨機応変に対応していく。

保育経過（子どもの姿）及び反省	明日への展開
・きりんの部屋の広い方のスペースにぬり絵のコーナーを設けた。ぬり絵をしたい子が多かったので机を5脚出したが、狭く、落ち着きがなかったように感じる。ぬり絵の子の人数が減るまでは、もう一方のスペースを使ってもよかったと思う。トランプを楽しむ子が多く、4歳児は5歳児と一緒に遊ぶことで、ルールを知る姿も見られ、よかったと思う。テラスには寒くて出られず、くまの部屋もクリスマス会の練習で使っていたので、しばらく落ち着かなかった。	・遊ぶスペースを工夫し、窮屈にならないようにしたい。
・きりんの部屋にブロック、コマを、テラスに折り紙、パターンブロック、トランプ、サンタへの手紙を出した。陽気がいいせいか、全体的にのんびりとした雰囲気での自由遊びだった。 ・指コマは、5歳児を中心に長い時間楽しむ子が多かった。ただ、一人で2～3個とる子がいて、全体で話題にもしてみた。 ・サンタへの手紙は、5歳女児を中心によく盛り上がっていた。	・落ち着いて遊べるように工夫していく。
・くまの部屋に折り紙、パズル、パターンブロックなどを、きりんの部屋にブロック、指コマなどを出していった。遊びが途中になってしまい、「そのまま、片付け…」と言われる子もいて、十分に遊べなかったのが残念だった。小さいコーナーにいくつも分けたことで、皆、落ち着くことができてよかった。	・コーナーは小さくしていくつも設定し、遊具の種類を多く出していく。
・きりんの部屋に指コマ、折り紙、パズル、トランプ、自由画などを設定した。特に騒がしくなる様子もなく、皆、落ち着いて遊んでいた。 ・5歳児は午後は合奏の練習があるので、多少、出入りが多くなった。 ・今日、くまの部屋にぎりぎりまでブロックを出さず遊んでみた。予想以上に、座って遊びこむ子も多く、今後に取り入れていこうと思った。	・ブロック以外に楽しめるものを出していく。
・きりんの部屋に指コマ、パズル、トランプ、オセロ、パズル積み木を、くまの部屋にブロック、指編み、トンカチなどを出した。 ・はじめ、ブロックが出てなかったが、特に戸惑う様子はなく、1時すぎまで、落ち着いて遊べていた。その後、くまの部屋を開放していくことで、それぞれが落ち着いて遊ぶことができていた。	・小さいコーナーをいくつか多めに出していきたい。

1月の生活

　1月は年度のまとめに入る月、12月までの育ちぐあいを、日ごろの印象や発達表をあらためて確認し、個別指導目標を作成する資料とする。個人の気になる部分をグループごとにまとめて遊びの編成をする。また、学年や異年齢の部屋の運営に育ちを求めて遊びの内容を検討するなど、保育者間の連携を組み込む月でもある。

　どの年齢の子どもも発達水準のどの位置に属するのか、強制は望ましくないが、保育者の個人差や感覚によって未発達部分も案じられず月日を経てしまうケースもある。保育者間で論議し案ずる部分には、できるかぎり、その子どもに必要な経験や体験を経験不足として準備する事前の指導計画が求められる。

寒気と遊び

　1月は「気温と健康維持」が主題である。寒気が強く体調を崩しやすい季節の健康管理は、子どもたちに約束事を強いるだけでは守れない。室内の暖房に頼る生活もあるが、人間には自ら体を暖める能力があることを実践的に伝える。手の摩擦や運動の後の体温の変化を実感すると、自ら喜んで参加するのが幼児期である。

　好奇心旺盛な子どもたちに、考える、納得する、不思議がる、やってみたい、など知的な疑問を提供するのも保育者の役目である。屋外でなぜ水が氷になるのか。雪はどうして解けると水になるのか。実験的な遊びを取り入れて納得するまで遊ぶ姿勢は、寒さに負けない生活にもつながる。

　間接的に見ていた3歳児も手を出しはじめるが、冷たい遊びは長続きしない。

　4歳児は家庭から持ち寄った空き箱の遊びが盛んである。「自ら後片付けをする」目標は何週もあげられている。遊びの区切りで「片付けようか」と言っても、子どもたちは夢中で遊んでいる。ひどく雑然としているので片付けたいが、子どもたちを眺めては、しかたがないかとあきらめる保育者の姿がある。

　日誌を見ていると保育者の姿勢のあいまいさが気になる。片付ける目的は、「保育室の衛生感覚？」　それとも単に「整理整頓？」子どもたちに片付ける意味が浸透しないのは、自らの姿勢にも原因があることに保育者も気づいていないようである。保育の一環としての遊びの途中にあることは理解できるが、一日の中でも床に雑巾がけをするなど子どもを巻き込んだ清浄化を考える必要を感じた。

正月遊び

　カルタ、すごろく、コマ、たこ、トランプ。年齢別に組織して始まる遊びでもないが、ルールを理解する力は遊び道具にも現れて遊びの展開が変わることがわかる。

　トランプは5歳児の楽しめる遊びであるが、3歳児が仲間に入ると「七並べにしよう」などとルールの簡単なゲームに変えるなどして、子どもなりに工夫している様子がわかる。正月遊びは誰でも仲間に入れる遊びで盛り上がる。こんなところでも異年齢の組織のよさが現れている。遊びの伝承に限らず、仲間意識も浸透している。しかし、5歳児のたくましい遊び方は激しく言い合うこともあり、じっと見続ける小さい子どもたちも緊張する場面があるなど、人の中で生きる力をじっくり蓄えている姿を見ることができる。

寒い日の竹馬遊び

　地域のおじいさんたちが竹馬を作って遊びにみえた。風も少ない午後のひとときを5歳児が遊んでもらうことになっていたが、遊べない。竹馬に乗れないのである。

　「持っていてあげるから乗ってごらんよ」と言われて20センチメートルくらいの高さの竹馬に乗るが、バランスが悪く、体重を片方にかけてしまう乗り方で危ない。真剣な取り組みのおじいさんたちは子どもを落とすまいと額に汗をにじませてがんばっている。待っている子どもたちもはや

したてて、にぎやかである。ケガをさせないかと危ぶむ数人のおばあさんたちの声も交えて園庭は騒然となった。しかし、子どもにとっては初めての体験で、ぼくもぼくもと次々と求められ、おじいさんたちは汗を拭く間もなくうれしそうに遊ばせている。お礼におばあさんたちと女児が作ったおだんごをみんなでいただいて、なごやかに終わった。

1月の計画作成時には予定されていなかった地域の人々との遊び「竹馬を作ってあげる」の申し出があり、快く昔遊びの実践となる。

縄とび

寒さを吹き飛ばし、体温を高め、体力づくりも視野に入れた縄とびを計画する。

数日前から園庭で保育者がとび、「暑くなった、上着を脱ごう」などの姿を見せて、子どもたちがとびたくなるよう刺激をする。すべての子どもがとべるようになってほしいと願い、人数分の縄を用意する。

はじめに室内で集まり、危険性についての注意事項を伝える。縄は、一人でとんでも楽しい、大勢でとんでも楽しい、とても大事な遊び道具であるが、使い方を間違えると大変なことになることを伝える。

[人の体に巻きつけてはいけない]

足にも手にも体のどの部分にも巻きつけると相手が困る事実を、保育者が実演して見せて、巻きつけられた保育者がよろけ、転ぶ姿を見せる。

首には、食事をして食べ物がおなかに入るときに通る道「食道」がある。みんなが吸っている空気が肺に入るときに通る「気道」もある。食道は後ろで気道は前に並んでいる。のどのすぐ近くにあるので、ちょっと押さえても苦しくなる。人間の体はそのようにできているので「首には絶対に巻きつけない」と約束する。

場合によっては、通園バッグを背負って滑り台に乗り、紐が引っかかった事故などを話すことも一方法である。約束を守らないと危険であり、注意されることになるから楽しく遊べないことも伝える。

励みになるように、初歩的な遊びから前回り、後ろとび、綾とびなど、段階をつけたカードを作ると、5歳児や運動好きの子どもは楽しく競い合い、保育者のサインを誇らしげに見せに歩くたくましい姿も見える。

室内の換気

風邪で欠席する子どもが増えている。全体に気温が下がり、保育者も重ね着をする季節である。園庭に子どもたちが出ていった後は、全開口部を開けて子どもと一緒に戸外に出る。子どもが入室前に室内に戻って暖房を入れるなど、快適な換気をすすめて子どもたちを感染症から守る配慮が必要な時期である。4・5歳児には理由を知らせて一緒に手伝いを求めるのも保育である。

感染症と生活

子どもたちがかかりやすい水疱瘡や手足口病も、一般的な流行性感冒も、この時期には流行することが多い。2年3年と団体生活をして体力を培ってきた4・5歳児は、比較的に感染症にかからないが、4月に入園したばかりの3歳児は免疫が少なく感染症にかかる率が高いことがわかる。紫外線空気殺菌器も市販されるようになっている。できるかぎり衛生的な環境を用意する大人の役割を怠ることのないよう心がけたい。

感染症の早期発見には園全体の姿勢として徹底した対策が求められる。冬季は登園する子どもの受け入れに、毎朝、看護師が立ち会うことを役割とし、体力の備わらない0歳児から預かっている保育園は、子どもたちを守る体制が望まれる。

感染症にかかった最初の子どもを見落とすと、2～3か月でほとんどの子どもが罹患してしまうほどの広がりをみせる。保護者に園全体の安全を理解していただくよう求める。

1月の年齢別保育

3歳児の運動遊び

　寒い時期は比較的に室内の遊びが多くなる。12月の運動面の発達チェックでは、三輪車に乗れない子どももなく、全員が自由に方向を決めて乗りこなし、遊べている姿の確認ができる。雲梯のような技を必要とする遊びは腕の力が備わらず危険であるが、3歳児期には意欲的な全身の動きを引き出せる遊びが求められる。しっぽ取りや追いかけっこなど鬼ごっこの類は楽しめるので、園庭に誘い出し、全身の動きから体温の調節を考え、健康的な計画を立てる。

　よく食べよく動く健康法で冬を越せる生活にするには、保育者自ら園庭に飛び出し、率先して動く。室内の暖房には頼らない遊び方を推進する。運動遊びは3・4・5歳児の体力や運動量に違いがあり、あえて運動を誘う計画には年齢別の安全な方法をとる。

3歳児の知的な遊び

　3歳児の知的な遊びの欄に、色は16色、数量は10まで、形もあげている。4歳の誕生日を越えた子どもは著しい知的な発達を見せる。色や数、形を言葉で話せるように知的な区分を手伝う。

　12月の発達チェックの機会には個人差も現れている。色は5色から12色、16色と差があるように、数についても同じである。なかには文字にも関心があり、自分の名前を読める子もいる。寒い冬季の室内の遊びでは担任間で気になる子どもをピックアップしておき、発達に関連する遊びに興味の薄い子や理解の難しい子に対して個々に遊ぶ機会をつくる。また、内容ごとにグループ分けをして誘い、ていねいなかかわりを試みる。

　個人差には、経験不足によるものもある。個人差を少なくするための支援策にも、発達期であるが故に個人差を固定化させない保育者の専門性が求められる。

　方法としては、小グループで保育者を囲んで対話を中心にしり取りなどの言葉遊びをする。あるいは指先の微細な指使いが気になる子どもたちには、保育者と一緒に人形の着せ替えや紐通しなど、2歳児後半の指に集中する遊びを交えて、意図的に遊ばせる方法である。

　言葉も、4歳児期には語彙数も増えダイナミックな育ちを見せるが、それは3歳児までの生活環境で体験的に知り得た情報を使ってみたい発達期に表面化する姿である。生活全般に自信を得て、言葉も豊富な会話が自然の姿として定着するようである。生活経験の幅の意味は大きく、子どもたちの育ちを変えている事実を認識する必要がある。

4歳児　園外保育（公園まで5km）

　寒い季節の長距離の園外保育は天候の選定が重要になる。予定した日でも無理をしない。子どもと相談をして、暖かい、風の少ない日を選び、子どもの意欲を第一に決める。

　目的地はサイクリング道路で、よく整備されており、のびのびと遊ぶスペースがある。と同時に、シーソーなどの遊具が設置されている。雑木林もある。

　目的地は以前から子どもたちが希望していた場所である。「たくさん歩いても疲れたと言わない」と約束する。公園に着いたら自由にたくさん遊べることを伝える。道路の危険性についても話し、移動中、友達との間のあきは危険なので注意をすることも伝える。

保育日誌から

　今日は公園まで水道道路を使って歩いていった。はじめて通る道だったので「あっ、ここ知ってる」「○○だ」と楽しんで歩いていたが、住宅街にさしかかったとき、少し静かに歩こうと話題にすると、意識して歩くことができた。公園に着くとシーソー、滑り台やチェーンジャングルを楽しんでいた。チェーンジャングルは不安定さが怖いのか登らない子も見られた。帰

りは少しペースを上げて歩いたが、疲れがみられ、遅くなる子や転びそうになる子もみられた。長距離歩く経験をもっと取り入れたい。天候を選んで子どもと相談して、目的をもって歩き、心の強さも育てたい。

絵の具遊び（4歳児）

「作品展にどんな絵を出そうか、絵を決めようよ」の問いかけに、「筆で描きたい」と答える子がいた。担任は救われたように調理室に行き、近々にどんな材料が入荷するのか相談する。来週白菜が入ると聞いて子どもたちに話すと「やってみたい」との意見で決まる。

白菜は二つに割って中心の部分がよく見えるように並べる。絵の具は子どもたちが白菜を見て色を選ぶ。白、緑、黄緑、黄土色を少々、器に溶いて水と一緒におく。

「よく見てね。はじめに鉛筆で薄く描きたい人はここに鉛筆があるよ」床に実物大の絵が描ける大きさの画用紙を置いて各自が始める。

ほとんどの子が鉛筆で下描きのように描いていたが、「筆で描きたい」と言った子は筆を選んだ。色は淡いが、みんなダイナミックに描けたので満足していた。

5歳児「生活リズムを整える」

あと2か月半で就学期を迎える。生活面での意識は高まっているが、乱れている部分も気にかかる。自ら準備をする心を支援するために集会をもつ。就学に備えて早寝早起き表をつけ始めた。保護者にも協力を求めた経緯があるので、家庭での生活リズムも整えようとする意識が高まっている。しかし、普段から登園が遅い子どももいる。8時40分までの登園を約束して、保護者にも再度の協力を求め、子どものために励んでほしいと依頼する。

「自ら体の不調を訴える」

このことは普段から自己を表出することを苦手とする子どもが、特に体調不良時に泣くなどの幼さが残っている心配がある。全員に学童期の姿も想像できるように話題にも加えて、大きくなることへの自信を育てる意味で課題にあげている。

一度ゆっくり体調を表す言葉を話題にしてみる。ぐあいが悪いときのみでなく、暑い・寒い・空腹など、自分の体で感じた小さな変化と言葉とのつながりを考えてみる。なぜ言葉で伝えられるとよいのか、きちんと気持ちのよさを伝える。伝わらないときの不都合さについても考えてみる。気になる子には、そのつど感じていそうな体感を声にしてあげることで実感できるようにする。

調理保育「コンニャク作り」（5歳児）

料理への関心が高く、材料や工程までよく覚える。意欲的に行う姿がある。援助や配慮の点では、①コンニャク作りは子どもたちが手を加える部分が少なく、栄養士さんが作っている様子を見て覚えていくので、今どんなことをしているのか見落とさないように子に問いかけながら進める。②固まっていく過程が印象に残るよう、みんなが見えるように配慮する。

保育日誌から

コンニャク芋をはじめに見せて「これ、なあに？」と聞く。コンニャクの答えはなく、これがコンニャクになることを知って驚いていた。切って割って見せると「白い」「少し周りがピンク」など、よくいろいろなことに気づいていた。工程は、コンニャク芋をすりつぶす、炭酸ナトリウム（食品添加物）と混ぜ合わせるなど少々時間がかかったが、みんな集中して見ていた。園庭に出て釜でゆでる前に少し固まったコンニャクを見せると、「ゼリーみたい」「プルプル」とうれしそうに言っていた。ゆでている間に食事を済ませ、午後できあがったコンニャクに大歓声。刺身と田楽にした両方ともおいしそうに食べていた。裏山一周ハイキングのときにいただく豚汁にも入ることを伝える。

3歳児　1月指導計画

日	曜	行事	遊びの流れ	生活・遊びのねらい及び環境構成
①	木	元日		《自分の思いを言葉にし、相手の思いに気づく》
2	金	冬休み		・「自分が〜したかった」という思いは受けとめながらも、「相手はどうしたかったのか」ということも考えられるようにし、状況に応じてていねいにかかわる。
3	土	〃		
④	日			
5	月	仕事始め		・思いを伝えられたことや、がまんできたこと、譲り合えたことなどは大いにほめていく。
6	火			
7	水			《着脱を一人で行う》
8	木	始業式・慣らし保育		・漠然と一人で行うことを促すのではなく、目標を掲げ、そのことを意識して行えるようにしていく。
9	金	慣らし保育		・できたことに対してハンコを押すといったことを行うことで意欲を促す。
10	土		知的遊びを楽しむ（色16色・数量1〜10・形○△□）	・遊びとの区別やスペースの広さなど、着脱を行いやすいように整備していく。
⑪	日			
⑫	月	成人の日		《鼻汁に気づき、きれいにする》
13	火	身体測定	集団遊びを楽しむ	・園庭にも鏡を設置し、子が自ら鼻汁を確認できるようにする。
14	水			・様子により手鏡も持っておき、子の気づきを促す。
15	木		折り紙（さるかにかっせん）	・各部屋のティッシュを十分補充しておき、大人も子が気づいたときにかめるように持っているようにする。
16	金			
17	土			《集団遊びを楽しむ》
⑱	日			・園庭などの自由遊びのさいは、大人が遊びのきっかけづくりをしていき、様子に応じて子だけで行えるようにしていく。
19	月			・全員で行う機会をもち、皆が経験できるようにしていく。
20	火			
21	水		観察画	《知的遊びを楽しむ》
22	木	誕生会		・色、形、数字カルタを楽しんでいくことで、それぞれに対する興味を促していく。わかりやすい平仮名のカルタも作成し、興味を促していく。
23	金		節分の由来を知り、行事を楽しむ	・全員で行う機会もつくり、少しでも経験しておくことで触れる機会をつくっていく。
24	土			
㉕	日			《節分の由来を知り、行事を楽しむ》
26	月			・鬼に関する製作を取り入れながら、節分に対する興味を促していく。
27	火		恩物第3・4	
28	水			・劇を見せていくことで子にとって「〜鬼」というものがわかりやすいように工夫していく。
29	木			
30	金			
31	土			

◎基礎的事項
・衛生管理に注意し、感染症など早期発見できるようにする。(換気、空気殺菌器、加湿器)
・一人ひとりの発達を確認し、気になるところは意識的にかかわっていく。

◎基礎的事項への配慮
・衛生管理は日々のことなので担任間でも特に意識し合っていく。加湿器は忘れがちなので水の補充なども気をつけていく。
・しっかりと項目を決めて意識して確認していく。気になる子に対しては、教えていくのではなく、遊びの中に入れながら少しずつ興味を促していく。

運動	巧技台・縄とび・走る
歌・音楽	「たこあげ」「カレンダーマーチ」
遊戯	「チェリーちゃん」「あめふりりんちゃん」
お話し他	「ももたろう」「一寸法師」
折り紙	さるかにかっせん
絵画	観察画
恩物	第3・4

5領域の視点	配 慮 事 項
対人・情緒 ・自分がいやなときなど言葉で伝えられているか。 ・相手の思いを気づけているか、受け入れられているか。 ・友達と協調して遊べているか。 ・自己発揮できているか。 ・活動に最後まで取り組めているか。 **生活・健康** ・鼻汁に気づき、自ら拭けているか。 ・鼻汁のかみ方はどうか。 ・体調はどうか。（鼻汁・咳…） ・シャツを入れているか。 ・脱いだ物をしまえているか。 ・衣服の前後を意識できているか。 **言葉・理解** ・折り紙の作り方を理解できているか。 ・一斉の説明で理解できるか。 ・恩物の方法を理解できているか。 ・色をどのくらい知っているか。 ・形を理解できているか。 ・1～10までの数量が一致しているか。 ・集団遊びのルールを理解しているか。 ・カルタ遊びの様子はどうか。 **運動** ・巧技台の様子はどうか。 ・縄とびを興味をもって行えているか。 ・縄とびをとべているか。（大縄・短縄） ・意欲的に身体を動かせているか。 **表現・感覚** ・自ら遊戯に参加して楽しめているか。 ・恩物を楽しめているか。（見立ての様子） ・特徴をとらえて描けているか。 ・折り紙の仕上がりはどうか。	**《自分の思いを言葉にし、相手の思いに気づく》** ・子が訴えてきたときには子の思いを受け入れながらも、どうすればよかったのかを子と一緒に考えたり、相手の思いも聞いたりしながら、子にとって言葉にしやすい雰囲気を大切にしていく。 ・トラブルのときは大人がすべて間に入って仲介してしまうのではなく、子の様子を見守る姿勢を大切にし、様子に応じてかかわっていくようにする。 ・泣きながら訴えてくる子に対しては、「泣いていたらわからないよ」と、泣くのではなく、自分の言葉で伝えられるような経験を多くしていく。 **《着脱を一人で行う》** ・週ごとなどに目標を決めていくことで子も意識して行いやすいようにし、大人もかかわるポイントをしっかり決めてかかわれるようにする。 ・意識して行えている子に対してしっかりと認める機会を多くすることで、全体の意識を高めていく。意識の薄い子に対しては個々に「～大丈夫？」と子が気づけるようなかかわりをもっていくことで意識を促していく。 **《鼻汁に気づき、きれいにする》** ・全体で鼻汁について話題にし、意識を高めていく。鼻汁に対して視覚的にわかりやすいように絵で示したり、実際に見せたりしながら伝えていく。 ・話題にした後は大人も意識を高くもち、鼻汁が出たままの子がそのままになっていることのないよう、こまめに声をかけるなどしながら意識を促していく。直接促すのではなく、鏡を見てくるように促したり、「鼻は大丈夫？」などと間接的なかかわりから子が気づけるようにしていく。 **《集団遊びを楽しむ》** ・園庭などで、「はないちもんめ」や「あぶくった」など積極的に楽しむ機会をもち、集団で遊ぶことを十分に楽しめるようにしていく。大人も一緒に楽しみながら遊びを盛り上げていくが、様子に応じて子だけでも楽しめるように見守っていく。 ・なかなか入ってこれない子に対しては個々に理由を考えながらかかわっていき、仲の良い友達と一緒に参加できるように促したり、全体で行う機会を大切にしながら楽しく参加できる経験をつくっていくようにする。楽しさは大いに共感し、次につなげていけるようにする。 **《知的遊びを楽しむ》** ・色や数字、形、平仮名などのカルタで遊ぶ機会をつくり、楽しく遊んでいくなかでそれぞれへの興味を促していく。 ・担任間で声にしながら、気になる子はピックアップしておき、それらの興味の薄い子や理解の難しい子に対しては、個々に遊ぶ機会をつくったり、グループ分けをしながら、少しずつ興味を促していけるようにする。 **《節分の由来を知り、行事を楽しむ》** ・由来は子にとって身近な話題を取り上げ、わかりやすいようにし、興味を促していく。 ・行事のときだけでなく、その後も話題にしながら、子の生活のなかに生かしていく。

◎特に気になる子に対しての担任側の配慮点
・A子……友達に対しても強引なかかわりが多かったり、大人に対しても自分を認めてもらおうという気持ちからか、他児のことを言いつけるなどの言動が多い。
　→いけないことに対してはしっかりとかかわっていきながら、認めてあげられるところは認めていったり、ときにはスキンシップのようなかかわりもつくりながら、気持ちを充足できるようなメリハリのあるかかわりを心がけていく。
・B男……自分の気持ちを言い出せずにいたり、まだまだ自分から遊びこめないことも多い。
　→本児から言い出しやすいような大人の雰囲気を大切にしたり、少しのことでも言えたことに対してしっかり認めていくことで、声に出すことへの自信を促していく。遊びは様子により友達と遊べるよう誘っていく。
・C子……まだ情緒が安定しきれておらず、遊びも満足にできていないところがある。
　→かかわりにメリハリをもっていき、遊びに対しては自然と友達のなかに入っていけるように誘っていく。

4歳児　1月指導計画

		行　事	遊びの流れ	生活・遊びのねらい及び環境構成
①	木	元日		《情緒・人間関係》◎相手に迷惑をかけないように相手の立場に立って行動する。
2	金	冬休み		・具体的な場面をとらえ、そのつどクラスで話題にしていく。
3	土	〃		・一人ひとりが自分を主張しながらも、相手の言葉に耳を傾ける場を意識的につくっていく。
④	㊐			
5	月	仕事始め		《生活》
6	火			◎自ら進んで片付けを行い、きれいになったことの喜びを感じる。
7	水			・きれいになっていることの心地よさを感じられるように声かけし、共感する機会を多くする。先を見通して片付けができるよう予定をそのつど伝えながら片付けを促す。
8	木	始業式		
9	金			
10	土			
⑪	㊐			・片付け方がわかりやすいように、シールや写真を貼るなど、視覚的に工夫する。
⑫	㊊	成人の日		◎正しい姿勢で食べる。
13	火	身体測定		・正しい姿勢を視覚的に認識できるように、保育室等で実際に見せる。
14	水			
15	木		お正月遊び、工夫して作る	戸外・縄とび遊び	・皿や茶碗、お椀の持ち方と同時に、持って食べることを伝えていく。
16	金			
17	土			・食事中の会話や好き嫌いなど、姿勢にはさまざまな要因が関係していると思われるので、そのつど、姿勢が崩れる前に対応していく。
⑱	㊐			
19	月			
20	火			《遊び》◎お正月遊びを楽しむ。
21	水			・カルタやすごろく、トランプ、コマ回しや羽根つきなどのお正月遊びを楽しめるように用意しておき誘っていく。
22	木	誕生会		
23	金			◎節分の行事にふれる。
24	土			・節分行事の由来を伝えながら、心の鬼がしやお面作りなどに発展させていく。
㉕	㊐			
26	月			◎さまざまな素材を工夫しながら作ることを楽しむ。
27	火			・いろいろな素材を整理して使いやすくする。
28	水		節分	・廃品の分別も子どもたちと一緒にする。
29	木			・製作意欲を誘うような製作物（見本）を用意しておく。
30	金			◎縄を使っての遊びを楽しむ。
31	土			・縄とびカードを利用し、挑戦意欲をかきたてていく。

◎基礎的事項
・決まりを守ろうとする子の気持ちを大切に受けとめていく。
・室内を清潔に保つ。（空気殺菌器、加湿器、掃除、換気を心がける）

◎基礎的事項への配慮
・ささいなことでもほめ、心の強さを認めていく。さらに、そのことを他児にも伝えひろめていく。
・手洗い、うがい、室内の掃除など、たえず清潔を心がけていく。

運　動	大縄とび、縄とび、マラソン
歌・音楽	「カレンダーマーチ」
遊　戯	白クマのジェンカ
お話し他	「おはなしろうそく」
折り紙	つのばこ、鬼のお面
絵　画	朗読のイメージ画
恩　物	童具

5領域の視点	配 慮 事 項
対人・情緒 ・自分の行動を振り返り、考えることができているか。 ・相手のことを思って言動に気をつけられるか。 生活・健康 ・自ら進んで片付けに向かっているか。 ・友達と協力して片付けているか。 ・正しい姿勢で食事をしているか。 ・戸外で元気に身体を動かして遊んでいるか。 言葉・理解 ・先を見通して片付けたり、行動するなどできているか。 ・ルールを理解し守って、友達と遊べているか。 ・さまざまな素材を使い、工夫して造形遊びが楽しめているか。 運動 ・食事中の姿勢を維持できる子とそうでない子の違いを観察する。 ・寒さに負けず戸外で全身を使って遊んでいるか。 ・縄遊びに積極的に参加しているか。 表現・感覚 ・コマ回しや、羽根つきなど指先の調整力を図りながらできるか。 ・カルタやすごろくなど、ルールがわかって楽しめているか。 ・節分行事の鬼ごっこ遊びを怖がらずに楽しめるか。	《情緒・人間関係》 ・周囲や身近な友達に迷惑をかけないで生活するために、どのような気配りが必要なのか、子どもたちと相談し、できることから実行してみる。 ・相手の立場に立って考えるということを、物語やビデオなどを通して、登場人物の気持ちを考えたり、自分たちの生活に置き換えて考えてみる。 《生活》 ・正月明けで生活のリズムが乱れている家庭が多いことが予測されるので、視診・触診はしっかり行っていく。また、早寝早起きなど子どもたちにも話して促す。 ・玩具等、片付け場所をわかりやすくしておくと同時に、「もう少しで片付けの時間だよ」などと、見通しをもって、子どもたちが遊びを終結し片付けられる機会を多くつくっていく。 ・きれいに片付くことの心地よさを意識的に言葉で表現し、片付けることの意義を体験的に理解できるようにする。 ・片付けが始まると、決まってやる子とやらない子に分かれることが多いが、みんなで協力してできるよう大人が周囲で見守っていく。 ・食事時間が長時間になるとともに姿勢が乱れることが多いので、30分以内を目安に食べきれるように促していく。 ・足を床に着ける、背もたれに寄りかからないと姿勢を悪くする原因を見つけ、個別に対応していく。 《遊び》 ・カルタやすごろく、トランプなどルールを守って楽しむ遊びは、小グループ単位で楽しめるようにそれぞれスペースを確保し、はじめのうちは大人も一緒に入り、様子を見守る。ルールがわかるようになったら、子どもたちで楽しめるようにしていく。 ・たこあげ、羽根つきなど、園庭で遊ぶときの約束事を守りながらできるように事前に話をしておく。ルールを守れない子には、危険を伴うため、厳しい対応も考えていく。 ・素材の扱い方、利用方法、工夫できることなど伝えて、意欲につなげていく。 ・接着方法などは実際の製作場面で伝えたり、そのつど、話題にしていく。 ・戸外での遊び（縄とび、マラソン）に積極的に参加し、身体を動かして遊ぶように促していく。縄とびカードの利用も幼児部全体で考え、有効に活用する。 ・節分の行事を通して心の中にある自己の弱いところを考え、挑戦したり努力する機会となるよう促していく。

◎特に気になる子に対しての担任側の配慮点
◇A男……友達の中に入っても幼さからか相手にされず、友達関係が未熟である。
　　　　・大人の手伝いをさせたり、本児のよい部分を表面化させて自信へとつなげていくようにかかわっていく。
◇B男……生活経験の少なさなのか、自分の世界に入ってしまい、友達と遊べない。
　　　　・自分に自信をもてるようにできることをほめたり、本児の優れた部分を開発し、自信につなげていく。
◇C男……自己発揮が苦手で、傍観的にしていることが多い。
　　　　・さりげなく援助を少なくしていきながら遊びこめるように誘っていく。
　　　　・単に傍観している時間を少なくし、そのつど声をかけ、活動に誘っていく。

5歳児　1月指導計画

日	曜	行事	遊びの流れ	生活・遊びのねらい及び環境構成
①	木	元日		《情緒》
2	金	冬休み		◎自ら考え判断し行動する。
3	土	〃		・話を聞く時間を多くもつ。
④	㊐		お正月遊び（カルタ、すごろく、コマ回し、たこあげなど）	・一人ひとりの子どもたちの自信となるよう一つひとつほめていく。
5	月	仕事始め		・"大人に聞かなくてもできた"という実感を大切にしていく。
6	火			《生活》
7	水			◎自ら生活リズムを整える意識をもつ。
8	木	始業式		・早寝早起き表・よい子の一日など取り入れていく。
9	金			・就学を意識した生活リズムを話題にしていく。家庭へも手紙等で知らせていく。
10	土			・子どもと一緒に考えながらすすめていく。
⑪	㊐		習字遊びを楽しむ	◎自分の身体の変化を言葉で伝える。
⑫	㊊	成人の日	文集作りを楽しむ	・体調の変化を表す言葉にはどんな表現方法があるのか、話題にしてみる。
13	火	身体測定		・痛い、苦い、気持ちわるいなどのちがいについても声にしていく。
14	水			・うまく表現している子の話を取り上げてみる。
15	木			・体感について考えてみる。
16	金			《遊び》
17	土		外で元気に遊ぶ（園外・縄とび・マラソン）	◎動物園作りを楽しむ。
⑱	㊐		動物園作りを楽しむ（折り紙・ブロック製作、粘土）	・自由な製作遊び、造形遊びのなかで動物園をテーマとしていく。
19	月		描画を楽しむ（門松・自分の顔など…）	・素材の特性、接着方法などもあえて考えてすすめていくようにする。
20	火			・グループをつくり、自らの得意な製作に参加できるようにする。
21	水			・素材は豊富に用意し、自らの発想が広がるよう準備する。
22	木	誕生会		◎節分にふれながら自分の心の動きについて考えてみる。
23	金		詩・俳句にふれて楽しむ	・鬼の面づくりを楽しむ。
24	土			・節分の由来から心の中について考える時間をつくる。（良い心・悪い心）
㉕	㊐			※その他・お正月遊び……準備をしっかりとし、存分に楽しむ。
26	月			
27	火		節分行事にふれる	・文集作り
28	水			・描画　……　じっくりと行うことの大切さを話す。ていねいにできる状況づくりも大切にする。
29	木			・詞・俳句
30	金			
31	土			

◎基礎的事項
・こまめな換気、空気殺菌器の使用を心がけ、室内の衛生に努める。感染症の早期発見ができるよう目をかけていく。
・就学に向け、子が期待をもち、楽しく過ごせるよう配慮する。

◎基礎的事項への配慮
・気温差、感染症の発発などに敏感に対応していくよう気をひきしめていく。気になるときには必ず声に出し合う。
・新年を迎え就学への話題が多くなる。一つひとつこまかいことでもほめて、自信につなげていく。期待をふくらませていけるよう必要に応じて保護者とも対応していく。

運　動	長距離園外・縄とび・マラソン
歌・音楽	「カレンダーマーチ」「北風こぞうのかんたろう」
遊　戯	バンブーダンス
お話し他	「泣いた赤鬼」
折り紙	動物、鬼の面づくり
絵　画	観察画（門松、自分の顔）
恩　物	童具

5領域の視点	配　慮　事　項
対人・情緒 ・自ら考え判断できるか。 ・なぜ依存心があるのか。要因は何か。 ・友達に意見が言えたり受け入れたりできるか。 ・就学への気持ちはどうか。 ・自分の中の良い心、悪い心が感じられるか。 生活・健康 ・生活リズムはどうか。 ・整えようとする気持ちはあるか。 ・体調の変化を伝えられるか。 ・全体で気になる生活面はあるか。 言葉・理解 ・一斉での話の理解度はどうか。 ・適材適所に言葉が使えているか。 ・思いを文章にできるか。 ・五十音字の書き方はどのくらいできるか。 ・自分の名前が書けるか。 運動 ・マラソンでの体力、持久力はどうか。 ・縄とびがとべるか。 ・長縄とびがとべるか。 ・指先の扱いに気になるところはないか。 表現・感覚 ・動物園作りの工夫があるか。 ・自らイメージして描画、製作を楽しめているか。 その他 ・就学に対する様相、本人、家族で気になる子はいないか。	《情緒》 ・困惑、迷い、不安の気持ちは受けとめつつも「それで大丈夫！」とその要因を考えながら一人ひとりと対応していく。なぜ不安となるのか、単に自信がないだけなのか、失敗体験があるのか、よく考え、自分の心との向き合い方を話していく。 ・大人に聞かなければいけないこと、聞かなくても自分で判断して行うことを具体的に話しながら、自分でできることを大いにほめていく。 ・安心した生活のなかでこそ自信につながるので、常に落ち着いた雰囲気づくりを心がけていく。 《生活》 ・必要性を十分に話し、相談したあとは、できた・できない、○×ではなく、努力していく気持ち、きちんとできた気持ちよさを共感していく。大人も子どもと一緒に就学への期待から個々の自信につながるよう見守っていく。 ・体調を表す言葉を話題にしてみる。ぐあいの悪いときのみでなく、暑い、寒い、空腹など、自分の身体のぐあいを感じ、言葉とのつながりを考えてみる。なぜ言葉で伝えられるとよいのか、きちんと伝わる気持ちよさ、伝わらない不都合について考えてみるのもよい。気になる子には、そのつど感じていそうな体感を声にして言ってあげることで実感できるようにする。 ・自ら考えて伝えていることを大いにほめ、自信につなげていく。 《遊び》 ・年間で取り上げてきたことを振り返りながら楽しんでいく。遊んでいくなかで動物園として形にしていくさい、自分はどの素材（紙、粘土、ブロックなど）での取り組みに参加したいか考え、グループのなかで役割をもって参加できるように見守っていく。 ・子の発想・工夫を十分に生かせるよう準備をしっかり行ったり、ときには仲間として参加し、一緒に工夫していく姿から、考え工夫する楽しさを伝えていく。 ・製作過程の中で創意工夫を大切にし、見守っていく。 ・節分行事を楽しみつつも、なぜこの行事があるのかを考えていきながら、人間には皆、良い心と悪い心があること、心の強さ、自分を見つめ直すことの大切さがどの子どもたちの心の中にも残るよう工夫しながら話をしていく。抽象的で難しくならないように、話だけでなく、ストーリー性のあるものから考えていくのもよい。気になる子にはじっくりとつきあうチャンスとしていく。 ・お正月遊びは、この時期ならではの遊びを十分に満喫できるようにしていく。 ・卒園に向けての文集作りなどは、子の思いを十分引き出せるよう一人ひとりていねいにかかわっていく。

◎特に気になる子に対しての担任側の配慮点
・A子・B子・C男・D男……人への対応、言葉のつかい方など相手がいやがることをあえて口にだすところがある。人として悲しい気持ちなどを伝えたり、集団で考える時間を多くもつことで意識を高めていく。
・E子・F子……自分の思いをまだ声に出せていない。言いやすい雰囲気づくりを心がけたり、少しでも声にしたときにほめて自信につなげていく。伝えられた気持ちよさを共感していく。
・G子・H子・I子・J子……人の言葉や周囲に敏感になりすぎる。就学へも不安が予想される。不安な気持ちを受けとめつつも一人ひとりの子のよさを多いにほめ、「大丈夫！」という自信に少しでもつながるよう接していく。
・K子……指示されないと動けない。自分でやってみる時間を多くつくり「できた！」と実感させていく。
※知的に気になる子……L男・M男・N子・O男・P男・Q子・R男・S男・T男
　　個別遊びを取り入れ、自ら考えてできたという経験を重んじていく。考える楽しさを共感していく。

外遊び（異年齢）　保育日誌の例　（1月14日〜1月17日）

前週の子どもの姿	今週の遊びの内容
・始業式前は欠席している子も多かったが、園庭では、コマや竹馬等、お正月遊びに興味をもつ子が増えてきた。 ・他には鬼ごっこや、かくれんぼを、大人も一緒に行う姿があった。 ・室内では、けん玉も行っていた。	・コマ回し ・竹馬 ・羽根つき ・鬼ごっこ ・砂場

	遊び			準備	配慮すること
13（月）					成人の日
14（火）	コマ回し	羽根つき	砂場	・コマ ・羽根 ・羽子板 ・砂場遊具 ・手洗いバケツ	・コマ回しは、巻くところからていねいにかかわり、方法を伝えていく。 ・羽根つきは、はじめから2人で行わず、一人でついて遊ぶ方法から行い、楽しめるようにする。 ・お正月遊びは、大人も一緒に行い、遊びを盛り上げていく。 ・砂場の手洗いには、お湯を用意する。
15（水）	コマ回し	羽根つき	竹馬	・コマ ・羽根 ・羽子板 ・竹馬	・すべての遊びは場所を決め、それぞれがぶつかり合って危険とならないようにしていく。 ・それぞれ、大人も参加し、遊びを盛り上げていく。 ・遊びを始める前は、身体を暖めるため、マラソン等を行っていく。
16（木）	コマ回し	羽根つき	竹馬	・コマ ・羽根 ・羽子板 ・竹馬	・竹馬は、ポールを置くなどして、目標を決めて行っていく。 ・大人も遊びに参加し、楽しさを伝えていく。 ・固定遊具での危険な遊び方が目立つので、気にかけて見るようにする。
17（金）	コマ回し	羽根つき	竹馬	・コマ ・羽根 ・羽子板 ・竹馬	・お正月遊びを引き続き行うが、遊びこめない子のために遊びを工夫していく。 ・遊びは大人も参加し、盛り上げていく。

うた（「カレンダーマーチ」「ゆき」「たきび」）

環境づくり	援助のポイント
・コマや羽根つき、竹馬等を行うときは、遊びが交差しないよう、ラインカーで線を引き、遊ぶ場所を決めて行っていく。 ・お正月遊びは、大人が一緒に行うことで、遊びを盛り上げていく。 ・手洗いバケツにはお湯を用意しておき、手洗いが乱雑にならないようにする。 ・身体の暖まり方によって走ることも促していく。	・コマや竹馬、羽根つきは、遊びの楽しさを伝えるよう、子どもができそうな方法で伝えて楽しめるようにしていく。 ・固定遊具を行う場合に関しては、身体が十分に暖まっているかを確認し、ケガ等の危険のないように見守っていく。 ・子がさまざまな遊びを体験できるように、遊びに誘っていく。

保育経過（子どもの姿）及び反省	明日への展開
・今日は、朝のうち雨が降っていて寒かったからか、全体的に外に出る時間が遅かった。外に出た子は口々に「寒い」と言っていたので、「マラソンしたら」と促してみると、走りはじめていた。羽根つきやコマを用意すると、意欲的に行っていた。3歳児も一度ついては喜んでいた。4・5歳児でもまだ、2人で羽根つきを行える子はいないので、一人でたくさんつけるようにし、楽しみたいと思った。	・明日もお正月遊びを中心に大人も行い楽しんでいく。
・今日は、コマ、羽根と羽子板、竹馬を出して遊んだ。コマ回しは人気があまりなく、竹馬に人気が集まった。補助つき竹馬を使いたがる子が多かったが、他児が補助のないものを使ったり、大人が行うのを見て、「やりたい」と言ってきていた。5歳児は3人ほど自由に竹馬に乗って歩けるようになっていた。羽根つきは、風があるとすぐに羽根が流れてしまい、長く続かずにいた。全体的にお正月遊びを楽しんでいた。	・大人も一緒に遊びを行って楽しさを伝えていく。
・今日は、コマ、竹馬、羽根と羽子板を出すと、竹馬はすぐに乗りはじめていた。羽根つきは、5歳児と大人が続けてついている様子を見て、興味をもち、羽子板を手にとって行う子が増えた。コマは、回せない子も、他児や大人が回したものを見て、楽しんでいた。 ・お正月遊びに興味を示していない子の遊び方が危険になってきて気になった。	・お正月遊び以外の子にも目を向け、遊びを工夫していく。
・今日も、コマ、羽根つき、竹馬を中心に行った。昨日、お正月遊びに興味を示さなかった子も誘って行ってみた。竹馬は補助がついているものなら少し乗れていた。コマも、巻き方と回し方を見せていくと、まねして行っていた。羽根つきは、途中から風が出てきて、続けることが難しくなっていた。大人が参加するものは子どもも興味をもつと感じた。	・大人が遊びに参加し、遊びを盛り上げていく。

室内遊び（異年齢）　保育日誌の例　（1月26日～1月30日）

前週の子どもの姿	今週の遊びの内容
・さまざまな素材を使った自由製作を楽しむ。何かをイメージして作り上げている子もいるが、ただ切りきざんでいるだけの子も、4歳児を中心に見られる。 ・すごろく遊びが盛り上がっている。ルールも少しずつわかってきており、大人が入ると、よりわかりやすいようだ。 ・自由製作のさい、はさみやえんぴつが床に落ちていても気にせずにいる子が多く、大人に声をかけられている。	・自由製作 ・さまざまな素材を使ったおもちゃ作り ・すごろく ・文字スタンプ、ぬり絵、字カルタ ・折り紙 ・ブロック ・絵本コーナー　など

	遊び		準備	配慮すること
26（月）	おもちゃ作り（的あてゲーム）	すごろく／折り紙　など	・マジック ・ガムテープ、セロハンテープ ・空き箱、画用紙 ・はさみ ・折り紙 ・すごろく	・はさみ、マジックなどは、必ず机の上で管理することを約束してから使う。各机に、はさみ、マジック入れを用意しておく。 ・おもちゃ作りは、個人でも作れるようにするが、他児と協力して一つのものを作る楽しさを味わえるよう、グループで行う機会もつくる。
27（火）	折り紙	トランプ、カルタ（作る）／ぬり絵	・折り紙 ・折り方図 ・トランプ ・カルタ ・ぬり絵 ・色えんぴつ	・折り紙、ぬり絵は、静かな雰囲気の中で行えるようにする。 ・カルタは、4歳児でも楽しめるような、簡単な単語の札を作って楽しんでいく。
28（水）	折り紙（つの箱）	すごろく／ドミノ	・折り紙 ・折り方図 ・すごろく ・ドミノ ・ブロック　他	・午前中の活動、製作が多くなってきているので、活動の様子と天候を見ながら外遊びを取り入れる。 ・4歳児と5歳児は、くまの部屋、きりんの部屋で学年別に分けて遊具を出し、各学年が活動しやすいかたちをとる。
29（木）	折り紙	ブロック／トランプ	・折り紙 ・折り図 ・ブロック ・トランプ ・カルタ　他	・ブロックは、くまの部屋、きりんの部屋のものを合わせ、たくさん使って楽しめるようにする。 ・4・5歳児の活動を分ける予定なので、片付けは早めに行っていく。
30（金）	ぬり絵	ブロック／カード遊び	・ぬり絵 ・色えんぴつ ・えんぴつ削り ・ブロック ・トランプ ・カルタ　他	・ぬり絵は、できるだけていねいにぬっていくことを伝え、他のものがよいからと今のものを雑にすることのないように見守る。 ・色えんぴつは、様子を見ながら、こまめに削っていく。

うた（「カレンダーマーチ」「豆まき」「ゆき」）

環境づくり	援助のポイント
・製作コーナーには、ゴミ箱を数か所用意し、片付けのさいは時間に余裕をもって行う。 ・室内が雑然となってしまいがちなので、静と動の遊びに分け、それぞれが集中して楽しめるようにする。 ・おもちゃ作りや折り紙は、作り方、折り方図も用意しておき、わかりやすいようにする。	・ブロックやままごと遊びのとき、どんどん遊具がひろがり、危険な場合もあるので、大人がこまめに気づき、整頓しながら見ていく。また、散らばりすぎているようであれば遊び方も注意していく。 ・すごろくやカルタ等、大人が入って楽しさを伝えていくことで、楽しみながらルールを知っていく場合もあるので、子の遊びの流れを見ながらかかわっていく。

保育経過（子どもの姿）及び反省	明日への展開
・ある程度人数が揃うと、5歳児はくまの部屋で製作を行った。4歳児は製作コーナー、文字スタンプ、すごろく、ブロックで遊んだ。文字スタンプは、5歳児が一緒に行うことで、友達に手紙を書いたりしていた。製作は、大人が的あてゲームを作り遊んでいるのを見て、子どもなりに考えたおもちゃを工夫していたのでよかった。はさみが下に落ちているのに気づかない子も見られたので、引き続き声をかけていく。	・マジックのふたの管理や、道具を使い放しにしないよう、声をかけていく。
・カルタ作りコーナーを設ける。文字スタンプで五十音のカードを作り、それぞれの音に続く言葉を考え、絵札作りを楽しんだ。4歳児はまだ五十音がわからない子もいて、大人が側にいて一緒に文字を選んでいった。その後、作ったカルタで遊んだ。マリンバ演奏等で部屋の出入りが激しく落ち着かなかったので、遊びのコーナーの配置に気をつけたい。	・すごろくやカード類はなくさないように、最後までコマや札の数を子が意識できるようにする。
・4歳児は、午前中ほとんど外に出ていなかったため、1時ごろから園庭で、縄とびカードで遊んだ。今日がはじめてだったので、導入で縄の結び方やとび方を見せた後に行ったことで、皆、とても楽しんでいた。5歳児は、食事後すぐに、くまの部屋で作品展の動物作りを始めた。4歳児は、外に出るまで折り紙、ドミノ、すごろくで遊んだ。	・室内遊び中も、室内の換気をこまめに心がけていく。
・今日も4歳児は戸外での活動がなかったため、子どもたちが揃ったところで園庭遊びを行った。その前には、テラスで折り紙コーナーを広めに設けた。今日のように比較的暖かい日は、なるべく空気のよい環境での活動を考えていきたい。園庭では、サッカーと縄とびを行った。4歳の女児3人が、赤白帽の中に砂を入れ、豆まきごっこをしていたので、声をかけた。もっと遊びこめる環境を考えて誘っていけるとよかった。	・ぬり絵をていねいにぬることの楽しさを味わっていく。
・きりんの部屋に机を4脚出し、ぬり絵コーナーを作る。多くの子が遊びたがったので、もう一脚用意した。各机に1本ずつ色えんぴつを用意したが、欲しい色がないと他の机から持ってきて、そのままにしてしまう子が多かったので、机ごとで使うように声をかけた。だいぶていねいさが見られてきており、4歳児たちは、ぬり方を教えるとぬることが楽しくて集中して行っていた。	・縦割りの時間（3・4・5歳児）は異年齢の子とのかかわりを大切にできる進め方を行う。

2月の生活

「作品展」

冬季は必然的に室内遊びが多くなる。指先を使い、工夫することを楽しむ共同製作遊びは、1月ごろから子どもたちと作品展で作りたい内容を話し合う。童話の世界や自分たちの町がよいなど、意見を取り入れて製作意欲を高めていく。

材料集めからコツコツと始めて、2月中旬には園内が作品展の会場になる。保護者に公開されるが、家から持ち寄った材料の変身には驚き感心される姿が多く、子どもの説明にしっかり耳を傾ける保護者がほほえましい。

製作過程は、作りたい物は例年各保育室で決めることが多く、異年齢でも同年齢でも各保育室で作りたい作品の製作が進むので、自然に自分たちの意見で決まった製作の場所に集まる。切ったり、貼ったり、ぬったり、作業工程では相談しても意見の食い違いでトラブルになることもあるが、登園と同時に取りかかるほど熱中しているので、短時間に仲直りするケースが多い。

同年齢の作品は年間の絵画や個人製作の作品を展示するが、5歳児は言葉遊びでよく遊んだ俳句を五七五の枡の枠に入れて展示する。また、文字遊びで使った筆の文字を「一文字」展示することもある。

保護者は0歳児の描画から見て歩き、「各年齢の発達の違いを確認できるよい機会である」とアンケートに記されることが多い。こまかい作業にも集中した作業工程が見える作品展は、子どもたちの課題への意欲や考え工夫する力、指先の器用さなど内面の発達をのぞくことができる。

年齢別懇談会

2月末に組む意味は、過ぎた11か月間の生活や育ちを振り返り、反省も含めて保護者に協力姿勢への感謝の思いを担任として伝える。そして次年度の育ちを見通した日々の暮らしを求めて懇談する。

当然、個々には現時点の問題も話題になることもあるが、保護者が我が子の次年度の発達の特徴を見通していることは、子どもの理解と、そのゆとりが、保育者と同じ立場で育ちを見守れる姿勢になる利点がある。

3歳児には4歳のダイナミックな姿が見えてくる。4歳児には心身の活動にも賢さ、機敏さが出てくる。5歳児には学校という広い世界が待っていて、すべて自分にかかってくるなど近い将来像を提供して、あわてない子育てを考える。

年齢別生活日誌

3歳児は、苦手な食材も自ら食べてみようとする。また、4週目に我慢しないでトイレに行く。4歳児は全週生活習慣の見直し、5歳児は就学に向けて時間を意識して生活をする。担任は子どもの現状を見て気になる部分にていねいに声をかけ、手ほどきをして自立を支援しているが、2月の生活目標でも発達による目標の立て方の違いがよく現れている。

4歳児の生活習慣の見直しには、トイレのスリッパはきれいに並べるとか、食事時間は静かに食べるなど、週の初めに全員で話し合ってこまかく決めていることがわかる。生活全般に目を向けているらしい。いずれの週も結果はよく、保育者が目標に掲げた週よりも子どもたちの気持ちが入っていて効果があるようである。

5歳児は時計に対する関心や時間を意識して行動する姿勢がだいぶ身についてきたが、大人が目標を立てて言葉にすることがまだ必要である。人に迷惑にならないトイレの使い方なども具体的な事例をあげて考えられるように言葉にする。

2月の遊び

縦割りステーション遊び「園庭」

3歳児が中心になってしっぽ取り遊びが盛んになっている。5歳児も交じわり、バリエーションを増やした。色鬼ごっこも取り入れたが、わかりやすい内容なので3・4・5歳の多くの子どもたちが参加し、園庭狭しとばかりに飛びまわり、楽

しめた。だが、途中からしっぽ取りのリクエストをする小さい子どもがいたので仲間を募集する。5歳児はあまり乗り気ではない。大人の介入を求めていたが、自然にどこかに消えた。

サッカー遊びは園庭に工事が入り、区切られて狭いので、片方のゴールポスト付近で遊んだ。自然と赤白に分かれて遊んでいたが、力の差が出ていた。しかし、ボールを蹴って飛びまわるところはサッカーらしいが、ゴールポストが一つしかないことで文句を言うこともなく、子どもたちは楽しんでいた。

鉄棒は、足元にとび箱を一段置いたことが子どもたちを誘っているようである。3・4歳の子どもが数人前回りを楽しんでいる。5歳の女児が「こうすると逆上がりができるよ」とやって見せた。4歳児がまねをするが足が上がらない。一生懸命足を支える5歳児は、自分の顔に土ほこりがかかっても真剣さは変わらない。ほほえましい子どもの世界である。

大縄とびは5歳児中心に「8の字とび」を行った。7〜8人が連続でとべるようになり、「10人」「全員」と意欲が高まり、盛り上がっていた。3・4歳児も手に縄を持ったまま、その格好いい迫力ある様子にずっと見ほれている。迫力があるので入れない雰囲気もあった。

作品展後の室内遊び

保育室前のテラスに子どもたちが作った動物を出しておいた。登園と同時に「ままごとしようよ」と、5歳の女児が4歳児を誘って遊びが始まった。この小集団は展示された動物を使って動物園ごっこを始めた。自分たちで役柄を設定して決めている。4歳児はお客さまになって家族で動物園に行ったときのような会話を楽しめていた。よく続くものだと感心して見ていた。

隣の部屋では自分たちで作ったパトカーや白バイが中心となり、救急車も入って遊びが盛り上がっていたが、いつの間にか警察ごっこが始まり、逃げまわる泥棒を追いかけて捕まえるなど、室内であるのに走りまわってしまう姿も見られた。自分たちで作った玩具をこんなに楽しめたら壊れても惜しくはないのであろう。

卒園準備「体力冬季遠足」

就学の準備は夏の合宿のころから、家族がいなくても泊まれることから始まり、身の回りの始末も日ごろの生活で心がけて、最後の催しは裏山への長距離遠足（14km）である。

心も体も鍛えて学校に行くねらいは、「疲れたとは言わない」などの約束をして、就学に向けての心の準備を具体化する。

おにぎり持参で午前8時20分出発、天候に合わせて衣服の調節はするが、途中で上着を脱ぐようになる場合が多い。楽しみは自分たちで作ったみそを使った豚汁が寒い裏山に届く。おにぎりと温かい豚汁をいただいて元気を取り戻し、園に戻る計画である。途中で4歳児のお出迎えもある。

4歳児は少し遅く9時30分ごろに出発する。ドングリ拾いや紅葉や秋の自然を楽しんだ道である。5歳児が帰ってくる道を歩いて出会いを楽しむ計画である。何十年もの伝統的な冬季の遠足であるが、子どもも保護者も心待ちにその日を楽しみにしているようである。

卒園記念品製作

卒園の記念品には、いつの年からか保護者の有志が集まって手作りの長いすや、「パパ子どもハウス」など子どもたちが遊びに使えるいすや小屋が寄贈されるようになった。子どもたちもペンキやニスぬりのできる部分では手伝い、園庭での作業は父と子で楽しくなごやかな時間が流れる。とても素敵な記念品が年々増えて、子どもたちの遊び道具がどんどん豊かになっている。3・4歳児は昨年いただいた長いすに座って眺めていたが、「やってもいい？」と動き出し、お父さんたちに「ちょっと待って」と言われていた。

2月の年齢別保育

3歳児の生活習慣

　日々の着脱や排泄、食事などの生活行動に自信をもって動き、4歳児クラスに進級することを子ども自身が喜び期待できる効果的な言葉が求められる。「大丈夫だね、何でもできるのね」など、子どもの動作を肯定的にプラス思考で励まし、成長を感じられる意図的な配慮が必要になる。励まされて意欲的な行動ができる4歳児らしい自信に満ちた姿を見せることが多くなる。

　気になる子どもへの支援に「○○ができないと4歳になれないよ」などの否定的な言葉は、成長しようとする子どもの意欲を阻害するばかりか、羞恥心や自尊感情にマイナスの刺激を与えて、いじけさせてしまう心配が大きい。通常、年度替わりは誰もが進級することは自然である。進級への期待を込めたつもりでも脅しのようなものの言い方は、謙虚に慎む必要がある。

　ダイナミックな発育発達を繰り返す4歳児期のステップラインに到達している子どもたちである。到達途上にある子どもへの支援の心得として、日常の保育者の知的活動が求められる課題であろう。生活習慣の自立は、幼児期を意欲的に活発に動ける土壌になる。気になる子どもにはていねいな支援が求められる。

4歳児の話題

　異年齢児との生活で子どもたちの姿を考察する、自分本位に相手の手伝いをしている、あるいは押しつけになる行為はないかなど、幼い子とのかかわりについて話題にする。「手伝ってあげていやがられたことある？」と問い、経験の記憶を呼び起こしてから、人間には表情がある、そしてその表情は心の現れでもあることを伝える。人との交流には、言葉と同じように表情で伝える方法もあり、小さい子は上手に言葉で伝えられないことと、黙って目や顔、体全体で表すことを知らせて知的な理解を誘う。

　5歳児の動きを見てまねる、あるいは、身近な友達の様子を見て自発的に手伝う女児の姿が多くなる。この時期は自分勝手な押しつけではなく、状況を見て相手が手伝いを求めているのか、いないのか、相手の様子を見ながら感じ取れる感性や判断力も、具体的な指導や保育者の姿を見て、人の中で生きる力も培われる時期にある。全体で話題にしたあとには、実際の場でそのつどていねいにかかわり、表情の読み取りを知らせるつもりでかかわる。

剣道の見学

　「年長組になると剣道ができる」と楽しみにしている子どもが多い。配慮点は、見学の前にはどのように見ていたらよいのか、子が考えられる時間をつくり、そのことを意識して見学できるようにする。見学中は保育者も子に見える位置で姿勢よく正座し、子の見本となる。入室前に剣道の先生や年長児に挨拶をする。

保育日誌から

　ホールで年長白チームの見学を行う。朝から胸に名札を付けるよう促し、意識も高まっていた。「どうやって見るといいの」と大人が尋ねると、「静かに座る」と答えた。ホールでは話をする子もなく、年長児が行う剣道をじっくりと見ていた。時間が経ち、正座がつらかったのか足が崩れる子もいたが、全体的に我慢している様子がよく見られた。終了後「どうだった」と尋ねると「格好よかった」とうれしそうに答えていた。終わってからみんなで「めん」と大きな声を出してみた。年長組になる喜びがまたひとつ増えた。

　現代の幼児期の子どもは遊び場も保護されていて、自ら危険を回避する体験もない。遊びの危険から身を守る機敏な動きや大きな声を発する機会もない。声も音程が下がり、高音が出せない子もいる。声が小さく発音も不明瞭であるなど、問題視する発育情報もある。

木登りやターザンごっこのような自然の遊びのなかで危険回避も自然に体験し、結果的に心身統一的な姿勢が要求される。遊びのなかの試練によって大きな声も機敏な動きも自然に育つものと考えられている。剣道ごっこは現代の子どもの育つ環境を考えての苦肉の策である。

用意された場で竹刀を持つ。手足の動きにも約束事がある。同時に、大きな声を求めて心身統一を図る計画である。年間を通しておおよそ週に一度の体験である。

5歳児の卒園準備

卒園文集の作成で、作業の途中0歳、1歳のころからの写真を見る。身長・体重の数値を目にして、大きくなった事実を確認する。また、一緒に遊んできた懐かしい人々の思い出を話す機会をつくる。多くの人々にお世話になって大きくなったことを知り、感謝の思いをどんなかたちに表すのか、子どもたちが相談して計画的に実行できるように運ぶ。具体例として、前年度のお別れ会やお別れ運動会の楽しかった例をあげて、思い出すよう語りかける。3月の日時を選び、計画を支援する。

地域の人々との交流会

竹馬やおはじきなど伝承遊びを楽しむ子が増えている。ルールや方法も覚えが早くなっている。感謝の気持ちを表す。

配慮点には、すぐに遊べるよう遊具や部屋の設定をあらかじめ用意し、園庭、室内に分かれて遊べるように、大人が役割と連携の打ち合わせを済ませておく。地域の方が手持ちぶさたにならぬよう、そして感謝の気持ちをもって交流できるようにかかわる。

保育日誌から

園庭にて地域の方々と交流。はじめは一人ずつ自己紹介の挨拶をした後、紙飛行機、竹馬、おはじきが始まったが、紙飛行機に関心が高く、男児を中心によく遊んだ。室内にも折り紙で落ち着いて遊べるように準備してあったが、園庭では途中からゲートホッケーを出し、地域の方に教えていただき、大反響。みんなが自然に集まり、順番にゲートを通してにぎやかに楽しんでいた。少し言葉が雑になりやすかったが、気負いなく接することができていた。感謝のお礼とともに次回の約束をした。

心の話「友達を大切に」

保育園から帰るとき、同じ帰り道の3人の友達の話です。Aちゃんが一緒に帰ろうと誘いに来た。誘われたBちゃんは、「Cちゃんも誘う」と言ったが、Aちゃんは「いいよ」と言ってどんどん歩いていった。Bちゃんは困っていたが、Cちゃんがなかなか出てこないので、ゆっくり歩いていったが、家に着いてしまった。

保育園から帰るときの様子を聞いて、心の動きを感じるように話しかける。「もしCちゃんが自分だったらどう思うか」と問う。「寂しい」「いやだ」「悲しくなる」。さらに「もしBちゃんが自分だったらどう思うの」と問う。「困る」「しかたがないよ。Cちゃんは出てこなかったのだから」「やっぱり帰る」「待っている」。子どもたちは心の動きを感じて自分の思いを活発に話す。「もしAちゃんが自分だったら」との質問には「いけないよ。どうしておいていくのか、わかんないよ」と一人が言ったが、他の子どもは何も言わずにじっと考えている様子である。しばらくしてから一人の子が「Aちゃんが悪いよ」と言ったら、「そうだよ」「そうだよ」と口々に同じ言葉が飛び出してきて騒然となった。

小さなできごとを例に話したが、子どもたちなりに問題発生の原因はAちゃんにあることを感じていることがわかり、ホッとした。同じ帰り道の友達同士で一緒に帰ることが安全であることも伝えて、人の気持ちを考えてみることも大切であることを話し合う。

3歳児　2月指導計画

		行　事	遊びの流れ	生活・遊びのねらい及び環境構成
①	日			《自分に自信をもって行動する》
2	月			・衣服の着脱や食事など、できたことや少しでもがんばれたことに対して一つひとつきちんと認め、「〜ができてすごいね、お兄さんだね」など具体的に言葉にしてほめていく。
3	火	身体測定		
4	水	節分		
5	木			・目の前のことだけでなく、一つひとつの活動に見通しをもてるようにし、次の活動への意欲を促すことで自ら行動できるようにする。
6	金		共同製作	
7	土			《苦手な食べ物を少しずつ食べてみようとする》
⑧	日			・スタンプなどを用意し、「食べよう」という意欲を促す。
9	月			・2歳児や4歳児と一緒に食べる機会をつくり、他学年との比較から意欲を促す。
10	火			・がんばっている子に対しては、皆の前で大いにほめる機会をつくる。
⑪	水	建国記念日		
12	木			《後片付けや整理整頓を自ら行おうとする》
13	金		運動遊び（縄とび・巧技台）	・遊んだ後の部屋の様子を見ておき、その後で片付けを行うことで、きれいになったということを子が感じられるようにする。
14	土	作品展		
⑮	日			・大人も一緒になって競争などもしながら片付けへの意欲を高める。
16	月			・片付けやすい環境（ゴミ箱の位置など）をはじめから整えておく。
17	火			
18	水		観察画（花・野菜）	《皆で協力して作ることの喜びを味わう》
19	木	誕生会		・何を作っているのか見通しをもてるように、はじめに完成予想図などを作成してから行う。
20	金			・3歳児にもできることを考えておき、作業に参加できる機会を多くする。
21	土		恩物（第7）	
㉒	日			・完成したさいは皆で大いに喜んでいく。
23	月			《ひな祭りの由来を知り、行事を楽しむ》
24	火	3歳育児講座・懇談会		・由来については劇などを通してわかりやすく伝え、集会や製作を行うことで行事を楽しめるようにする。
25	水	4歳育児講座・懇談会	ひな祭り（人形製作）	・女児などに着物を着る機会をつくり、いつもと違う雰囲気を楽しんでいく。
26	木	5歳育児講座・懇談会		
27	金			《運動遊びを意欲的に楽しむ》
28	土			・活動にメリハリをもち、戸外だけでなく室内においても身体を動かし、発散できるようにする。
㉙	日			・縄とびや巧技台を出しておくことで、子が自由に楽しめるように環境を整えておく。

◎基礎的事項
・衛生管理に注意し、感染症、インフルエンザなど早期発見できるようにする。

◎基礎的事項への配慮
・こまめに換気することを心がけ、活動の合間など窓を開けておく。また、一人ひとりの体調を把握し、個々に応じたかかわりをしていく。戸外に出る時間も考え、長い時間戸外に出ていて身体が冷えることのないよう、様子をよく見て遊んでいくようにする。体調の悪い子は分けて保育することも考えていく。

運　動	巧技台・縄とび
歌・音楽	「雪のペンキ屋さん」「うぐいす」
遊　戯	「うれしいひなまつり」
お話し他	「かさじぞう」
折り紙	ひな人形製作（袋折り）
絵　画	観察画（野菜あるいは花）
恩　物	第7

5領域の視点	配 慮 事 項
対人・情緒 ・自己発揮し、自分に自信をもって行動できているか。 ・他児との協調性はどうか。 ・共同製作に意欲的に参加できているか。 ・友達と一緒に遊べているか。 **生活・健康** ・子の健康状態はどうか。(風邪、感染症) ・鼻汁に気づき、自らかめているか。 ・意欲的に食べられているか。 ・苦手な食品も自らがんばって食べようとしているか。 ・後片付けをしっかりできているか。 ・整理整頓を意識して行っているか。 **言葉・理解** ・一斉での説明を理解できているか。 ・折り紙の方法を理解できているか。 ・色・数・形などの基本的な理解力はどうか。 **運動** ・縄とびの様子はどうか。 ・意欲的に取り組めているか。 ・巧技台での様子はどうか。 ・戸外に出て、意欲的に身体を動かせているか。 ・袋折りができるか。 **表現・感覚** ・共同製作での参加の様子はどうか。(自ら工夫するような発言・行動は見られるか) ・ひな人形製作やひな祭りの行事の様子はどうか。 ・観察画では特徴をとらえて描いているか。 ・第7恩物での様子はどうか。(自分なりの見立てを楽しめているか)	《自分に自信をもって行動する》 ・進級のことも意識していけるような声かけやかかわりを多くしていき、自分でも意識して自信をもって行動できるようにしていく。「〜だと年中組になれないよ」といったマイナスの声かけではなく、「大丈夫だね」「年中組になれるね」といったプラスの声かけや個々にほめる機会を多くしていくことで、さまざまなことに対して意欲的に行動できるようにしていく。個々の表情にも目を向けていき、一人で行うことだけを促すのではなく、ときには少し手伝ってあげるなどしながら一人でも行っていけるようなきっかけづくりをすることも考え、かかわりを工夫していく。大人はゆとりをもってかかわることを心がける。 《苦手な食べ物を少しずつ食べてみようとする》 ・スタンプなどを用意することで、子の意欲を促していく。すべて食べたという結果だけを認めていくのではなく、一人ひとりの様子に目を向けながら少しでもがんばれたという過程を大切にほめる機会を多くする。日々のかかわりを大切に考え、担任間でも声をかけ合いながら統一したかかわりをしていく。特に意欲の薄い子に対しては、食事の量も調節しながら食べられる経験を多くできるようにし、自信につなげていく。他学年との比較がマイナスにならないように、子にとってプラスとなるような声かけやかかわりを気をつけていく。 《後片付けや整理整頓を自ら行おうとする》 ・製作遊びが多くなると思われるので、日々の片付けに対しても子がいやなこととならないように、楽しんで行えるようにする。グループ分けしてどこが早く終わるか競争したり、他児が行っている様子を見ながら上手に行っている子をほめる機会をつくったり、後片付けがマンネリ化しないように方法も工夫していく。後片付けの時間だけでなく、大人は子が遊んでいるさいから気になったときは少しずつ片付けをするなど意識を高くもっていく。 《皆で協力して作ることの喜びを味わう》 ・子の様子を見守りながらも、様子に応じて素材を用意してあげたり、製作のヒントとなるような声かけをするなどして、楽しんで製作をしていけるようにかかわっていく。遊びになりやすい子に対しては、なぜそうなのか理由を考えながら、子にとって参加しやすい役割を考えていく。単純なことでも子が自信をもって楽しんで行えるようにしていく。ダラダラと長い時間とらないように、子の様子によって遊びなどしながら、メリハリをもって行えるようにする。 《ひな祭りの由来を知り、行事を楽しむ》 ・集会だけでなく、製作遊びや着物を着る機会をつくるなど、さまざまな面から行事を楽しめるようにしていく。着物などは男らしさ、女らしさということにこだわらずに、着たい子が着て楽しめるようにしていく。ひな壇もじっくり見る機会をつくり、興味を促していく。 《運動遊びを意欲的に楽しむ》 ・縄とびや巧技台などを取り入れていく。活動も室内ばかりにならないように静と動のメリハリをつけていく。室内でもちょっとした時間に体操や運動遊びを取り入れていくようにする。 ・縄とびの方法に関しては、子の発達や段階を考え、大人も一緒になって行っていくことで楽しんでいけるようにする。

◎特に気になる子に対しての担任側の配慮点
＜排泄面＞A男・B男・C子・D子
・一人ひとりの様子を見ながら、必要に応じて声をかけていき、失敗の経験を少なくしていく。個々の意識も促しながら、自ら意識してトイレに行けるようにする。
＜情緒面＞E子
・まだ十分に遊べていないことも多いので、他児と一緒に遊びに誘ったり、様子に応じて一緒に遊ぶ機会をつくり、自己発揮できる機会を多くする。
＜理解面＞F子・G子
・色や自分の名前など、興味も薄いようで、わからないものが多い。遊びのなかで個々の興味を促しながら、少しずつ理解を促していく。個別の時間も少しずつ取っていくようにする。

4歳児　2月指導計画

		行事	遊びの流れ	生活・遊びのねらい及び環境構成
①	日			《情緒・人間関係》 ◎異年齢児との交流を深め、相手を思いやる気持ちをもつ。 ・共同製作等や2歳児との交流のなかで、自然と声をかけたり、手伝ったりする場をつくっていく。 《生活》 ◎素材を意識し、ゴミの分別を行う。 ・ゴミが分別しやすいよう箱を整備する。 ・分別の意味をビデオや絵本など、具体的にわかる方法で伝え、興味をもたせる。 ◎生活習慣を見直す。 ・身についていない部分や、できるのに雑になっている部分に、子が自ら気づけるように間接的に声かけをし、自覚を促す。 ・週ごとに、目標をもってがんばれるように、目標を紙に書いて貼っておく等、意識できるようにする。 《遊び》 ◎いろいろな材料を使っての製作遊びを楽しむ。 ・廃材として集まった箱や筒などを使い、動くおもちゃや立体的な製作が楽しめるよう、サンプルを用意し関心をもたせる。 ◎他児と協力して作る楽しさを味わう。 ・共同製作を楽しんでいく。また、作り始める前に共通のイメージがもてるように、視覚的教材を用いるなど工夫する。 ・協力して行う過程がわかるように、作業を具体的に示し、声かけし、誘っていく。 ・3歳児の子どもたちに作業を教えたり、励ましたりするなど、自分たちの成長を感じる機会にもする。 ◎文字や数字遊びを楽しむ。 ・文字カルタや数字カルタを取り入れていく。 ・文字スタンプで文章を作って遊ぶ。 ・はっきりとした発音を大人が意識していく。 ◎ひな祭りの由来を知り、行事を楽しむ。 ・紙芝居や集会を通じて由来を知り、お祝いをする。
2	月	身体測定	他児と協力して作る楽しさ	
3	火	節分		
4	水			
5	木			
6	金			
7	土			
⑧	日			
9	月			
10	火			
⑪	水	建国記念日		
12	木			
13	金		文字や数字遊びを楽しむ	
14	土	作品展		
⑮	日			
16	月			縄とび遊び
17	火			
18	水			
19	木	誕生会		イメージ画
20	金			
21	土			長距離園外保育
㉒	日			
23	月			
24	火	3歳育児講座・懇談会	ひな祭りの由来を知る	
25	水	4歳育児講座・懇談会		
26	木	5歳育児講座・懇談会		
27	金			
28	土			
㉙	日			

◎基礎的事項
・一人ひとりの発達の確認を行い、必要に応じて個々にかかわる。
・室内を清潔に保つ。(空気殺菌器・加湿器の使用、清掃、換気)
◎基礎的事項への配慮
・できていることをほめながら、その自信を意欲に変えられるように、ていねいにかかわっていく。また、たえず清潔を心がけ、室内換気は特にこまめに行っていく。
・子の体調に目を向け、早期対応していく。さらに生活にメリハリをもたせるなど、精神的な発散も意識的に行っていく。

運　動	大縄とび、縄とび、長距離園外保育
歌・音楽	「うれしいひな祭り」「豆まき」「うぐいす」
遊　戯	「白クマのジェンカ」「ジェンカ」
お話し他	「おはなしろうそく」「ももいろきりん」
折り紙	おひなさま
絵　画	イメージ画
恩　物	童具

5領域の視点	配　慮　事　項
対人・情緒 ・異年齢児とかかわりがもてているか。 ・相手のことを思って言動に気をつけられるか。 ・他児と協力して製作、活動に取り組めたか。 **生活・健康** ・戸外で元気に身体を動かして遊んでいるか。 ・ゴミの分別を意識して行っているか。 ・自分の苦手なところを目標にしてがんばれたか。 **言葉・理解** ・ゴミの分類方法を理解しているか。 ・文字や数字に関心をもって楽しめているか。 ・どの程度読みができているか。 ・さまざまな素材を使い、工夫して造形遊びが楽しめているか。 ・工夫して楽しむなど、集中して造形活動に取り組めているか。 ・文字や数字を意識してゲームを楽しめているか。 **運動** ・寒さに負けず、戸外で全身を使って遊んでいるか。 ・縄とびに積極的に参加しているか。 **表現・感覚** ・造形遊びのなかで自分のイメージを発揮でき、楽しめているか。	《情緒・人間関係》 ・異年齢児との交流では、自分本位に相手の手伝いをしたり、押しつけにならないように幼い子とのかかわり方を話題にして伝えていく。 ・子どもたちのなかで、「今日ね……」と相手を思いやるできごとがあったときは、それを具体的に話題にしていく。 《生活》 ・なぜゴミを分別しなければならないのかを具体例をあげて話し合う機会をもちながら、子どもの考えを引き出すようにする。 ・ゴミ処分の過程、ゴミの再生など、子どもの関心に合わせて話題を広げられるように、ビデオなど視覚教材を用意しておく。 ・視覚的に訴える工夫をするなど分別しやすい環境を整備しておき、できたときにはほめるが、分別の難しいものについてはみんなで話題にする。 ・生活習慣では、着脱、排泄、食事、清潔とそれぞれの自立状態を把握し、一人ひとりに合わせて本人にも自覚を促すが、その気で生活場面を観察するなど意識的に目を向けていく。 《遊び》 ・共同製作では、製作過程を子どもたちと相談しながら作業を進めていく。 ・目標を達成できたときには保育者も一緒に喜び、翌日への意欲につなげていく。 ・教材や箱など、室内が乱雑になりやすいが、はさみや鉛筆は床に落とさない、おかないなど安全上の配慮は忘れずに行う。 ・活動に入れない子や、協調して作業ができない子には、原因をさぐると同時に、個別にかかわり、ささいなことでも協力してできた喜びを味わえるようにする。 ・みんなで協力したからこそできたことを具体的にそのつど話題にして、協力することの意義をわかりやすく伝えていく。 ・ゆっくり、はっきりと口を動かす遊びを取り入れていく。詩の朗読や、歌など大きく口を開けて舌を動かして遊ぶなど積極的に取り入れていく。 ・健康に成長できたことに感謝し、日本の伝統行事を知って、お祝いをする。 ・ひな祭りでは、ひな人形を見たり着物を着て踊りを楽しむなど、ひな祭りの行事を楽しむ。 ・自分の成長の過程を振り返ることで、両親への感謝の気持ちをもてるようにし、お礼の言葉が自然と出るように促す。 ・着物を着る、遊戯を踊るなど、雰囲気を楽しめるようにする。

◎特に気になる子に対しての担任側の配慮点
◇A男……友達のなかに入っても幼さからか相手にされず、友達関係が未熟である。
・大人の手伝いをさせたり、本児のよい部分を表面化させて、自信へとつなげていくようにかかわっていく。
◇B子、C子、D子、E男の発音が不明瞭
・他にも発音が気になる子はいるが、上記の者は特に気になる。個別にゆっくりはっきり言葉を伝えるなどしてかかわっていく。
・クラスの活動でも意識的に口を開けて、舌を動かす遊びを取り入れて見ていく。
◇泣いて登園する（F男）
・たぶんに習慣化している要素が見られるので、話をする等、機会をつくる。

5歳児　2月指導計画

		行　事	遊びの流れ	生活・遊びのねらい及び環境構成
①	日		↓共同製作・みんなで作る楽しさ　　↓親子製作　　↓寒さに負けず戸外で身体を動かす　　↓お世話になった方々への感謝　　↓小学校見学　↓ひな祭り　↓童具	**《情緒》** ◎自分の意見や立場を主張したり、相手の意見を受け入れる。 ・共同製作では意見を出しやすい場の設定を工夫する。 ・多くの子が意見しやすい雰囲気づくりを心がける。 ・グループのメンバーにも気をつけ、話し合いしやすいようにする。 **《生活》** ◎生活習慣を見直し、自分の身の回りの確認をしていく。 ・早寝早起き表を続け、意識を高めていく。 ・食事は30分ですます目標を立てていく。 ・学校見学にいく。 ・時間を気にする習慣を意識し、話したり、大人が多く声にしていく。ベルやチャイムなど学校の雰囲気を楽しむのもよい。 ・個々のできていないところを努力する時間もつくってみる。 ・ほめる機会を多くすることを心がける。 **《遊び》** ◎共同製作し、皆で一つの物を作り上げる楽しさを味わう。 ・話し合いの場を十分にとっていく。 ・共通イメージを大切にしていく。 ・材料の準備、保育室の設定は万全にしておく。 ◎寒さに負けず、戸外で身体を動かす。 ・作品展前は製作が多いので、あえてちょっとした時間でも外に出られるように毎日を工夫していく。 ・マラソン、園外保育などをできるだけ取り入れていく。 ・ドッジボール等、集団遊びも午後の遊びで行っていく。 ◎ひな祭りを通して男らしさ、女らしさについて考える。 ・ひな祭りの由来を話し、行事に親しむ。（お茶、着物など） ・男らしさ、女らしさについて考え、話し合ってみる。 ◎お世話になった方々への感謝の気持ちをもつ。 ・卒園までの時間を話題にする。 ・卒園製作について話し合っていく。
2	月	身体測定		
3	火	節分		
4	水			
5	木			
6	金			
7	土			
⑧	日			
9	月			
10	火			
⑪	水	建国記念日		
12	木			
13	金			
14	土	作品展		
⑮	日			
16	月			
17	火			
18	水			
19	木	誕生会		
20	金			
21	土			
㉒	日			
23	月			
24	火	3歳育児講座・懇談会		
25	水	4歳育児講座・懇談会		
26	木	5歳育児講座・懇談会		
27	金			
28	土			
㉙	日			

運　動	縄とび、マラソン、長距離園外、ドッジボール
歌・音楽	「ふるさと」「記念日のうた」「うぐいす」
遊　戯	フォークダンス、リトミック
お話し他	「泣いた赤鬼」「こんとあき」「イソップ」
折り紙	おひなさま
絵　画	観察画（水彩）
恩　物	童具

◎基礎的事項
・感染症の広がりやすい時期の自覚を高め、換気、空気殺菌器の使用等、いままで以上に配慮する。
・就学に向け、期待をもち、楽しく過ごせるよう配慮する。
◎基礎的事項への配慮
・空気のよどみに神経を使っていく。生活の節目には必ず換気する。また、手洗い、うがいも子どもに伝え、大人も見守るようにする。
・何ごとにも楽しく、期待をもって就学を意識していくよう、明るく接していく。気にしてい

5領域の視点	配　慮　事　項
対人・情緒 ・就学に向けての気持ちに不安はあるか。 ・自分の意見を主張できるか。 ・周囲の意見を聞き入れられるか。 ・全体的に気になる動きはあるか。 ・長距離園外、縄とびの根気はどうか。 **生活・健康** ・早寝早起きの様子はどうか。 ・30分で食事を食べ終えるか。 ・生活習慣全般の自立はどうか。 ・生活習慣のうすい部分への自覚はどうか。 **言葉・理解** ・自分の思いをほぼ言葉で表せるか。 ・気になる言葉づかいはあるか。 ・共同製作のなかでの自分の役割の意識はどうか。 ・全体的で気になる知的な面はあるか。 **運動** ・戸外で元気に遊んでいるか。 ・縄とびがとべているか。 ・マラソンでの身体の動かし方はどうか。 ・長距離を歩く体力面はどうか。 **表現・感覚** ・自らイメージして製作を楽しめているか。 ・縄とびでのリズム感はどうか。 ・女らしさ、男らしさについての感じ方はどうか。 **その他** ・保護者の就学に対する不安はどうか。	《情緒》 ・かなり個人差のある状況になることが予想される。あらかじめ予測できることはメンバー構成などで配慮していく。大人も一人の仲間として、皆の主張、聞く姿勢について意見していく。子の表情をよく見ていく。 ・意見の少ない子には意見を出しやすい雰囲気づくりを心がけ、多すぎる子には周囲の意見を聞くことの大切さを伝えていく。 《生活》 ・就学への意識の高まりをうまく話題に取り上げ、習慣化してきたことをほめたり、努力している姿勢をほめ、自信につなげていく。必要に応じてその様子を家庭にも伝え、個々の子どもの自信をさらに高めていく。どんなにささいな変化でもほめて、自信につなげる。 ・食事も学校見学などで意識を高め、ほめながら雰囲気を盛り上げる。 ・生活の流れは時間を意識することで望ましい生活リズムになっていくこと、学校の授業も同じであることを伝え、意識していくようにする。楽しく意識できる工夫をしていく。 ・気になる子には気づきやすいよう、ちょっとした声かけ、意識できているときには大いにほめるなどしていき、自覚を高めていく。マイナスの声かけにならないよう工夫していく。必要に応じて家庭とも連絡を取り合っていく。 《遊び》 ・大人も一人の仲間として参加するなかで見守っていく。 ・アイディア等、失敗が予測されることでもあえて見守り、子の工夫や体験を大切にしていく。 ・子ども同士で気づき合う場合には、十分に話し合うよう見守る。 ・子の達成感、意欲など喜びを分かち合う瞬間を逃さず気配りしていく。 ・子の内的精神活動に気をつけていく。動と静のバランスの工夫をする。運動の少ない子は身体が冷えるので、あえて遊びに誘い、気をつけていく。 ・大人が気持ちよく身体を動かすことで子の動きを誘い出していく。動くことで身体があたたまる実感を声にしていく。 ・ルール性の高い遊びは一人の仲間として参加し、トラブルも見守っていく。子から出る善悪への意識を大切にしていく。 ・ひな祭りの由来を伝えながら、主に心の動き、しぐさなどを中心に話し合ってみる。善い悪いではなく、そのときの心の動きについて感じ合えるようにしていく。大人も気をつけていく。 ・小さいころから今までのことを振り返ったり、その間に助けてもらってきたことなどを思い出す時間のなかで楽しみながら、自然と感謝の気持ちにつなげていきたい。卒園製作は園長先生とよく相談をし、みんなで参加できるものにしたい。

◎特に気になる子に対しての担任側の配慮点

A男・B男・C男・D子……ささいなことを気にする行動が見られる。就学への不安（？）。保護者も気にしている様子が見られる。できるかぎり小さなことでもほめ、自信をつけていく。必要があれば、保護者と話す時間をつくり、個々に対応していく。

E男……また、大人の側にいるなど、気持ちが不安定になってきている。下の子の存在もあるのだろう。寂しさもあるかもしれないので、心を受けとめ、楽しい遊びに誘っていく。

F男……自分を出すようになった。泣くだけだったのが手出しするようになっている。状況に応じてそのつど伝えていく。自己を出している気持ちをつぶさないよう心がける。

G男・H男・I男……落ち着きなくふらふらすることが多い。夢中になれる好きな遊びが十分にでき、達成感につながるようにかかわっていく。

外遊び（異年齢）　保育日誌の例　（2月2日〜2月6日）

前週の子どもの姿	今週の遊びの内容
・なわとびが盛り上がってきている。一人とびのみならず、大なわを楽しむ姿も見られている。 ・サッカーのコーナーも、男児を中心に楽しむ姿が見られている。	・なわとび ・大なわ ・サッカー ・しっぽ取り ・マラソン

	遊び			準備	配慮すること
2（月）	なわとび	大なわ	しっぽ取り	・なわとび ・大なわ	・なわとびの扱いには十分注意する。鉄棒の付近に持っていってしまう子や、遊具に乗ってしまいそうな子へは、声をかける。なわとびコーナーをラインで区別していく。 ・しっぽ取りは、動きの少ない子を誘い、体を動かせるようにしていく。
3（火）	なわとび	大なわ	しっぽ取り	・なわとび ・大なわ ・しっぽ取り	・昨日同様の配慮をしていく。 ・大人が思いきり体を動かしていくことで、子の動きを誘っていく。 ・動きの少ない子へは意識的に目を向け、さりげなく様子をさぐっていく。
4（水）	なわとび	大なわ	色鬼	・なわとび ・大なわ	・なわとびは、かけ足とび競走のコーナーを、引き続き作っていく。 ・しっぽ取りも行うが、新たに色鬼も加えていきたい。 ・意識的に子が体を動かせるようかかわっていく。
5（木）	なわとび	大なわ	鬼ごっこ	・なわとび ・大なわ ・ラインカー	・色鬼やしっぽ取りの他にも、子の様子を見ながら、いろいろな鬼ごっこを取り入れ、体を動かしていきたい。 ・なわとびは、もう一人、大人が出てきたとき、個別に子どもとかかわるようにする。
6（金）	なわとび	大なわ	鬼ごっこ	・なわとび ・大なわ ・ラインカー	・かに鬼が盛り上がったので、引き続き楽しんでいきたい。体があたたまっている子と、そうでない子の体の動きの差にもできるだけ配慮する。 ・また、3・4歳児が参加してきたとき、かげんができるよう大人がモデルになって示していく。

うた（「豆まき」「うぐいす」）

環境づくり	援助のポイント
・なわとびは、コーナーを作り、遊具を持ち込んだり、他の遊びの子と接触しないように配慮する。 ・しっぽ取りやマラソンを取り入れ、動きが少ない子も体を動かせるようなきっかけをつくっていく。	・なわとびは、一人ひとりに合った伝え方を考え、接していく。言葉だけでなく、実際にやってみせることもしていく。 ・個別にかかわっているときも、全体の様子を把握できるような位置で行うなどの配慮をしていく。

保育経過（子どもの姿）及び反省	明日への展開
・園庭で少しの間しっぽ取りを行った。大人が最初に鬼になることで、いろいろな学年の子が参加できた。すぐに雨が降ってきてしまい、室内へと移動になる。 ・各部屋でブロックなどの遊具を出し、その他に、ホールでハンカチ落としをした。3・4歳児も興味を示し、参加してきたので、大人が側について教えるとその教える姿を見て、次から5歳児が年下の子の側について教える姿が見られた。	・雨が上がったら園庭で体を動かしていきたい。 ・なわとびも盛り上げていく。
・しっぽ取り、なわとびを用意していった。しっぽ取りは、最初に大人が鬼になって、軌道に乗せ、さりげなく身を引いていくことで、その後、子どもだけで進めることができていた。 ・なわとびは、新たに、かけ足とび競走のコーナーを取り入れていった。カラーコーンをまわって帰ってくる内容で、まだスムーズにかけ足とびができていないが、夢中で挑戦する子の姿が見られた。	・かけ足とびのコーナーを継続させ、かかわっていく。 ・新しい鬼ごっこも取り入れていく。
・色鬼を取り入れていった。わかりやすい内容で、やったことがある子も多かったので、3～5歳児まで、いろいろな子が参加し、楽しめていた。「昨日の続きがやりたい！」と、しっぽ鬼をリクエストする子もいたので、仲間を集め、やってみるよう促していった。5歳児は、ある程度まで大人が介入することで、その後は、自分たちで遊びを進めていけるが、4歳児は大人への依存度が高く、「先生がいないと…」といった声も多く聞かれた。	・鬼ごっこのバリエーションを増やしていく。
・中央に一本の線を引き、向かい合わせに円を描き、中央の線上を横に移動する鬼から逃れ、円から円へと逃げる鬼ごっこの遊びをつくり、子と共に「かに鬼」と命名した。新しくつくった鬼ごっことして喜んで参加する子が多かった。動きとしては、5歳児にふさわしい機敏な動きが必要な鬼ごっこだった。途中でルールを守らない子がおり、5歳児同士が本気で言い合う姿も見られた。	・かに鬼を引き続き行っていく。
・昨日のかに鬼の続きをやりたがる子が多く、今日も行った。ルールも理解し、子どものみで行うことができていた。また、昨日も行った子は、足の動きや体の動きに切れがあり、機敏な動きができていた。 ・なわとびに挑戦している子は、3・4歳児さまざまだった。3歳児は、大人と一緒にとぶことで、楽しさがわかった子も多かった様子である。	・鬼ごっこなど体を十分に動かせる遊びを取り入れていく。

室内遊び（異年齢）　保育日誌の例　（2月16日〜2月20日）

前週の子どもの姿	今週の遊びの内容
・作品展前の共同製作で盛り上がっていた。廃材から作品をつくり上げることを楽しんでいる。	・おひなさま作り ・動物園ごっこ ・製作 ・ままごと ・トランプ ・その他

	遊び		準備	配慮すること
16 (月)	おひなさま作り	トランプ	折り紙、その他	・ヨーグルトのカップ ・のり ・折り紙	・おひなさま作りは、大人が手本となって行っていく。 ・興味をもった子から、楽しめるように、道具を準備していく。 ・天候がよければ外で体を動かしていきたい。
17 (火)	動物園	ままごと	その他	・ドミノ ・動物 ・ままごと	・5歳児が作った動物を利用して、動物園ごっこを楽しんでいく。大人は環境づくりに努め、子が遊びを発展させていけるよう準備をする。 ・共同製作の車も利用し、ごっこ遊びを楽しんでいきたい。
18 (水)	動物園	ままごと	製作	・動物 ・ハンコ ・ままごと ・色紙 ・はさみ　他	・動物園のコーナーを、引き続き行っていく。子の遊びの展開に合わせて、道具も用意していく。 ・子どもの様子に合わせて、遊具の出し入れを考える。 ・散らかっているところは、声をかけたり、片付けていく。
19 (木)	動物園	共同製作、ごっこ遊び	折り紙、おはじき	・動物 ・ハンコ ・色紙	・動物園コーナーは、4歳児がより参加しやすいように工夫していく。 ・おはじきなど新鮮な遊びも用意していく。
20 (金)	共同製作の片付け	折り紙	おはじき	・折り紙 ・おはじき	・共同製作の片付けを行う。あらかじめ皆で作ったときのことを思い出し、乱暴に破壊してしまうのではなく、大切に片付けることを伝えていきたい。 ・壊れているものでケガなどしないように気をつける。

うた（「うぐいす」「春よこい」「おはようクレヨン」）

環境づくり	援助のポイント
・おひなさま作りは、大人が手本となって作るところから始め、興味をもった子から始められるよう、材料を用意しておく。 ・5歳児が作った動物で、動物園ごっこを楽しんでいきたい。	・製作のさい、セロハンテープばかりを使用するのではなく、のりで貼る、クリップではさむなど、さまざまな方法があることを、大人も一緒に作っていくなかで伝えていくようにする。 ・動物園ごっこは、子ども同士のやりとりのなかから遊びの幅をひろげていけるよう、大人がアイディアを押しつけるのではなく、子の発言などに注意して対応し、道具等を用意していく。

保育経過（子どもの姿）及び反省	明日への展開
・ヨーグルトのカップを利用したおひなさま作りを行った。大人の手本をまねしつつ、自分なりの装飾をほどこす子も見られた。 ・折り紙のコーナーは、意欲的に取り組む子が多いが、逆にむだ使いをする子も多い。一度全体で話題にしていきたい。 ・1時以降、風もおさまってきたので、園庭に出た。午前中、出られなかった分、気持ちの発散もでき、よかった。	・動物園コーナーの遊びを発展させていきたい。
・テラスに動物を用意すると、5歳の女児が動物園ごっこを開始した。自分たちで設定し、4歳児らが客となり、楽しめていた。 ・くまの部屋は、パトカー、白バイを中心とし、ごっこ遊びが盛り上がっていたので、ままごとを用意した。遊びの幅もひろがったようだが、散らかっている状態が気になった。 ・きりんの部屋では、4歳児が作ったカルタなどを楽しんでいた。	・動物園やごっこ遊びをさらに楽しんでいく。
・動物園ごっこがかなり盛り上がっている。場所を用意するだけで、子どもたちだけでどんどん進めるようになってきた。4歳児もお客さんになることを楽しんでいた。今後の展開も楽しみである。パトカー、白バイ、救急車のそれぞれを使い、ごっこ遊びを楽しむ子が多い。しかし、パトカーは警察ごっことなり、逃げまわる泥棒を捕まえるなど走りまわってしまう姿も見られた。	・遊びのつながりを考え、動物や共同製作を用意するが、新鮮な遊びも加えていきたい。
・動物園コーナーは、テラスが寒かったので、くまの部屋で行った。場所が狭かったので、遊びがとぎれやすかった。パトカー、白バイのまわりでは、自ら工夫してピストルを作る子どもたちの姿が見られた。あえて、セロハンテープを用意しないでおくと、のりを使い、さまざまな形を作っていた。ほかに、おはじきも用意した。4歳児は初めてだったので、興味を示していた。5歳児が遊び方を教える姿も見られた。	・共同製作での遊びが盛り上がっているので、もっとスペースを設けて楽しんでいきたい。
・共同製作の片付けは、一度、園児全体に、片付けることと乱暴に壊してしまうことの違いについて話をした。そうすることで、乱暴にものを扱うような子は見られなくなった。皆、愛着をもって作った車を解体していた。ゴミの分別も、大人がひと声かけると子が意識し、進んで行っていたように感じる。最後のころ、多少飽きが来ている子はいたものの、共同製作の終結としては、よい取り組み方ができたように思う。	・共同製作などがなくなってしまったので、新鮮な遊びを用意していく。

3月の生活

年度の切り替えの理解

進級する喜びはどの年齢も同じであるが、3歳児は特に具体的な変化もないので、新しいカレンダーがあるお正月より年度の切り替えの理解は難しい。

4月の身近なできごとを具体的に話題にする。そして昨年の4月から現在までの過去を思い出しながら一年を振り返り（旧カレンダーの保存がされているとよい）、記憶をたどる。

5歳児は、乳児期からの記憶はないので写真を見たり、保護者に小さいときの自分の話を聞いてきて、保育室で話題にする。または、等身大の紙を用意して出生時の身長・体重から現在の数値を自分たちで表にする。共に成長してきた足どりを確認し、喜び合い、実感してから、年度の切り替えや就学という新しい一年が始まる社会のしくみを約束事として知らせる。

保育室も2歳児が3歳児として進級してくる具体的な事例をあげ、「優しくしてあげようね」と期待をもって新年度が迎えられる誘いかけが必要になる。理解できてはじめて進級の意味がある。

何の説明も受けず大人の計画に自動的に振り回される子どもたちは、なんなく生活を送っているように見えるが、場の変化に戸惑いながらも自分の現状を考える思考力も、場の状況を判断する力もはたらかず、子どもの考えによる主体的な行動もとれない、話題性の少ない子どもが存在することになる。単なる預かり保育ではなく、幼児期の人間性を育む日々の保育には、子どもが主体であること、そして子どもの発想で生活が展開するように考えると、自然に社会のしくみの説明や理解を求めることが必要になる。

お別れ会

小さいお友達に対して、心得て生活をしていた5歳児が、小学校に入学する節目を迎え、あらためて子どもたちがお別れ会を催すことになる。

3・4歳児は、年度の切り替えで一つ成長した事実を知って、「入学おめでとう。そしてありがとう」の意味を理解している。

感謝の気持ちでプレゼントを作ったり、料理をしてご馳走をしたり、保育者のリードで楽しい一日を計画する。もちろん5歳児からも「小さい友達へ」と手作りのクッキーなどが用意される。

小さい子どものなかには5歳児の個人名をあげて差し上げる物を作る子どももいることから、最近では各自にお礼をしたい友達の名前を言って、全員の5歳児に行き渡るように工夫し、子どもの世界の人間関係を重要視している。後日、3・4歳児の保護者からも「ありがとう。そしておめでとう」という、ほほえましい情景も見受けられる。

一日に一度は同年齢で過ごす時間帯を組むようにしているが、異年齢の子どもたちと自由に遊び、友達になれる形態であることの意義を感じる時期でもある。

年齢生活日誌

3歳児は箸を正しく持って食べる。

4月当初からていねいに見ているが、箸の正しい持ち方の定着しない子、排泄の自立が気になる子がいる。

箸の持ち方は頭で覚えるのではない。指先の感覚が覚えるので乳児期の持ち方が重要になる。どんな持ち方でも子どもは食べられた満足感があり、経験を積むことにより、その子どもの生活力として指にしっかり定着する。3歳になってから直されても簡単には直らない状態に育っているのが現実である。

しかし、4歳児になると羞恥心や自尊感情が芽生えるので、人前で直されることに心を萎縮させる心配は大きい。

旺盛な活力ある幼児期の姿には、堂々と活動してほしい、萎縮した姿勢など持ち込みたくはない、というのが保育者の本音であろう。

乳児期からの保育者のていねいな観察力と発育支援が重要であり、臨界期を見失わない保育者の

保育観と実践力の重責を指摘しておきたい。

4歳児も生活習慣の見直しが続く。発達期に身につけてほしい生活の動作は、日々同じことを繰り返し続けて、習慣化できてはじめて生活動作として自立したことになる。

手洗いも自分できれいに洗うことが自分の問題であり、「食事前は?」とヒントをもらう程度で、しっかり洗える子どもに育ってほしいものである。

5歳児は人に迷惑にならないトイレの使い方が求められる。待っている人に気づく姿が多く見られるので引き続き認めていく。大人は意識的にトイレの使用法に目を向けて、スリッパの使い方など自然な子どもの姿を確認し、ほめていきたい。そのためか、だいぶ子どもの意識が継続し、順番を待っている人を気づかって早く済ませることが身についてきた様子である。大人が意識的にほめることで自信につながったように感じる。学校のことを話題にしたこともよかったようである。

3月の遊び（異年齢）

園庭に早朝から準備されているものは、縄とびの縄、三輪車、ボール、砂場遊具が主で、曜日によって遊び方が違う。たとえば、縄とびも、個人遊びから2週目には大縄で集団遊びに転換するなど、カリキュラム会議で議論されているので、園庭の担当者が変わることがあっても自然に遊びが準備されている。

ボール遊びはドッジボールが主で、何週間も続くが、参加するのは5歳児が多い。三輪車はボール遊びに支障のないようコーナーに坂道を作って遊び場を分けるが、3歳児がよく遊んでいる。

室内遊びはブロック、ドミノ、装飾作り、ボーリング、ままごと、ぬり絵、ビー玉転がし、自由遊びがあげられている。それぞれの保育室に用意されるが、色鉛筆が見えると「ぬり絵ちょうだい」と集まってくる。一人が求めると次々と欲しがりたちまち小集団になる。小さい子どもの線からはみ出るぬり方を見て、「ここから出ないほうがきれいだよ」と教えている友達は4歳の女児、顔を見合わせてほほえんでいる。

自由画もぬり絵も子どもが自由に取り出せるようになっている。ドミノもブロックもあるのに、主に4歳児が続けてぬり絵遊びをしている。ビー玉は遊ぶ前に必ず玉の数を確認する。不足も気になるが、誤飲などの危険性を回避する意味で大切な配慮である。

遊べない子

どんな遊びも登園と同時に自分で選択をして遊び始める。同年齢児の集まりは前日に約束事として時間を決めているので、それまでは自由である。ときには遊びを選択できない子どもも見受けられるので、全体を見回して十分に自己発揮して遊べていない子どもには、なにげない気軽な姿勢で近づき、様子をうかがう。「いつもと違う」と感じたとき、何がどのように違うのかを意識的に観察する。

心理的な負担から自己を表出できない状態でいる場合は、表情が暗く元気がなく、考えがまとまらない視線でものの見方が落ち着かない子どもが多い。

家庭での不快な経過も具体的な理由も5歳児になると言葉で伝えられる。保育者のアドバイスで気持ちの切り替えも早いが、表現できない状態で時間をつぶしている状態の3歳児も見受けられる。人のなかで自分を表現する力が育ちきれないのであろう。活発に遊べない子どもには付き添い、ソフトなタッチの対話的なかかわり、つきあい方を心がけて、自分の思いを言葉で示せるように育てる意識が必要である。

複雑な心境

次年度は担任が替わる可能性がある。保育者の子どもへの思いは強い。子どものプロフィールなどの書類を見ると、感情にふけりがちになり、記録する重責があるが筆が進まないなど、担任としての愛が複雑に絡み、また保育者冥利としての思いも湧いてくる。

3月の年齢別保育

3歳児の箸遊び

食事で接するとき、箸の持ち方が気になる子どもが多い。5、6人の少人数で箸の遊びを行う。遊び用の箸と、挟む物は挟みやすい毛糸の刻んだものなどから、小豆・大豆などの豆類まで用意する。配慮点は一人ひとりの指使いに着目して、介助しながらもしっかり持って挟めるようにかかわる。

カーテンで仕切るなど集中できる環境を準備する。

保育日誌から

姿勢が悪いと上手に持てないこともふだんから伝えているので子どもたちは意識して行っていた。持ち方に関しては難しい子が多く、指先の力の発達期を考えても、今の時点でしっかり持つことは難しいと思ったが、意識として正しい持ち方を伝えておくことは必要だと思った。実際に持つことは難しくとも意識して持ってみようとする子が多く、今後につながればよいと思っている。実際の食事の場面で、遊びで介助したように意識して持つ子どもを見かけてうれしく、効果を感じ、もっと早くから取り入れればよかったと反省する。できるかぎり少人数を誘い、これからも取り入れていきたい。

4歳児「ジャガイモの植え付け」

畑での野菜作りはたくさん楽しんできた。初夏の収穫に向けて3月中に種いもの植え付けをする。

配慮点としては、畑に行く前に靴、靴下、上着も脱いで、汚れてもよい衣服に着替えて素足で畑作業をする。ジャガイモの植え付けはK農園の方の指導を受けるので、失礼のないよう挨拶をしてから畑に入る。作業中、子がしっかり行えているか見届ける。

保育日誌から

チームごとに畑にジャガイモを植えた。靴下を脱ぎ裸足で畑に向かうと、気持ちがよかったようで喜んでいた。畑には植え付けの指導者が種いもを持って立っていた。

一人ずつ種いもを持って植え付けの場所や植え方を教えていただき、参加者全員で植え始めた。「よく見て、芽の出るところを上にして置く。切り口を下にする。ジャガイモが暖かくなるように土をかける」など優しく指導を受けて、みんなもよく行えていた。どのグループも何個も何個も植えて楽しんで行えた。最後に農園のKさんが肥料をまいてくださったが、とてもよく見ていた。5歳児になってから掘ることを伝えてあるので楽しみも一層のようだった。

4歳児　作品の整理

年度の切り替えでこれまで一年間遊んできた絵画や製作遊びの作品を整理して、家庭に持ち帰る。いつ持って帰るのか楽しみにしている。

子どもたちは作ったその日に持ち帰るものもたくさんあるが、ノート類や折り紙製作などは自発的な自由作品であり、画用紙に貼ってきれいに仕上げてある。自分たちで表紙を作り、綴じ込んで持ち帰る作業がある。

表紙の絵も自分の好きなものを描いたり、綴じ込む日も決めてカレンダーに記し、2、3日の間に各自が進める。

綴じ込みの日は広い床スペースが必要である。子が戸惑うことのないように、綴じ紐の通し方をていねいに見せて、表紙の上と横と下についても知らせて、一人ひとりの対話で確認する。子に配りながら「いつごろ描いた絵なのか覚えている？」と尋ねながら、楽しく年間分を配る。みんなうれしそうに眺め、作ったころを思い出して、隣同士で話し合い、楽しむことが多い。

保育日誌から

製作帳から行う。「あっ、これ覚えている」「折ったね」と楽しみながら間違えずに綴じ込むことができた。次に思い出帳。配付する前に二つの約束をした。必ず紐を通すこと、画用紙には表と裏があることを伝えて

から配付した。みんなよく聞いていて、作業はスムーズにことが運んだ。途中、4歳になったばかりの作品と出会い、子どもたちも驚いて「すごいね」と、難しいことができるようになっている現在の自分たちを実感していたようである。持ち帰ることをさらに楽しんでいた。

5歳児　小学校との連携

配慮点として、学校側の協力体制を得ることが最も大切な交渉になる。

新しい環境に入学する子どもの心理的な負担、現状の5歳児の期待と不安の心境を伝えて理解を求める。負担の軽減を依頼する大人の配慮が受け入れを可能にして、学校訪問は実現する。

保育日誌から「5年生は2時限分使用」

小学校の5年生が保育園の5歳児を迎えに来園する。園庭に並んで双方が挨拶をしてから手をつなぎ学校に行った。

学校に着くと5年生がグループごとに校内中を案内してくださり、余裕の時間にはゲームで遊んでいただいた。帰りには手作りの名刺をもらって帰るなど優しく相手をしていただいた。子どもたちは安心感もより一層得られたように思う。「お礼に何か作りたい」という子どもの声が多く、グループごとに絵を描いたり、折り紙で手裏剣を折ったりして届けることになった。実体験の素晴らしさは子どもたちの輝かしい笑顔の様子から読み取ることができた。

終了後5年生の担任から「今まで学校では見たこともない5年生の表情や、小さい子へのいたわりや優しさが見られてうれしかった。反対に私どもが感謝しています」と連絡が入った。

お別れ会の料理作り「グループごとに」

事前にグループごとにどんな料理を作りたいか話題にして、お別れ会の催しの準備をする。メニューは、ハンバーグ、おにぎり、スープ、ほうれん草の胡麻和え、大根のさくら漬け。

配慮点としては、頭巾やエプロンがけ、手洗いなどの衛生的な配慮は通常通り。グループ分けは人数が均等になるようにする。料理中、興奮してほこりが立たないよう落ち着いた雰囲気のなかで行えるよう配慮する。子どもが状況を判断して動いているか一人ひとりを安全に見守り、大人の連携を密にしてスムーズに展開するようにする。

保育日誌から

グループ分けの後に料理のための衛生的な身支度をする。メニューごとにテーブルにつき、全員で主食、副食を作り、年少さんと一緒に食べることを楽しみにしているようで、準備もスムーズだった。赤チームがハンバーグとおにぎりを作ることになり、ハンバーグの材料は細かく切るので栄養士さんが応援に入った。白チームはかき玉汁とほうれん草の胡麻和え、大根のさくら漬けを作った。野菜を切るとき自分で包丁を持ち、一人で切った。少人数ということもあり、落ち着いて行えた。一品ずつ作り、ほうれん草の胡麻和えでは、胡麻のよい香りがたちこめるなか味見しながら楽しい雰囲気で行えた。また、かき玉汁では一人1個卵を割ることを体験し、卵の殻に残った白身や殻の処理などもていねいに行えた。ガスコンロには保育者がつき、見守った。大根の薄切りも、保育者は心配しながらも手を出さずに見守った。梅酢に浸してできあがり。三品が完成して大歓声だった。

園庭にみんなで作ったそれぞれの料理を並べて、小さいお友達を招待して、歓迎の挨拶を5歳児が述べた。「仲良く遊んで楽しかったです。私たちはもうすぐ小学校へ行きます。お礼にみんなで料理をしました。召し上がってください」。3・4歳児も「ありがとうございました。小学校へ行っても何でも挑戦を忘れずにがんばってください。いただきます」とお礼を述べた。つぼみが膨らみ始めた桜の木の下でなごやかに食事会ができた。

暖かい日で本当によかったと大自然に感謝した。

3歳児　3月指導計画

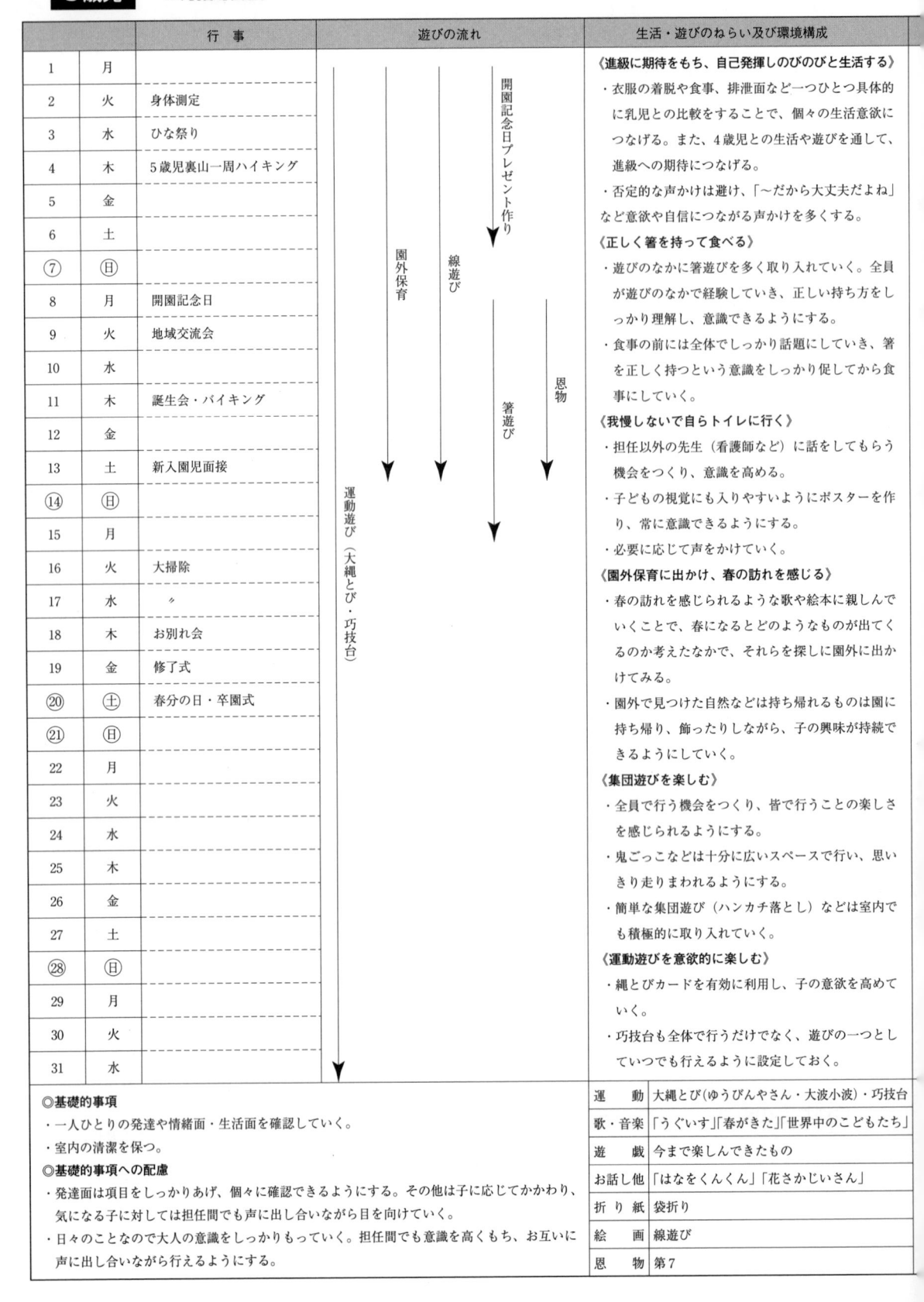

		行　事	遊びの流れ	生活・遊びのねらい及び環境構成
1	月			《進級に期待をもち、自己発揮しのびのびと生活する》
2	火	身体測定		・衣服の着脱や食事、排泄面など一つひとつ具体的に乳児との比較をすることで、個々の生活意欲につなげる。また、4歳児との生活や遊びを通して、進級への期待につなげる。
3	水	ひな祭り	開園記念日プレゼント作り／線遊び／園外保育／箸遊び／恩物／運動遊び（大縄とび・巧技台）	
4	木	5歳児裏山一周ハイキング		・否定的な声かけは避け、「〜だから大丈夫だよね」など意欲や自信につながる声かけを多くする。
5	金			《正しく箸を持って食べる》
6	土			・遊びのなかに箸遊びを多く取り入れていく。全員が遊びのなかで経験していき、正しい持ち方をしっかり理解し、意識できるようにする。
⑦	日			
8	月	開園記念日		・食事の前には全体でしっかり話題にしていき、箸を正しく持つという意識をしっかり促してから食事にしていく。
9	火	地域交流会		《我慢しないで自らトイレに行く》
10	水			・担任以外の先生（看護師など）に話をしてもらう機会をつくり、意識を高める。
11	木	誕生会・バイキング		・子どもの視覚にも入りやすいようにポスターを作り、常に意識できるようにする。
12	金			・必要に応じて声をかけていく。
13	土	新入園児面接		《園外保育に出かけ、春の訪れを感じる》
⑭	日			・春の訪れを感じられるような歌や絵本に親しんでいくことで、春になるとどのようなものが出てくるのか考えたなかで、それらを探しに園外に出かけてみる。
15	月			
16	火	大掃除		
17	水	〃		・園外で見つけた自然などは持ち帰れるものは園に持ち帰り、飾ったりしながら、子の興味が持続できるようにしていく。
18	木	お別れ会		
19	金	修了式		《集団遊びを楽しむ》
⑳	土	春分の日・卒園式		・全員で行う機会をつくり、皆で行うことの楽しさを感じられるようにする。
㉑	日			
22	月			・鬼ごっこなどは十分に広いスペースで行い、思いきり走りまわれるようにする。
23	火			
24	水			・簡単な集団遊び（ハンカチ落とし）などは室内でも積極的に取り入れていく。
25	木			
26	金			《運動遊びを意欲的に楽しむ》
27	土			・縄とびカードを有効に利用し、子の意欲を高めていく。
㉘	日			
29	月			・巧技台も全体で行うだけでなく、遊びの一つとしていつでも行えるように設定しておく。
30	火			
31	水			

◎基礎的事項
・一人ひとりの発達や情緒面・生活面を確認していく。
・室内の清潔を保つ。
◎基礎的事項への配慮
・発達面は項目をしっかりあげ、個々に確認できるようにする。その他は子に応じてかかわる。気になる子に対しては担任間でも声に出し合いながら目を向けていく。
・日々のことなので大人の意識をしっかりもっていく。担任間でも意識を高くもち、お互いに声に出し合いながら行えるようにする。

運　動	大縄とび（ゆうびんやさん・大波小波）・巧技台
歌・音楽	「うぐいす」「春がきた」「世界中のこどもたち」
遊　戯	今まで楽しんできたもの
お話し他	「はなをくんくん」「花さかじいさん」
折り紙	袋折り
絵　画	線遊び
恩　物	第7

5領域の視点	配慮事項
対人・情緒 ・進級を意識してのびのびと過ごせているか。 ・自己発揮できているか。 ・集団遊びでの様子はどうか。（他児との協調性、リーダーシップ、トラブルになったときの様子、ルールを守れているか） ・自分より小さい子へのかかわりはどうか。 **生活・健康** ・子の健康状態はどうか。（風邪、感染症） ・適宜トイレに行けているか。 ・我慢していないか。 ・箸を正しく持てているか。 ・きれいになったことを感じられているか。（子からの発言など） ・大掃除への参加姿勢はどうか。 **言葉・理解** ・集団遊びでのルールの理解はどうか。 ・袋折りを理解できているか。 ・恩物での理解はどうか。 ・色、数、形への理解はどうか。（12色、1〜10、まる、三角、四角） **運動** ・大縄とびはどうか。（動いている縄をとべるか、大波小波、郵便屋さんの落し物） ・巧技台での様子はどうか。 ・身体を動かすことを積極的に楽しめているか。 ・園外での体力面はどうか。 ・箸遊びでの指先の使い方はどうか。 **表現・感覚** ・春の訪れを感じられているか。（発言・気づき…） ・線遊びの様子はどうか。 ・恩物での表現はどうか。	《進級に期待をもち、自己発揮しのびのびと生活する》 ・2歳児が生活している姿を見ることで、自分たちがお兄（姉）さんであることを意識し、自覚していけるようにかかわっていく。特に子にとってわかりやすい生活面（食事・排泄）や情緒面ではよい意味で比較しながら意識を促していく。また、そのような自分たちより小さい子に対してのかかわり方（優しくかかわること）なども伝えながら、意識を高めていく。 ・4歳児との比較では、食事や着脱を意欲的に行う姿などを通して、「自分たちも年中組になるからできるんだ」などというような進級への期待感を促せるようなかかわりを意識していき、よい刺激を受けていけるようにする。 ・まだまだ十分に自己発揮しきれていないような気になる子に対しては、大人の意識としてしっかりと目を向けていけるようにし、状況に応じてかかわりながら、意識を促していく。 《正しく箸を持って食べる》 ・遊びや全体で話題にすることで意識を促していくが、そのときだけにならずに担任間でも共通意識をもち、継続してかかわっていけるようにする。日々しっかり声に出して子にかかわっていくことで、「正しく持つ」という意識を定着していけるようにする。特に気になる子へは、4・5歳児の担任にも声をかけておくとよい。 ・一人ひとりに目を向けながら、気になる子に対してはできるだけそのつどかかわっていくようにする。意識して持てている子などには、しっかり声に出して認めていくようにし、全体の意識も高めていけるようにする。 《我慢しないで自らトイレに行く》 ・看護師などに話をしてもらうことで全体の意識を高めた後（身体によくないことなど保健的な意味を含めて）は、担任間でも継続してかかわっていくことで、さらに子の意識を促していく。 ・特に気になる子に対しては担任間でしっかり目を向けられるように意識する。目を向けることで、状況に応じて声をかけたり、しっかりトイレへ行くことのできたときに認められるようにし、一人ひとりの自信につなげていく。 《園外保育に出かけ、春の訪れを感じる》 ・園外保育に出かけたときは、子が感じたことも含めて、大人がしっかりと春の訪れを感じられるようなことについて声に出して共感していけるようにする。園外に出かけたときだけでなく、園庭などの身近な自然（桜のつぼみ・花壇の花…）についてもしっかり目を向けるようにし、季節の移り変わりを意識できるようにする。絵本、紙芝居などで春の訪れを知らせるきっかけがあるとよい。 《集団遊びを楽しむ》 ・遊びのなかに意識してたくさん取り入れていく。自由遊びのなかでは経験の少ない子も出てくるので、全体でも行う機会をしっかりつくっていく。大人も一緒になって楽しんでいくことで、楽しさを大いに共感し、雰囲気を盛り上げていく。参加できない子に対して、なぜ参加できないのか考えていくことと同時に、そのことばかりにとらわれず、楽しい雰囲気を大切にし、子が自然と参加したくなるような雰囲気をつくっていく。 《運動遊びを意欲的に楽しむ》 ・近くのグラウンドなどにも出かけていき、広いスペースで十分に身体を動かせるようにしたり、室内でも巧技台などを設定していくことで、自然に楽しめるような環境を整える。動きが活発になることを予測して、危険性などに対しても十分に注意していく。

◎特に気になる子に対しての担任側の配慮点
・運動面…A子・B子・C男
　→運動遊びを楽しむなかで意識して目を向けていき、積極的に誘い、行う機会を多くつくる。できないことを無理に行うのではなく、個々の発達を把握することで、できるところから無理なく行っていく。できるという経験などからほめる機会を多くしていき、個々の自信につなげていく。
・情緒面…D子
　→状況に応じてなかなか素直に言葉にできないところがあったり、泣いてしまうと何も受け入れられなくなるところがあるので、簡単なことでも言葉にできる経験を多くし、自信につなげたり、おかしいことはおかしいなどとしっかり伝えていくようにする。
・排泄面…E男
　→目を向けながら必要に応じて声をかけていく。進級を意識した声かけもしていき、意識を促してみる。

4歳児　3月指導計画

		行　事	遊びの流れ	生活・遊びのねらい及び環境構成
1	月			《情緒・人間関係》
2	火	身体測定		◎進級することを意識し、自信をもって生活する。
3	水	ひな祭り		・否定的な声かけではなく、できていることを認め、
4	木	ハイキング		ほめる声かけをしていく。
5	金	剣道見学		・自分よりも幼い子へのかかわり方については具体
6	土			的に示していく。
⑦	㊐			◎お当番やお手伝いなどすすんで行う。
8	月	開園記念日		・年長組のやっている当番やお手伝いなどを見せる
9	火	地域交流会	長距離園外保育を楽しむ	ことで、意欲をかき立て、誘っていく。そして、
10	水			進級への期待感につなげていく。
11	木	誕生会・バイキング		《生活》
12	金			◎生活習慣を見直す。
13	土	新入園児面接	絵の具遊び	・自分たちで目標を決めて取り組むことに大変意欲
⑭	㊐			的である。今月も引き続き自分たちで週の目標を
15	月			考えて取り組む。
16	火	大掃除	縄とび遊び	・子どもたちが日々意識できるように、自ら言葉に
17	水	〃	戸外でダイナミックに遊ぶ	する機会をつくったり、その週の目標を視覚的に
18	木	お別れ会		目立つ場所に貼るなど工夫する。
19	金	修了式		・できていない部分や雑になっている部分に子が自
⑳	㊏	春分の日・卒園式		ら気づけるように、継続的に声かけをしていく。
㉑	㊐			《遊び》
22	月			◎長距離の園外保育を楽しむ。
23	火			・ハイキングでは、長距離を歩くことに自信をつけ
24	水			させると同時に、なんでもやればできるという、
25	木			ものごとへの意欲につなげていく。
26	金			◎戸外でダイナミックに楽しむ。
27	土			・縄とびや雲梯、大型遊具を楽しみながら、挑戦で
㉘	㊐			きるようになったことを大いにほめて、これから
29	月			の挑戦意欲へとつなげていく。
30	火			・縄とびカードの活用も図っていく。
31	水			◎絵の具遊びを楽しむ。

・筆先を使い、細かいぬり絵を楽しむなど、集中して作業に取り組むことの満足感を味わえるようにする。また、作業の過程で色が混ざり合ってできる新しい色についても関心を引き出していく。

運　動	長距離園外保育、縄とび、大型遊具
歌・音楽	「思い出のアルバム」「ご修了の歌」「記念碑の歌」「うれしいひな祭り」
遊　戯	「うれしいひな祭り」
お話し他	「ふたりはともだち」
折り紙	構成遊び
絵　画	絵の具遊び
恩　物	第8

◎基礎的事項
・進級に向け自信がもてる声かけを心がける。
・室内を清潔に保つ。（空気殺菌器・加湿器の使用、清掃、換気）
◎基礎的事項への配慮
・生活の流れのなかでできていることや、気づくことなどをあらためて認めながら「もう年長組になるんだね、すごいね」とほめていく。また同時に、落ち着いて話を聞いたり、考える時間をつくり、進級への心の準備をさせていく。
・室内換気は特にこまめに行っていく。空気殺菌器に依存せずに、そのつど換気を心がける。

5領域の視点	配慮事項
対人・情緒 ・年長組に進級することを楽しみにして過ごせているか。 ・友達と共感して喜んだりできているか。 ・年長組の子とのお別れを意識してかかわったり、考えたりできたか。 **生活・健康** ・自分で目標をもって苦手な部分を努力しているか。 ・衣服の重ね着など、自分でかげんしながらできているか。 **言葉・理解** ・自分の生活の目標を言葉で表現できたか。 ・進級・卒園など、この時期に使われる言葉の意味を理解しているか。 ・自分の意見や考えを言葉で表現でき、友達関係を築けているか。 **運動** ・寒さに負けず全身を使って遊んでいるか。 ・長距離の園外保育への意欲や体力はどうか。 ・戸外での遊びでは、遊びを工夫したり、全身を動かして遊べているか。 **表現・感覚** ・春の芽吹きへの関心をもっているか。 ・絵の具での遊びを楽しみ、作業に集中できているか。 ・混色、色彩の変化などに、関心を示しているか。	《情緒・人間関係》 ・「○○しないと年長組になれないよ」等、マイナスな言葉がけで圧力をかけることは避ける。 ・一人ひとりのよい面、できている部分を見つけながら、ほめることで進級することへの不安を取り除き、自信をもって進級できるように励ましていく。 ・進級と同時に年長児への思いや感謝を考える時間をもち、その思いをお別れ会や卒園式参加の気持ちへと向けていく。 ・お当番、お手伝いなど、あえて自己表出ができていない子に経験させる場をつくって、できたことをみんなの前で大いにほめることで自信につなげていく。 《生活》 ・子どもに2月に自分で目標をもってがんばれたこと、できるようになったことなどを話し、今月も引き続き「みんなでがんばってみよう」という意識を高めていく。また、なかにはマンネリ化して意識が持続しない子も予測できるので、一人ひとりのこまかいかかわりを大切にしていく。 ・大人も週によって意識的に見るポイントを決めて様子を見るなど、意識を新たにし、進級の申し送りができるようにしておく。 ・大掃除では安全に配慮しながら、子どもたちが自分たちで作った玩具や部屋などの掃除ができるように促していく。（床やテラスなど滑りやすいところでの転倒には十分に配慮する） 《遊び》 ・大掃除などの週を除くと、おおむね2週間の予定のなかで、園外保育を計画的に取り入れていく。 ・ハイキングの後にも、その自信を生かして裏山を探険するなど、通常より長距離の園外保育を楽しめるようにしていく。そして、長距離を歩いたときの満足感や達成感も味わいながら、進級への自信につなげていく。 ・山々には春の芽生えを感じられる自然が豊富にあるため、実踏等にしっかりと大人がそれを把握し、適宜声かけできるようにしておく。場合によっては、図鑑を持っていくなどして知的好奇心を満たし、そのことを進級への自信にもつなげていく。 ・こまかい作業に集中して取り組むと同時に、ダイナミックに描く経験や色混ぜなど、メリハリをもたせながら活動計画を立てていく。

◎特に気になる子に対しての担任側の配慮点
・A子……トラブルが多い。やられたことの主張が強い。
　→善悪はしっかりと伝えながらも、ささいなことで怒らないことや、我慢することを教えていく。また、訴えは受けとめながらも、自分で解決する手段を伝えていく。
・B男……友達が成長するなかで自分に自信がもてず、不安定になることがある。
　→ふざけっこなど精神的に発散する場を意図的に設けると同時に、できていることや得意な部分を友達の前でほめ、自信をもたせる。
・C子……強引な面があり、友達に敬遠される。協調して遊べない。
　→具体的な事例から「よく考えて」と落ち着いて事実の理解をさせ、自分の行為について考える機会をつくる。大人へのかかわりを逃げ場にしないようにする。

5歳児　3月指導計画

		行事	遊びの流れ	生活・遊びのねらい及び環境構成
1	月		↓ひな祭りを楽しむ　↓卒園製作　↓お世話になった人への感謝の気持ちをもつ　↓プレゼント作り　↓卒園式に期待をもつ　↓園生活を振り返り、存分に遊ぶ　↓春の自然に親しみながら、戸外で存分に遊ぶ（園外・縄とび・ゲーム遊び）	《情緒》 ◎自信をもち、堂々と発言・行動する。 ・人前で発言する場を多く設けていく。 ・自分の判断が必要な場をあえてつくる。 ・道徳的な話を園長先生に週に一度していただく。 ・卒園式の流れをわかりやすく計画的に組んでいく。 《生活》 ◎感謝の気持ちをもって掃除する。 ・園での生活を振り返る時間をもつ。（写真、ビデオなどもよい） ・大掃除が最後であることを伝え、大人も一緒に思い出を声にしながら、きれいにする気持ちよさを話題にしていく。 ◎人に迷惑をかけないようトイレの使い方を考える。 ・トイレの使い方についてあらためて考えてみる時間をつくる。 ・大人が気をつけていることなど具体的に伝えてみる。 ・活動中のトイレは他に迷惑となることを話題にしていく。 《遊び》 ◎お世話になった方々への感謝の気持ちをもつ。 ・園生活を振り返る時間をもつ。 ・卒園製作・プレゼント作りを行う。 ・「ありがとう」という言葉のつかい方について話題にしてみる。（つかい方、言われたときの気持ち） ◎園生活を振り返りつつ存分に遊ぶ。 ・思い出帳をつづって一冊にまとめる。 ・ゲーム大会や行事で行ってきた遊戯などで楽しむ。 ・園外保育もできるだけ取り入れていく。 ◎ひな祭りの行事を楽しむ。 ・当日に着物を着たり、お茶を飲む機会をつくる。 ◎春の自然に親しみながら戸外で存分に遊ぶ。 ・園外保育を取り入れる。裏山一周ハイキングを行う。
2	火	身体測定		
3	水	ひな祭り		
4	木	裏山一周ハイキング		
5	金	剣道		
6	土			
⑦	日			
8	月	開園記念日		
9	火	地域交流会		
10	水			
11	木	誕生会・バイキング		
12	金	剣道		
13	土	新入園児面接		
⑭	日			
15	月			
16	火	大掃除		
17	水	〃		
18	木	お別れ会		
19	金	3・4歳修了式		
⑳	土	春分の日・卒園式		
㉑	日			
22	月			
23	火			
24	水			
25	木			
26	金			
27	土			
㉘	日			
29	月			
30	火			
31	水			

◎基礎的事項
・就学への期待をもち、堂々と卒園できるよう一人ひとりの把握に努める。
・感染症の広がりに留意し、換気や空気殺菌器の使用を心がける。
◎基礎的事項への配慮
・一人ひとりの子どもの表情を意識して過ごす。期待につながる楽しい保育展開を組んでいく。
・気になる子の要因を考え、家庭や事務所と連携をとり、相談していく。
・寒暖差に気をつける。

運　動	ドッジボール、長距離園外、縄とび、大縄とび
歌・音楽	「大きくなって」「一年生になったら」「ドキドキ一年生」「ご修了のうた」「記念碑のうた」「思い出のアルバム」
遊　戯	一年間踊ってきた遊戯
お話し他	リクエスト絵本の読み聞かせ
折り紙	動物、ひな人形
絵　画	保育園の思い出画
恩　物	童具

5領域の視点	配慮事項
対人・情緒 ・就学に向けての心がまえはどうか。 ・友達関係に気になるところはあるか。 ・道徳の話のあとの意識はどうか。 ・堂々と発言できるか。 ・堂々と行動できるか。 生活・健康 ・トイレの使い方はどうか。また、意識はどうか。 ・掃除への取り組みはどうか。 ・生活面全般で気になるところはあるか。 言葉・理解 ・「ありがとう」の意味の理解はどうか。 ・園生活を振り返り、できごとを思い出せるか。 ・気になる理解面を改めてあるか。 運動 ・裏山一周ハイキングでの体力はどうか。 ・全身で遊んでいるか。 ・ひも通し、ひも結びなど指の動かし方はどうか。(きちんとできているか) ・縄とびのとび方はどうか。 表現・感覚 ・園生活を振り返る楽しみがもてるか。 ・リズミカルに身体を動かせるか。 その他 ・就学に向けての様相はどうか。	《情緒》 ・子の個性もだいぶつかめているので、一人ひとりに合わせた声かけ、かかわりをしていく。不安な子にはどんなに小さなことでも「それでいいんだよ」と笑顔でほめ、自信につながるよう見届けていく。また、間違えてもいじけることなく堂々とできるよう雰囲気をつくっていく。 ・卒園式の進め方を計画的に行い、いつもと違った雰囲気を味わいながら、はりきった気持ちでできるようにする。 《生活》 ・子どもたちが自主的にやる気になれるよう前もってしっかりと相談してから行う。掃除中は大人も子どもと一緒に過ごしてきたことを話題にしながら行う。わかりにくい子、やる気にならない子には役割を明確にすることも考えていく。 ・縦割りの時間では年長としての自覚のもとにできるように声をかけていく。 ・トイレの使い方について、気持ちよさ、気持ち悪さなど感じ方について話してみる。マナーとして大切であることなど、子と一緒に考えながら話を進めていく。 ・小学校の話なども含め、トイレに行くタイミングについても話し合ってみる。あまり神経質になりそうな子には、後からどうすればよいのか具体的に話をする時間をもっていく。 《遊び》 ・生活面、遊びの面などさまざまなことを振り返ってみることで、自然と"ありがたい"という気持ちが感じられるよう、進め方に気をつけていく。抽象的なので、子にわかりやすく、特に気になる子には小さいときの写真を見せたりしながら、具体的に進めてみる。心で感じ取れる時間を大切に進めていく。 ・思い出帳のつづりでは"なつかしい"という言葉にもふれながら、思い出という言葉の意味も伝え、楽しんでいく。ひも通し、ひも結びなども確認していく。 ・大人も一緒に楽しみながら、子と共感していくが、表情などに気を配り、体調や子の内面に気づけないことのないよう気をつけていく。 ・楽しい経験を多くもてるよう、子どもたちの意見を多く取り入れていく。 ・日本の伝統行事に親しめるよう大人も意識して生活していく。 ・女の子・男の子であることを楽しみながら、その「らしさ」について実感できるように声にしていく。 ・たくさん歩く気持ちよさを大いに声にしていく。春の自然の発見に共感し、就学を楽しみに待てるようにしていく。子と一緒に楽しさを感じ、共感していく。歩ききった後の達成感を大切にしながら共感していく。

◎特に気になる子に対しての担任側の配慮点
・A男……柔軟性に欠ける。あまり本人が意識しすぎないよう、さらりとつきあいながら、やらなければいけない方向に導いていく。納得していないときには、なぜそうしなければいけないのかを話す。気持ちの切り替えの時間を見守る。
・B男……場を乱す発言・マイペースさ。周囲への迷惑をしっかり伝える。本児が自ら気づけるように、きっかけとなる働きかけをする。

外遊び（異年齢）　保育日誌の例　（3月15日〜3月19日）

前週の子どもの姿	今週の遊びの内容
・新しい園庭遊具で遊び始めていった。どんな危険があるかわからないので、大人が多く出て、見守っていった。 ・気温も暖かくなり、子が活動的に動くようになっている。	・園庭遊具 ・砂場遊具 ・三輪車 ・なわとび ・ボール遊び

	遊び		準備	配慮すること
15（月）	園庭遊具	砂場遊び	三輪車	・砂場遊具 ・砂場手洗い用バケツ ・三輪車 ・ラインカー	・危険に関しては、十分注意していくようにするが、それだけにならないようにし、子の楽しさなど、共感してあげられる余裕ももてるようにする。 ・保育者同士で声をかけ合っていくようにする。
16（火）	園庭遊具	集団遊び（山川天地）	三輪車	・ラインカー ・三輪車	・園庭遊具は、保育者の間で声をかけ合い、十分危険について配慮していく。 ・三輪車を出したり、集団遊びを盛り上げ、園庭遊具が混雑してしまわないようにしていく。
17（水）	園庭遊具	なわとび	砂場遊び	・なわとび ・ラインカー ・砂場遊具 ・手洗い用バケツ	・なわとびは、やる場所を決め、スペースを作り、危険のないよう遊び方に目を向けていく。 ・園庭遊具と遊びを見る大人のあいだで声をかけ合い、遊びを充実させられるよう、盛り上げていく。
18（木）	園庭遊具	なわとび	砂場遊び	・なわとび ・ラインカー ・砂場遊具 ・手洗い用バケツ	・なわとびは、行う場所を決め、スペースを作り、危険のないように行っていく。 ・大人はよく声をかけ合い、遊びを見ていく。 ・なわとびは大人も行い、盛り上げていく。
19（金）	園庭遊具	なわとび	砂場遊び	・なわとび ・ラインカー ・砂場遊具 ・手洗い用バケツ	・なわとびは、行う場所を決め、スペースを作り、危険のないように行っていく。 ・大人はよく声をかけ合い、遊びを見ていく。 ・なわとびは大人も行い、盛り上げていく。

うた（「春がきた」「世界中の子どもたちが」「思い出のアルバム」）

環境づくり	援助のポイント
・目新しい園庭遊具に興味をもち、はしゃいで遊ぶ子の姿が見られると思われる。大人のあいだで声をかけ合い、危険のないよう見守っていくようにする。 ・園庭遊具だけにとらわれず、全体にもしっかり目を向け、なわとび、出入り口などに気をつけていく。	・園庭遊具では、危険な場所や遊び方などが考えられる部分には、目を向け、先に子に声をかけ、子が危険に対し意識して遊べるようにしていく。のぼり棒などは、遊び方や方法を大人も一緒に行うなどして、伝えていくようにする。 ・気になる子に対しては、気持ちが高ぶりすぎてしまわないよう、早めに声をかけ、落ち着かせていく。

保育経過（子どもの姿）及び反省	明日への展開
・園庭に広く道を描き、踏み切り板やポールを置き、その周りを回ったり、乗り越えたりしていく。大きい三輪車やスクーターを出すと、4・5歳児も楽しめていた。ただ出すだけより、やはり、障害物などを作ると何度も楽しむ子がたくさんいた。 ・園庭遊具は、プレイポートの反対側に多くの子が集まるようだったので、のぼり棒の方面や鉄棒のあたりを中心に見ていった。	・鉄棒のあたりが集中しがちなので、危険のないよう、目を向けていく。
・「山川天地」の線を描いておくと、5歳児を中心に遊び始めていた。以前やった遊びだったので、子同士で楽しんでいた。「山川天地」の方に5歳児が大勢行き楽しんでいたので、園庭遊具の方は、落ち着いて遊べていたように思う。遊びのほうを充実させ、遊具が混雑しすぎてしまわないよう、配慮していくとよいと思った。 ・後半は、子ども全体で石拾いを行う。事前に話してあったこともあり、意欲的に行っていた。	・園庭遊びのほうを、充実させていきたい。
・今日は、園庭の遊具となわとび、砂場遊びを行った。なわとびは、4歳児が中心になり、誘って行ったが、5歳児も「やっていい？」と来て、そくしんとび等、難しいとび方に挑戦していた。他は、やはり園庭遊具が人気で、さまざまな遊びを行っていた。雲梯もとてもよく行っていた。 ・砂場では穴を掘ったり、カップに土をつめたりと、落ち着いて遊んでいた。	・明日もなわとびを誘って行っていきたい。
・風が強く、室内遊びとなる。各部屋に遊具を出し、ホールでは集団遊びをする。いすに座り、親を子がまねして、鬼が親を探すゲームを行う。5歳児が中心に遊んでいた。単純なルールであり、すぐにわかり、楽しめていた。後半は、遊戯を行う。誕生会でやったミッキーマウスや、クリスマス会の遊戯などを取り入れると、楽しんで踊っていた。ホールの机、いすが片付けられて広いスペースだったので、のびのびと遊べたように思う。	・なわとびをまた取り入れる子の気持ちを盛り上げていく。
・今日は、なわとび、園庭遊具、砂場遊びのほか、中あて用にラインを描いておくと、5歳児が集まり、行っていた。大人がかかわらなくても、自分たちでゲームを進めていくことができていた。なわとびは、できる子は次々にとび方を変え、練習していたが、まだ難しい子は、大人が個別に見ていかないと集中できずにいた。園庭遊具は、多くの子が他の遊びを行っていたため、危険な姿が少なかった。	・来週から合同保育となる。危険のないようよく見ていく。

室内遊び（異年齢）　保育日誌の例　（3月8日～3月12日）

前週の子どもの姿	今週の遊びの内容
・ホールの装飾作りを中心に行っていた。4・5歳児とも興味をもち、よく取り組んでいた。 ・ほかには、学年で過ごすことが多かった。	・ままごと ・おはじき ・ボウリング 　その他

	遊び			準備	配慮すること
8（月）	ボウリング	ままごと	その他	・廃材（ボウリング用） ・ビニールテープ ・新聞紙 ・ままごと	・ボウリングは、作ってすぐに遊べるよう、きりんの部屋を使って進めていく。 ・ままごとは、ソファーや間仕切りを利用し、遊びの展開しやすいコーナーをつくっていく。 ・遊具が散乱しないよう、大人はこまめに片付けたい。
9（火）	ドミノ	ブロック	その他	・ドミノ ・ブロック	・1時から交流会とマリンバの時間となるので、食後から、その時間まで落ち着いて遊べる（次へ切り替えやすい）内容にしていく。
10（水）	ボウリング	ドミノ	その他	・ペットボトル ・ビニールテープ ・新聞紙 ・ドミノ	・1時から5歳児が、学年の活動を考えているので、それまでの間、食後の時間を落ち着いて過ごせるよう、遊具の置き方を考えていく。 ・ドミノに夢中になっている子が増えているので、引き続きドミノコーナーを考えていきたい。
11（木）	ドミノ	ブロック	ぬり絵	・ドミノ ・ブロック ・ぬり絵	・5歳児が卒園式の練習となるので、きりんの部屋のみに遊びを用意しておく。 ・遊びごとにきちんとスペースをとっていき、遊具が交ざり合わないように配慮する。
12（金）	製作	ぬり絵	ままごと	・廃材（ボウリング用） ・はさみ ・のり ・手ふき　他 ・ぬり絵 ・ままごと	・ボウリング用廃材は、好きなものを利用できるようにしていく。 ・はさみの出し入れ、使用には十分注意し、危険のないように見ていく。 ・くまの部屋に、ままごとを準備するコーナーを仕切り、遊びが展開しやすいように区切っていく。

うた（「記念碑のうた」「思い出のアルバム」「春がきた」）

環境づくり	援助のポイント
・ままごとは机やソファーを利用して、より楽しめるようなコーナーづくりをしていく。 ・ボウリングは、廃材を利用して作っていく。 ・4・5歳児をペアにするなど、縦のつながりももてるようにしていく。	・大人は、物の散乱や雑然とした状態になりすぎないよう、さりげなく物を拾ったり、整頓していく。 ・ボウリングは「作る→遊ぶ」とつなげて楽しめるように、時間・スペースを考え、用意していく。

保育経過（子どもの姿）及び反省	明日への展開
・午前中、5歳児が園庭遊具の使い方を相談したので、午後は、5歳の女児が4歳児に遊具の使い方についての説明をしていった。5歳児のなかでも、4歳児にしっかりと説明しようとする子と、そうではなく、自分が遊びこんでしまう子とが見られた。5歳の男児は、お茶を飲ませていただいた。よい緊張感をもちつつ、楽しめていた。	・5歳児は交流会、4歳児はマリンバとなる。落ち着いて遊べる内容にする。
・1時までの間、ドミノとブロック、5歳児はプレゼント作りを行った。それぞれ落ち着いて過ごすことができていた。その後の様子はそれぞれのテーマに記入。	・廃材を利用してボウリング作りを楽しんでいきたい。 ・遊びのスペースの取り方を工夫していく。
・1時までの間、きりんの部屋にお絵かき、ドミノを、くまの部屋にブロックを用意した。途中で、廊下の廃材に興味をもち、それを利用して、ごっこ遊びを始めていたので、室内で廃材を利用した遊びや製作ができるスペースをつくっていった。その後、学年に分かれ、4歳児は自由室内遊び、5歳児は卒園製作、プレゼント作りを行っていった。	・明日も、学年別になると思われる。 ・部屋の使い方など、担任同士で確認しておく。
・きりんの部屋にドミノ、パズル、トランプ、ぬり絵を用意した。屋外は、砂ぼこりがひどく、テラスに遊具が出せず、少し狭さも感じたが、5歳児はくまの部屋に集まったので、4歳児だけでのんびりと遊ぶことができた。パズルやトランプなど集中して行える子が増えてきたように感じた。	・製作をやりたがる子が多いので、状況に応じてコーナーを設置していく。
・今日は、5歳児はくまの部屋でジェンガや製作、4歳児はきりんの部屋でドミノ、ブロック、折り紙を行った。どちらも、落ち着いて遊んでいる子が多かった。折り紙は、くす玉を作る子や、本を見て自分で作っていく子など、とても集中していた。ドミノは、ままごとに利用する子が多かった。	・学年別になることが多くなるので、その学年に合わせた遊びを考えていく。

著者紹介

高 橋 保 子
武蔵村山市・村山中藤保育園理事長
子どもの育つ力を見落とさない保育を理念にしている。

3・4・5歳児の指導計画

2007年6月15日　初版第1刷発行
2010年2月13日　初版第3刷発行

著　者　高　橋　保　子
発行者　小　林　一　光
発行所　教育出版株式会社
〒101-0051　東京都千代田区神田神保町2-10
電話（03）3238-6965　振替 00190-1-107340

Ⓒ Y.Takahashi 2007　　印刷　モリモト印刷
Printed in Japan　　　　製本　上島製本
落丁・乱丁本はお取替いたします。

ISBN978-4-316-80202-2　C3037